Tauchpraxis

Reimund Hübner • Nitroxtauchen

Tauchpraxis

Reimund Hübner

Nitroxtauchen

Neue Freiheiten unter Wasser

Müller Rüschlikon

Erklärung

Sporttauchen ist eine mit Gefahren verbundene Sportart und kann bei fehlerhafter Planung und Durchführung zu erheblichen gesundheitlichen Beeinträchtigungen bis hin zum Tode führen. Jede Form des Tauchens erfordert daher eine spezielle Ausbildung, geeignete Ausrüstung und ein großes Maß an Übungspraxis.
Das vorliegende Buch ist daher nur begleitendes Ausbildungsmaterial für den Nitroxtaucher und ersetzt auf keinen Fall einen Kurs einer anerkannten Ausbildungsinstitution.
Verlag und Autor dieses Buches übernehmen keinerlei Haftung für Unfälle und Schäden jeglicher Art, die in Zusammenhang mit dem Inhalt dieses Werkes entstehen.

Reimund Hübner, geb. 1951, ist Lehrer für Physik, Technologie und Informatik. Bekannt wurde er als Unterwasserfotograf und durch Veröffentlichungen in Tauchmagazinen. Er taucht seit 1969 und ist Tauchlehrer sowie Rebreathertrainer.

Einbandgestaltung: Katja Draenert
Titelfoto: Reimund Hübner
Lektorat: Horst Dederichs

ISBN 3-275-01510-9

Sie finden uns im Internet
unter www.mueller-rueschlikon.ch

1. Auflage 2004

Innengestaltung: NovoTec GmbH, 73765 Neuhausen a.d.F.
Druck und Bindung: Fotolito Longo, I-39100 Bozen
Printed in: Italy

Inhalt

Vorwort

Eine Abgrenzung zum Technischen Tauchen

Die Erforschung unseres Wasserplaneten, Tieftauchrekorde, Höhlenforschung und Langzeittauchversuche stellten in der Vergangenheit, und stellen heute noch, Herausforderungen dar, die stets neue technische Hilfsmittel erfordern. Jegliches Tauchen, bei dem sich der Mensch technischer Hilfsmittel bedient, kann als »Technisches Tauchen – Technical Diving« bezeichnet werden. Mit einer klaren und exakten Abgrenzung des technischen Tauchens vom normalen Sporttauchen ergeben sich heute bereits erhebliche Schwierigkeiten. So wird vielfach zwischen Sporttauchen in Tiefen bis vierzig Metern und innerhalb der Nullzeit und dem »Technical Diving« jenseits von fünfzig Metern unterschieden. Beim Sporttauchen kann der Taucher jederzeit zur Wasseroberfläche zurückkehren. Bei Tauchgängen in Wracks, Höhlen, oder Tauchgängen mit langen und tiefen Dekompressionsstufen ist eine Selbstrettung des Tauchers nicht mehr möglich. Es gelingt ihm nicht, in kurzer Zeit unverletzt zur sicheren Oberfläche zurückzukehren. Die lebenserhaltenden Systeme müssen daher redundant ausgelegt sein, so dass auftretende Probleme während des Tauchgangs zu lösen sind. »Technical Diving« wird aus diesem Verständnis heraus, oft als Tauchen über die klassischen Sporttauchergrenzen hinaus bezeichnet. Rebreathertauchen und Nitroxtauchen im offenen System, mit dem Ziel, durch Reduzierung der gefährlichen Mikroblasen die Tauchgänge des Sporttauchers noch sicherer zu gestalten, würden nach diesem Verständnis nicht dem »Technical Diving« zuzuordnen sein. Aber gerade der mit dem Nitroxtauchen verbundene Mehraufwand an Ausrüstung, neu zu erlernende Gasmischverfahren, neuartige Tauchcomputer, aufwendigere Tauchgangsplanung mit Berechnung der Gasmischung, das Erlernen neuer physikalischer und physiologischer Zusammenhänge und der neu zu erlernende Umgang mit der Dekompressionstabelle, rücken das Nitroxtauchen in diesen Bereich. In den Anfängen des Tauchsports galt das Tauchen, bei dem ein Atemgas durch technische Hilfsmittel unter Wasser geatmet werden konnte, bereits als technisches Tauchen. Heute haben sich die Begriffe geändert. Definiert man »Technical Diving«, *als ein Tauchen mit Gasgemischen, die sich von der uns umgebenden Atemluft in ihren Bestandteilen unterscheiden und tiefenabhängig berechnet werden müssen*, so gehört Tauchen mit Nitrox zum technischen Tauchen.

Beim Tauchen mit Nitrox wird zwischen offenen, geschlossenen und halb geschlossenen Systemen unterschieden. Das Tauchen im offenen System ist dem Tauchen mit

Pressluft vergleichbar, leicht zu erlernen und erfreut sich hoher Zuwachsraten. Die Ausatemluft wird, wie beim Sporttauchen mit Pressluft, bei jedem Atemzug ins Wasser abgeatmet.

In den USA ist das Tauchen mit sauerstoffangereicherten Atemgasen weit verbreitet. In Deutschland mangelt es bisher noch an den notwendigen Infrastrukturen. Darüber hinaus wird die Technik durch überzogene bürokratische Forderungen erheblich eingeschränkt. So sind für einen höheren Sauerstoffanteil als 21%, eigene »sauerstofftaugliche Atemregler« vorgeschrieben, die zu höheren Kosten führen. Dennoch geht der Trend nach oben. Immer mehr Sporttaucher lassen sich in Kursen zu Nitroxtauchern ausbilden und nutzen so die nicht zu unterschätzenden Vorteile wie geringere Mikroblasenbildung und Verlängerung der Tauch- und Nullzeiten. Sie nutzen den höheren Sauerstoffanteil im Atemgas, um ihre Tauchgänge noch sicherer zu gestalten. Schätzungen gehen davon aus, dass sich in absehbarer Zeit etwa 80% der Sporttaucher zu Nitroxtauchern ausbilden lassen. Diese Tatsache nutzte die Ausbildungsorganisation PADI für ihre groß angelegte Nitroxkampagne. Anlässlich der Bootsmesse in Düsseldorf im Januar 2004 erklärte PADI Nitrox zum Atemgas der Zukunft.

Beim Nitroxtauchen unterscheiden wir offene Systeme und die Rebreathertechnik[1]. Beim offenen System wird die Ausatemluft vollständig an das Wasser abgeatmet. Nicht so bei Rebreathern. Der Rebreather, ob geschlossen (Closed Circuit Rebreather, CCR) oder halb geschlossen (Semi Closed Rebreather, SCR), hat den Vorteil der ökonomischen Nutzung des Atemgases und den schönen Nebeneffekt eines geräuscharmen Tauchens. Bei dieser Technik wird die ausgeatmete Luft über eine Kalkpatrone geführt. Dort wird das Kohlendioxid gebunden und der Restsauerstoff, der sich noch in der Ausatemluft befindet, wieder dem Atemkreislauf zugeführt. Aus dieser Technik, die sorgfältig erlernt werden muss, ergeben sich zusätzliche Anforderungen an Wartung, Gewissenhaftigkeit und umfassendes theoretisches Wissen des Nutzers. Wichtige Grundlage für das Erlernen des Rebreathertauchens sind die umfangreichen Kenntnisse des Nitroxtauchens, die mit einem Zertifikat eines der vielen Tauchverbände nachzuweisen ist. Das vorliegende Buch ersetzt keinen Kurs, bietet aber alle notwendigen Grundlagen fürs Nitroxtauchen. Es dient zur Vorbereitung auf einen Kurs, kann als Handbuch und Fundgrube für den Tauchlehrer dienen und ist nützlich bei der Auffrischung der in einem Nitroxkurs erworbenen Lerninhalte.

Motivation

In Taucherkreisen ist bekannt, dass Nitroxtauchen nicht nur Vorteile hat, sondern auch Nachteile mit sich bringt. Sei es der sorgfältige Umgang mit dem Sauerstoff und die damit verbundene Investition für eine sauerstofftaugliche Ausrüstung oder die strikte Einhaltung der Tauchtiefe, die unsere Freiheit beim Tauchen erheblich einschränken. Wenn es auch noch so verlockend ist, den zehn Meter tiefer im Sand liegenden Hai aufzusuchen, um ihn zu fotografieren, zu filmen oder zu beobachten. Mit einer Überschreitung der Tiefengrenze, vorgegeben durch den Sauerstoffgehalt des Nitroxgemisches, riskiert der Taucher eine

Sauerstoffvergiftung, die durch die plötzlichen und ohne Vorankündigung eintretenden Krampfzustände unter Wasser sicher tödlich endet. Zusätzlich musste für eine Nitroxfüllung bisher immer mehr bezahlt werden als für eine Pressluftfüllung. Vorherige Berechnungen, um zum Beispiel das beste Gasgemisch in die Flasche zu bekommen, die Ermittlung der maximalen Tauchtiefe vor einem Tauchgang und der neu zu erlernende Umgang mit der Dekompressionstabelle erschweren Tauchgänge mit sauerstoffangereicherten Gemischen. Welcher Grund veranlasst dennoch immer mehr Taucher, Nitroxgase der Pressluft vorzuziehen? Vielleicht waren es gerade die interessanten Erlebnisse, die mich selbst überzeugten, Nitrox als das geeignete Atemgas anzusehen. Ich bin überzeugt, dass es Ihnen nach einigen Tauchgängen auch so geht, so dass Sie Nitrox bei Ihren Unterwasserstreifzügen bald nicht mehr missen möchten. Doch nun zu einem meiner schönsten Erlebnisse auf der indonesischen Insel Bali. Viele be-

■ Profil des Tauchgangs. Tiefe: 26,5 m, Tauchzeit: 70 Minuten, Gemisch: EAN 33. Aufstiegsbeginn nach 41 Minuten

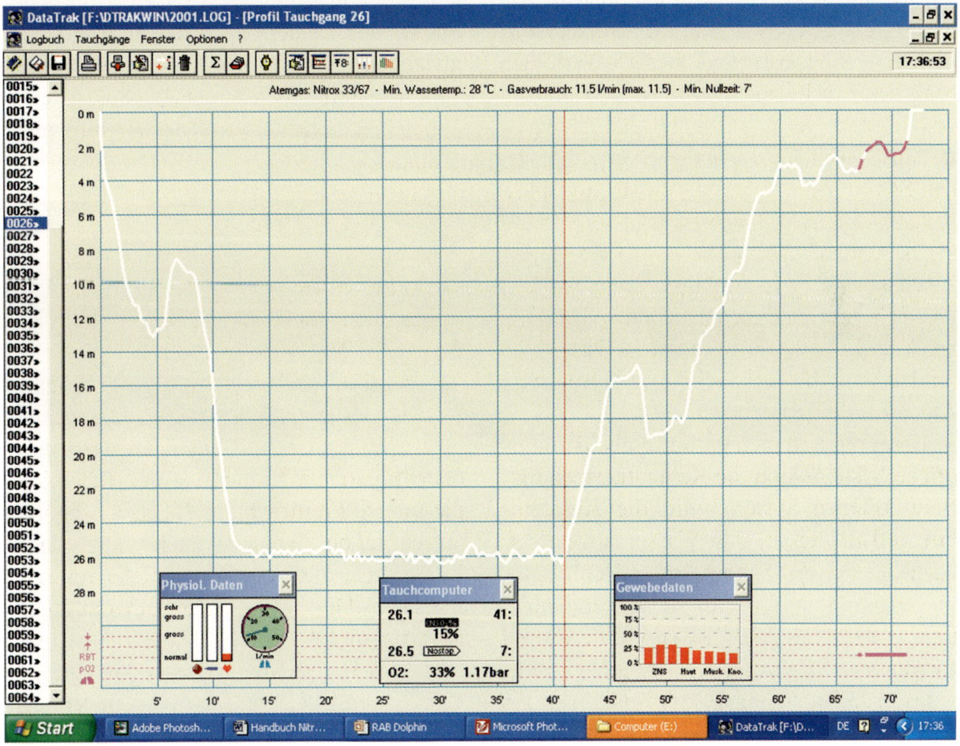

kannte Unterwasserfotografen schätzen die Gewässer der indonesischen Inselwelt. Kein anderes Tauchrevier bietet eine vergleichbare Vielfalt an maritimen Lebensformen. Gerade Tulamben, am Fuße des noch aktiven Vulkans Gunung Agung gelegen, ist ein wahres Eldorado für Unterwasserfotografen und Filmer.

Aber auch der beobachtende Taucher und Freund der vielfältigen Unterwasserwelt schätzt diesen kleinen Fischerort als Ausgangspunkt interessanter Unterwasserexkursionen. Selbst das Tauchen mit sauerstoffangereicherten Atemgasen ist auf der Insel Bali möglich. Das dargestellte Diagramm auf Seite 9 zeigt den Nitroxtauchgang durchgeführt am 13. Juni 2001. Getaucht wurde mit EAN 33 – ein Nitroxgemisch mit 33% Sauerstoff und 66% Stickstoff. Das Profil weist einen Tauchgang aus, bei dem die vorgesehene Tiefe von 26 Metern nach 12 Minuten erreicht wurde. Bei direktem Abstieg von einem Boot aus ist diese Tiefe natürlich schneller erreichbar. Es war ein Tauchgang von Land aus, mit dem Ziel, eine echte biologische Rarität zu fotografieren. In der besagten Tiefe lebt in einem großen Gorgonienstock eines der kleinsten, in der Wissenschaft beschriebenen Seepferdchen. Gut getarnt, gleich einem Gorgonienästchen mit eingezogenen Polypen, entzieht es sich auf Grund der Größe von etwa einem Zentimeter jedem Beobachter. Ausgerüstet mit Lupe galt es, das kleine Tierchen zu finden. Damit nicht genug, hat man es erst einmal entdeckt, so ist es äußerst schwierig, das »Pigmeaseahors« im Sucher der Kamera einzufangen und scharf zu stellen.

■ Pigmeaseahorse. Macrofotografie, Abbildungsmaßstab 1:1

Bei einem Abbildungsmaßstab von 1:1 ist der Schärfenbereich bei offener Blende so klein, dass es kaum gelingt, das Tierchen in den Sucher zu bringen. Dies alles kostet Zeit, Zeit die in dieser Tiefe kostbar ist, denn der Organismus sättigt sich unaufhörlich mit Stickstoff. Viel zu schnell verstreicht die Zeit. Nach 41 Minuten beginnen wir den Aufstieg, wobei der Tauchcomputer zu Beginn des Aufstiegs immer noch eine verbleibende Nullzeit von sieben Minuten anzeigt (siehe Grafik). Es war ein ganz normaler Nitroxtauchgang in den Grenzen der Nullzeit.

Für dieses Buch habe ich den Tauchgang noch einmal mit EAN 33 und Luft mit Hilfe der Simulationsmodi einzelner Rechner nachgespielt. Das Ergebnis war überzeugend. Hätten wir diesen Tauchgang mit Luft durchgeführt, so hätten wir, um in der Nullzeit zu bleiben, schon nach 23 Minuten den Aufstieg einleiten müssen. Für das Suchen und Fotografieren wären uns gerade mal 11 Minuten geblieben. Eine zu kurze Zeit, um das Seepferdchen zu finden und zu fotografieren. Doch wer gibt schon gerne auf, wenn er weiß, dass sich hier mit an Sicherheit grenzender Wahrscheinlichkeit eine biologische Rarität verbirgt. Hätten wir also mit Luft die gleiche Zeit in der Tiefe von 26 Metern verbracht, so wäre die Luft in der 12 l Flasche beim Aufstieg knapp geworden. Der Luftvorrat eines 12 Liter PTG ist für diese Tauchzeit mit anschließender Dekompression von einer Minute auf 6 Meter und sage und schreibe dreißig Minuten auf 3 Meter zu gering. Dieses Beispiel aus der Praxis zeigt in anschaulicher Weise den erheblichen Vorteil, den sauerstoffangereicherte Gemische beim Tauchen bieten. Unsere Zeit an der Gorgonie hat sich mit dem Nitroxgemisch gegenüber Pressluft um etwa 62% verlängert. Zeit für uns, Interessantes zu erleben und fotografisch zu dokumentieren.

Für die Planung eines solchen Tauchganges gibt es prinzipiell zwei Möglichkeiten. Entweder man hat einen Tauchcomputer mit Simulationsmodus zur Hand, oder die Theorie des Nitroxtauchens ist geläufig, so dass die Berechnungen keine Schwierigkeiten bereiten. Selbst mit Computer sollte die Kontrolle stets durch Rechnung überprüft werden. So ist gesichert, dass die mühsam erworbenen theoretischen Kenntnisse nicht in kurzer Zeit verloren gehen. Meist wird bei Nitroxtauchgängen dem elektronischen Begleiter das volle und uneingeschränkte Vertrauen geschenkt. Doch was tun, wenn der Rechner einmal ausfällt? Spätestens dann wird klar, dass die Theorie schon wieder vergessen ist. Peinlich, wenn der Guide oder Basisleiter nachfragt. Also immer mal wieder hinsetzen und mit Stift und einem Blatt Papier nachrechnen - auch wenn es manchmal lästig ist. Hierzu sind wesentliche theoretische Kenntnisse erforderlich, die es gilt, in den folgenden Kapiteln zu erarbeiten. Auch wenn es mühsam erscheint und Rechnungen und Erklärungen richtiges Durcharbeiten erfordern - am Ende des Buches haben Sie viele Informationen zur Hand, die Sie befähigen, sicher mit den sauerstoffangereicherten Atemgasen umzugehen.

Kapitel 1

Nitrox – eine Definition

■ Nitrox ersetzt immer mehr Luft als Atemgas.

Kapitel 1
Nitrox – eine Definition

■ Nitrox als eine Wortschöpfung

Zusammensetzung der Luft	
Gasart	**Volumen in %**
Stickstoff	78,09
Sauerstoff	20,95
Argon	0,92
Kohlendioxid	0,03
Neon	0,0018
Helium	0,00052
Krypton	0,0001
Wasserstoff	0,000 05
Xenon	0,000 008

Nitrox, diese Wortschöpfung setzt sich aus den Worten **Nitrogenium** für Stickstoffgas (N_2) und **Oxigenium** für Sauerstoffgas (O_2) zusammen und bezeichnet Atemgasgemische, die höhere Sauerstoffanteile als Luft enthalten. Diese Gemische werden auch Enriched Air Nitrox EANx genannt. Das x steht für den Sauerstoffgehalt des Gasgemisches in Prozent. Wenn in dem vorliegenden Buch von normaler Atemluft die Rede ist, wird stets eine vereinfachte Zusammensetzung der Luft angenommen. Nach ihr setzt sich die Umgebungsluft aus 21% Sauerstoff und 79% Stickstoff zusammen. (genaue Zusammensetzung siehe Tabelle (»Zusammensetzung der Luft«[2]).

Wichtig bei der Betrachtung von Atemgasen ist, dass die meisten Gase nicht atomar sind. Ausgenommen Edelgase wie Helium, Neon, Argon, Krypton und Xenon, die beim Tauchen mit Nitrox keine Rolle spielen und daher in den folgenden Betrachtungen nur am Rande erwähnt werden. So wird das Sauerstoffmolekül aus zwei Sauerstoffatomen gebildet. Wir nennen es O_2. Zwei Stickstoffatome bilden Stickstoffgas N_2. Das Stoffwechselprodukt Kohlendioxid setzt sich aus drei Atomen, einem Kohlenstoffatom und zwei Sauerstoffatomen zusammen. CO_2, so die chemische Formel, ist zu vier Prozent in der Ausatemluft enthalten, da im Organismus vier Prozent des eingeatmeten Sauerstoffs in Kohlendioxid umgesetzt werden.

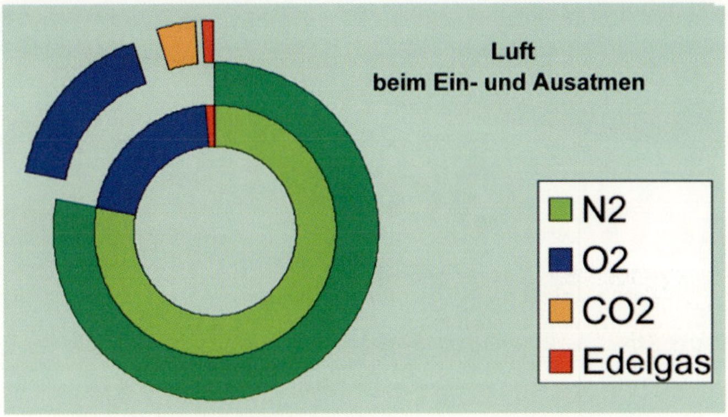

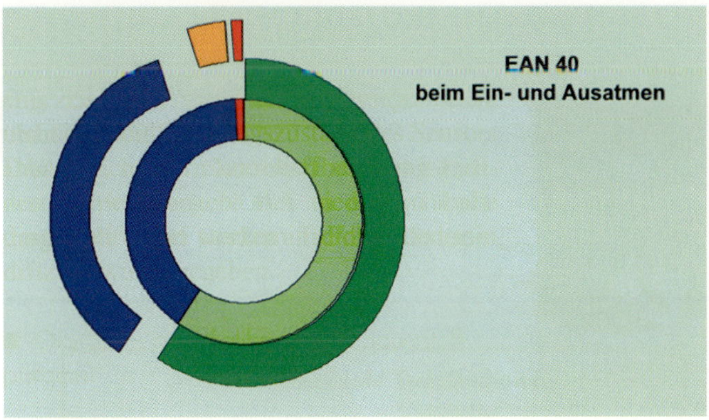

■ Die Darstellung zeigt den Unterschied von normaler Atemluft zu einem Nitroxgemisch mit 40% Sauerstoff und 60% Stickstoff. Deutlich ist erkennbar, dass in beiden Fällen der Anteil an Kohlendioxid in der Ausatemluft gleich ist. Bei EAN 40 ist auf Grund des höheren Sauerstoffanteils der Stickstoff erheblich reduziert. Der innere Kreis stellt jeweils die Zusammensetzung des Einatemgases dar.

Da mit dem Begriff Nitrox stets Gasgemische verstanden werden, die sich im wesentlichen aus Nitrogenium N_2 und Oxigenium O_2 zusammensetzen, ist auch normale Umgebungsluft ein Nitroxgemisch. Luft könnte man als Nitrox 21 bezeichnen.

EAN 32 bezeichnet ein Gasgemisch mit 32% Sauerstoff und 68% Stickstoff (siehe oben). Unter Nitrox 32/68 oder kurz Nitrox 32 wird im deutschen Sprachgebrauch ein Gemisch mit 32% Sauerstoffgehalt verstanden. Nicht so in den USA – **Vorsicht** hier besteht eine gefährliche Verwechslungsgefahr, da Nitrox 32/68 in den USA einen Sauerstoffgehalt von 68% enthalten würde. Konsequenterweise wird in den USA, exakt nach der Wortschöpfung **»NITROX«,** zuerst der Stickstoff und erst an zweiter Stelle der Sauerstoffanteil genannt. Im Zweifelsfall empfiehlt sich, den gewünschten Sauerstoffgehalt anzugeben.

Für Nitrox wurden von der National Oceanic and Atmospheric Administration (NOAA) zwei Standartgemische definiert. Dies sind **NOAA Nitrox I** mit 32% Sauerstoff und **NOAA Nitrox II** mit 36% Sauerstoff.

Grundsätzlich lässt sich aber jedes beliebige Mischungsverhältnis aus Sauerstoff und Stickstoff herstellen. Dies wird später noch ausführlich beschrieben.

Kapitel 2

Physikalische Grundlagen

■ Cyanobakterien, die ersten Sauerstoff-Produzenten auf der Erde. Shark-Bay, West Australien.

Kapitel 2
Physikalische Grundlagen

In diesem Kapitel werden die wesentlichen Grundlagen, die fürs Tauchen mit Nitrox von Bedeutung sind, dargestellt. Da bei der taucherischen Grundausbildung alle wichtigen physikalischen Grundlagen gelehrt wurden, dürften diese weitgehend geläufig sein. Die folgenden Ausführungen sind als Wiederholung und Vertiefung des bereits bekannten Lehrstoffes gedacht und können auch dem Tauchlehrer als Zusatzinformationen für seinen Unterricht dienen. Aus diesem Grund werden einige Inhalte intensiver betrachtet.

Basisgröße	Name	Zeichen
Länge	Meter	m
Masse	Kilogramm	kg
Zeit	Sekunde	s
Temperatur	Kelvin	K
elektrische Stromstärke	Ampere	A
Stoffmenge	Mol	mol
Lichtstärke	Candela	cd

■ Basiseinheiten

2.1 Basisgrößen und Maßeinheiten

Zur Vereinheitlichung der Maßsysteme in der Europäischen Union wurde für den technischen und physikalischen Bereich eine gesetzliche Regelung[3] gefunden, die in der Zwischenzeit mehrfach durch Verordnungen ergänzt und verändert wurde.

Das aus dem metrischen System weiterentwickelte internationale Einheitensystem SI ist in allen Mitgliedstaaten der europäischen Gemeinschaft Grundlage für die Einheiten im Meßsystem. In der nationalen Normung sind die SI-Einheiten in der ISO 1000 und DIN 1301[4] verankert. Demnach haben die SI-Einheiten sieben Basiseinheiten. Es sind dies die Länge, Masse, Zeit, Temperatur, elektrische Stromstärke, Stoffmenge und Lichtstärke (siehe Tabelle Basiseinheiten). Alle anderen physikalischen Einheiten werden aus den Basiseinheiten durch Multiplikation oder Division gebildet. So ergibt sich zum Beispiel die Einheit der Fläche A aus der Multiplikation zweier Längen. Die SI-Einheit der Fläche ist demnach m^2.

In den weiteren Ausführungen werden wir uns auf die fürs Tauchen und speziell fürs Tauchen mit Nitrox relevanten Basisgrößen Länge, Masse, Zeit und Temperatur beschränken.

2.2 Abgeleitete Größen und Einheiten

2.2.1 Masse und Gewicht

Welche Ursache hat der uns umgebende Luft- und Wasserdruck? Bei der Beantwortung dieser Frage unterscheidet der Physiker streng zwischen Masse und Gewicht eines Körpers. Die Masse wird in kg angegeben und ist für einen Körper ortsunabhängig. Die Gewichtskraft eines Körpers ist aber stets ortsabhängig. Hier ergeben sich umgangssprachlich Verwechslungen. Das Gewicht wird fälschlicherweise meist in Kilogramm angegeben. Der Unterschied von Masse und Gewicht lässt sich leicht an einem Beispiel veranschaulichen. So hätte ein Astronaut auf dem Mond immer noch die gleiche Masse wie auf der Erde. Sein Gewicht oder besser, seine Gewichtskraft, hat auf dem Mond nur noch ein sechstel des ursprünglichen Wertes. Der Astronaut mit seiner schweren Ausrüstung besitzt z.B. eine Masse von 120kg. Die Gewichtskraft errechnet sich, wie jede Kraft, aus der Masse multipliziert mit der Beschleunigung. Da sich Massen gegenseitig anziehen, üben sie Kräfte aufeinander aus. Sie beschleunigen sich. Springt ein Taucher von Bord eines Bootes, erfährt er auf Grund dieser Gravitationskraft eine Fallbeschleunigung. Bis zum Auftreffen auf die Wasseroberfläche wird seine Fallgeschwindigkeit stets zunehmen. So schlägt der Taucher bei einem Fall aus einem Meter Höhe mit einer Geschwindigkeit von etwa 16 km/h auf das Wasser auf. Bei zwei Meter Höhe beträgt seine Geschwindigkeit bereits 22,7 km/h. Der Wert der Beschleunigung ist auf der Erde nahezu konstant und beträgt $g = 9{,}81\ m/s^2$. Mit diesem Wert lässt sich die Gewichtskraft des Astronauten auf der Erde errechnen.

Mit $F = m \bullet g$ ergibt sich für eine Masse von 120 kg eine Gewichtskraft von

$F = 120kg \bullet 9{,}81m/s^2$

$F = 1177N$ oder $1{,}17kN$

Welche Verhältnisse ergeben sich für den Astronauten auf dem Mond?

An seiner Masse inklusive Ausrüstung hat sich nichts geändert. Da sie ein Maß für die ortsunabhängige Stoffmenge ist, beträgt sie immer noch 120kg. Dennoch fühlt sich der Astronaut auf dem Mond wesentlich leichter. Leichtfüßig wie ein Känguru hüpft er mit seiner schweren Ausrüstung über die staubige Oberfläche, um Gesteinsproben einzusammeln. Was hat sich geändert? Da der Mond eine wesentlich kleinere Masse als die Erde besitzt, wird der Astronaut durch die geringere Gravitation nicht so stark vom Mond angezogen. Die Fallbeschleunigung beträgt nur noch

$g_M = 1{,}64\ m/s^2$.

Die Gewichtskraft des Astronauten auf dem Mond ist geringer. Sie beträgt:

$F = 120kg \bullet 1{,}64m/s^2$

$F = 196N$

Es ist etwa ein sechstel der Gewichtskraft die er auf der Erdoberfläche erfährt.

Doch nun zur Beantwortung der ursprünglichen Frage nach Luft- und Wasserdruck. Luftmoleküle und Wassermoleküle erfahren durch die Gravitation der Erde eine Anziehungskraft. Die Gewichtskraft der Luftmasse über einer Fläche A ergibt den Luftdruck an der Erdoberfläche. Diese Tatsache erklärt, weshalb der Druck mit zunehmender Höhe abnimmt. Die exponentielle Abnahme lässt sich mit der barometrischen Höhenformel errechnen[5]. So beträgt der Luftdruck in einer Höhe von 1000 Meter noch 90 kPa, in 2800 Meter immer noch 70 kPa. Immerhin reicht die uns umgebende Lufthülle bis etwa 1500 km hinaus in den Weltraum. Fünfundsiebzig Prozent der Gesamtmasse der Lufthülle sind aber auf die unteren zehn Kilometer konzentriert[6].

Medium	Dichte
Wasser	1000 kg/m^3
Luft	1,25 kg/m^3

Extremer sind die Verhältnisse unter Wasser. Es sind die Wassermoleküle, die wegen der Gravitation eine Gewichtskraft erfahren. Da die Dichte des Wassers um ein Vielfaches größer als die der Luft ist, nimmt die Gewichtskraft der über dem Taucher befindlichen Wassersäule rasch und linear zu. Um unter Wasser den gleichen Druckunterschied, wie bei einer Liftfahrt auf annähernd dreitausend Metern zu erfahren, müssen wir nur drei Meter tief tauchen.

2.2.2 Der Druck p

Über siebzig Prozent der Oberfläche unseres blauen Planeten sind mit Wasser bedeckt, deren Erforschung heute erst begonnen hat. Obwohl der Mensch im Laufe der erdgeschichtlichen Evolution aus dem Wasser entstiegen ist und in allen Entwicklungsstufen stets die Nähe des Wassers gesucht hat, um es zu nutzen als Nahrungsquelle, Transportmedium oder Energiequelle, ist es ihm erst spät gelungen, die Tiefen der Ozeane zu erforschen. Die notwendige Versorgung mit Atemgas, die rasche Druckzunahme in der Tiefe und die hieraus resultierenden psychischen und physischen Belastungen für den Taucher, sei es in einer Taucherglocke, einem U-Boot oder als Schwimmtaucher, gestalteten die Erforschung der Tiefen unserer Ozeane und Seen bis heute sehr schwierig.

Bekanntlich ist der Druck **p** definiert als Kraft **F** die auf eine Fläche **A** wirkt.

p = F/A

Die SI-Einheit ist demnach **N/m²**

Es ist eine abgeleiteten Einheit mit eigenem Namen. Es ist das Pascal **Pa**.

1 Pa = 1 N/m²

Da beim Tauchen wesentlich höhere Drücke auftreten, ist noch immer das **bar** gebräuchlich. So entspricht der normale Luftdruck von einem bar einer Kraft von 10 N die auf eine Fläche von nur einem Quadratzentimeter wirkt.

1 bar = 10 N/cm²

Für die Kraft auf einen Quadratmeter ist dieser Wert mit 10 000 zu multiplizieren, da ein Quadratmeter 10 000 Quadratzentimeter enthält.

1 bar = 100 000 N/m²

1 bar = 100 000 Pa, 1000 hPa oder 100 kPa

Das Hektopascal **hPa** hat sich in den letzten Jahren für die Angabe von Luftdrücken durchgesetzt. Die Einheit **mbar** wurde einfach durch den Ausdruck »Hektopascal« **hPa** ersetzt, so dass sich an den bekannten Zahlenwerten nichts geändert hat.

Es gilt:

1000 mbar = 1000 hPa

In der oben erwähnten Einheitenverordnung werden neben den Größen auch Vorsätze und Vorsatzzeichen zur Bezeichnung von dezimalen Vielfachen und Teilen von Einheiten festgelegt[7]. In der Tabelle »Vorsätze« sind die wichtigsten dargestellt.

Faktor, mit dem die Einheit multipliziert wird	Vorsatz	Vorsatzzeichen
10^{12}	Tera	T
10^{9}	Giga	G
10^{6}	Mega	M
10^{3}	Kilo	k
10^{2}	Hekto	h
10^{1}	Deka	da
10^{-1}	Dezi	d
10^{-2}	Zenti	c
10^{-3}	Milli	m
10^{-6}	Mikro	μ
10^{-9}	Nano	n

Bekanntlich steigt beim Tauchen der Druck je zehn Meter Wassertiefe um 1bar an. Da die Luftsäule in Meereshöhe ebenfalls mit einem Druck von etwa einem Bar beiträgt, ergibt sich in zehn Meter Tiefe ein Druck von 2 bar. Dieser Druck entspricht 200000 Pa = $2 \cdot 10^5$ Pa oder wie oben bereits dargelegt 2000 hPa. Beide Darstellungen sind augenscheinlich ungeeignet. Besser ist bei großen Zahlenwerten der Vorsatz Mega M oder Kilo k (siehe Tabelle Vorsätze).

2 bar sind dann 0,2 MPa oder 200 kPa

Ein Flaschendruck von 200 bar entspräche demnach 20 MPa (Megapascal).

In den weiteren Ausführungen wird neben der gebräuchlichen Druckeinheit **bar** stets in Klammern die Einheit **Pa** dargestellt**,** da anzunehmen ist, dass sich früher oder später, auch beim Tauchen, die Druckeinheit Pascal durchsetzen wird.

In den USA und den Tauchreisezielen mit großem amerikanischen Einfluss ist als Druckeinheit immer noch das psi (pounds per square inch) gebräuchlich. Aus diesem Grund scheint es sinnvoll, die Umrechnung von psi in bar und von bar in psi ausführlich darzustellen (siehe Tabelle).

Die amerikanische Druckeinheit psi
(**p**ounds per **s**quare **i**nch)

1bar = 0,1MPa entspricht etwa 14,5 psi

Einheitenname	Zeichen	Bemerkung
pound	lb	1lb=0,45359237 kg
inch	in	$1 in = 2{,}54 \cdot 10^{-2}$ m
square inch	in^2	$1\ in^2 = 0{,}64516 \cdot 10^{-3} m^2$
pressure	psi	1 psi=6895 Pa

Umrechnung von psi in bar (Pa) und umgekehrt.

$$1\,psi = \frac{0{,}45359237kg \cdot 9{,}80665\,\frac{m}{s^2}}{(2{,}54 \cdot 10^{-2}\,m)^2}$$

$$1\,psi = 6894{,}7\,\frac{N}{m^2}$$

$$1\,psi \mathrel{\hat{=}} 6895 Pa$$

$$1\,psi \mathrel{\hat{=}} 0{,}06895 bar \quad (1\,psi\ entspricht\ etwa\ 0{,}07 bar)$$

$$\Rightarrow 0{,}1 MPa \mathrel{\hat{=}} 14{,}5\,psi$$

2.2.3 Die Dichte

Die Dichte eines Körpers beschreibt das Verhältnis seiner Masse m in kg zu seinem Volumen V in m^3. Die Einheit der Dichte ist **kg/m³** oder **g/cm³**

Dichte = m/V

Sie wird als Stoffkonstante bezeichnet, da sie wie die Masse eines Körpers ortsunabhängig ist. Je nach Material und Aggregatzustand hängt sie mehr oder weniger stark von der Temperatur und dem Druck ab. Besonders ausgeprägt ist diese Abhängigkeit bei Gasen und Flüssigkeiten (siehe Tabelle[8]

Dichte in g/cm³ einiger fester Stoffe bei 20 °C	
Aluminium	2,7
Stahl	7,3 - 8,13
Blei	11,34
Dichte in g/cm³ von Wasser und Eis bei verschiedenen Temperaturen	
0 °C	0,917
4 °C	1,00
20 °C	0,998
Dichte in kg/m³ einiger Gase bei 1bar (0,1MPa) und 0 °C	
Luft	1,293
Helium	0,1785
Sauerstoff	1,4289
Stickstoff	1,2505
Wasserstoff	0,0899
EAN 32 (NOAA Nitrox I)	1,307
EAN 36 (NOAA Nitrox II)	1,342

■ Dichten einiger fester flüssiger und gasiger Stoffe

»Dichten von festen flüssigen und gasigen Stoffen«)

Speziell die Temperaturabhängigkeit von Gasen wird in 2.3.4 noch näher erläutert und berechnet.

2.3 Die Gasgesetze

Die allgemein bekannten und idealisierten Gasgesetze gelten nur für ein Modell. Es ist das Modell eines idealen Gases, dass sich deutlich von realen Gasen unterscheidet. Vorteil der vereinfachten modellhaften Betrachtung ist, dass sie für reale Gase, in großen Bereichen, richtige und praxisgerechte Rechenergebnisse liefert.

2.3.1 Isobare Zustandsänderung

1. Gesetz von Gay – Lussac

Gay-Lussac, französischer Chemiker und Physiker (1778 bis 1850) lehrte als Physikprofessor an der berühmten Pariser Sorbonne und als Chemieprofessor an der École Politechnique. Bereits im Jahre 1802 beo-

reales Gas	ideales Gasmodell
• die Moleküle besitzen Masse und Volumen • es wirken schwache Kräfte zwischen den Molekülen; es sind Van-der-Waals Kräfte • die Zustandsgleichungen für ideale Gase gelten nur eingeschränkt • reale Gase lassen sich nicht beliebig komprimieren • reale Gase sind bei sehr tiefen Temperaturen Festkörper, werden flüssig und gehen erst bei höheren Temperaturen in den gasigen Aggregatzustand über	• die Gasmoleküle besitzen eine Masse m, haben aber keine Ausdehnung • solange sich die Moleküle nicht berühren, üben sie keine Kräfte aufeinander aus • die Moleküle verhalten sich wie elastische Kugeln. Bei Stoß tauschen sie Impuls und Energie aus • die Moleküle besitzen keine Vorzugsrichtung und bewegen sich unabhängig voneinander • für alle Temperaturen gilt der gasige Zustand

Gay-Lussac

bachtete er, dass bei konstantem Druck sich die Volumina eines idealen Gases wie die absoluten Temperaturen verhalten.

Es gilt: $\frac{V_1}{V_2} = \frac{T_1}{T_2}$ $oder\ V \approx T$

(1. Gesetz von Gay-Lussac)

Im Jahre 1804 stieg der Forscher Gay-Lussac allein mit einem Ballon bis in eine Höhe von 7000 Metern auf, um das Magnetfeld der Erde und die Zusammensetzung der Luft in großen Höhen zu untersuchen. Er stellte dabei fest, dass die Anteile an Sauerstoff und Stickstoff auch in großen Höhen gleich geblieben sind und sich nur der Umgebungsdruck geändert hat[9]. Diese Erkenntnis ist wichtig bei der Kalibrierung von Sauerstoffsensoren.

Beim Tauchen von Bedeutung ist das 2. Gesetz von Gay-Lussac.

2.3.2 Isochore Zustandsänderung Gesetz von Amonton (2. Gesetz von Gay - Lussac)

Auch Guillaume Amonton war französischer Physiker, wurde 1663 in Paris geboren und starb 1705. Er war Mitglied der Akademie der Wissenschaft und erlangte besondere Verdienste durch seine Arbeit bei der Entwicklung neuartiger Hygrometer und Barometer, die nicht mit Quecksilber arbeiteten. Amonton war der erste, der durch Experimente mit einem von ihm entwickelten Gasthermometer auf die Existenz eines absoluten tiefsten Punktes der Temperatur schloss. Nach ihm benannt ist die Zustandsänderung eines idealen Gases bei konstantem Volumen[10].

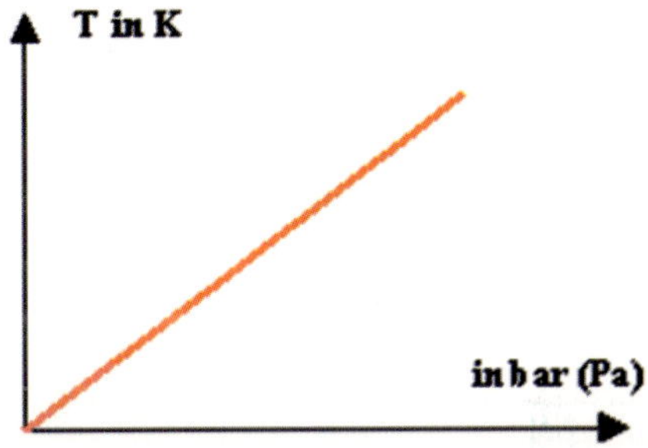

Bei konstantem Volumen verhalten sich die Drücke eines idealen Gases wie die absoluten Temperaturen.

Es gilt: $\frac{p_1}{p_2} = \frac{T_1}{T_2}$ $oder\ p \approx T$

Diese Gesetzmäßigkeit spielt immer dann eine wichtige Rolle, wenn eine abgeschlossene Gasmenge mit Volumen V einer Temperaturänderung ausgesetzt ist. Gerade beim Befüllen von Nitroxgemischen ist dies nicht unerheblich, da bei Erwärmung des Gases auch der Druck in der Flasche steigt. Vor allem beim Füllen nach der Partialdruckmethode ist diese Erhöhung des Druckes nicht zu unterschätzen und kann zu Fehlern führen.

Beispiel: Eine Tauchflasche erwärmt sich beim Füllen auf eine Temperatur von 50 °C. Bei dieser Temperatur zeigt der Druckmesser einen Flaschendruck von 220 bar (22 MPa) an. Welcher Druck wird beim Abkühlen der Flasche auf eine Temperatur von 10 °C gemessen?

Lösung: zuerst sind die Temperaturen in Kelvin umzurechnen.

Für T_1 ergibt sich ein Wert von
(50 + 273) K = 323 K

Für T_2 errechnet sich ein Wert von
(10 + 273) K = 283 K

Es gilt: $\frac{p_1}{p_2} = \frac{T_1}{T_2}$ $oder\ p \approx T$

aufgelöst nach p_2 folgt:

$$p_2 = p_1 \cdot \frac{T_2}{T_1}$$

$$p_2 = 220bar \cdot \frac{283K}{323K}$$

$$p_2 = 193bar\,(19{,}3MPa)$$

Robert Boyle

An diesem realen Beispiel wird deutlich, dass die Druckdifferenz beim Abkühlen und Erwärmen einer Gasflasche erheblich sein kann. Im aktuellen Beispiel beträgt der Druckunterschied 27 bar (0,27 MPa) oder 12,3%.

2.3.3 Isotherme Zustandsänderung Gesetz von Boyle – Mariotte

Sir Robert Boyle, irisch britischer Physiker und Chemiker von 1627 bis 1691 war ein Genie. Bereits im jugendlichen Alter von acht Jahren sprach der kleine Robert Griechisch und Latein. Mit elf Jahren unternahm der junge Boyle eine siebenjährige Bildungsreise durch Frankreich, Schweiz und Italien. Auf dieser Reise erhielt er eine umfassende Ausbildung in Rechtswissenschaften, Philosophie, Mathematik und Naturwissenschaften. Der ungewöhnlich vielseitige Naturforscher wurde unter anderem bekannt durch seine Arbeiten über Oxidationsvorgänge bei Metallen und seine Experimente über Luftdruck und Vakuum. Um nur einige seine Erfolge zu nennen, unterschied er als erster Säuren, Basen und neutrale Substanzen, beobachtete als erster die Anomalie des Wassers (Größte Dichte bei vier Grad Celsius),

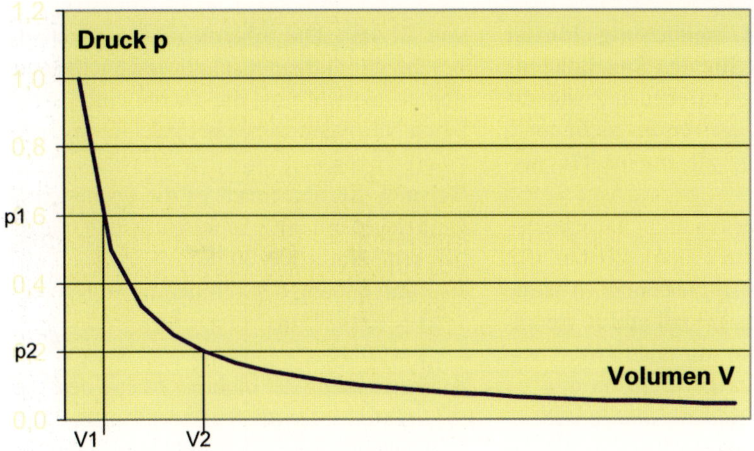

Darstellung des Gesetzes von Boyle-Mariotte

erkannte die Abhängigkeit des Siedepunktes vom Luftdruck und bewies Galileis Behauptung, dass alle Körper im Vakuum gleich schnell fallen. 1622 entdeckte er experimentell das Druck-Volumengesetz, das 1676 von E. Mariotte bestätigt und begründet wurde. Diese gefundene Gesetzmäßigkeit beschreibt den in der Grafik dargestellten Verlauf von Druck und Volumen bei konstanter Temperatur[11].Das Produkt aus Druck und Volumen ist stets konstant, wenn bei der Änderung die Temperatur konstant bleibt.

Es gilt:

$$p_1 \cdot V_1 = p_2 \cdot V_2 = p_n \cdot V_n = const.$$

$$\Rightarrow \frac{p_1}{p_2} = \frac{V_2}{V_1} \quad oder \quad p \sim \frac{1}{V}$$

Demnach verhalten sich Drücke bei konstanter Temperatur umgekehrt proportional zu den Volumina.

An Hand der grafischen Darstellung ist deutlich erkennbar, dass bei großem Druck (p_1), wie er zum Beispiel in größeren Tiefen herrscht, das dazugehörige Volumen (V_1) klein ist. Nimmt nun bei einem Aufstieg in geringere Wassertiefe der Druck (p_2) ab, so steigt das Volumen (V_2) an. Diese Volumenänderung spielt vor allem dann eine Rolle, wenn ein durch Panik bedingter Notaufstieg eingeleitet wird. Hat der Taucher in der Tiefe Atemgas aus seinem Tauchgerät eingeatmet, dehnt sich dieses bei dem Aufstieg aus, wenn es nicht ausreichend abgeatmet wird. Ein zentraler Lungenriss könnte die lebensbedrohliche Folge sein. Diese Tatsache wird in jedem Anfängerkurs ausreichend gelehrt und sollte jedem Taucher geläufig und bekannt sein. Zur Erinnerung sei an dieser Stelle noch einmal ein Beispiel beschrieben. Der Taucher atmet in einer Wassertiefe von nur zehn Metern Atemgas aus seinem Tauchgerät ein und füllt seine Lunge mit vier Liter. Beim Aufstieg zur Oberfläche reduziert sich der Umgebungsdruck von 2 bar auf etwa 1bar. Nach dem oben beschriebenen Gesetz würde sich das Gasvolumen von vier auf acht Liter ausdehnen. Ein Riss der Lunge wäre unvermeidbar.

2.3.4 Allgemeine Gasgleichung idealer Gase (Profiwissen – für den Spezialisten)

Aus den drei oben beschriebenen Zustandsänderungen realer Gase ergibt sich durch etwas Überlegung die allgemeine Gasgleichung.

$$\frac{p_1 \cdot V_1}{T_1} = \frac{p_2 \cdot V_2}{T_2} = const. \quad oder \quad p \cdot V = n \cdot R \cdot T$$

In der allgemeinen Gasgleichung ist n die Stoffmenge des Gases in mol und R die allgemeine Gaskonstante mit einem Wert von 8,3143 J/K•mol.

Anders ausgedrückt, sind alle oben beschriebenen Zustandsänderungen Spezialfälle der allgemeinen Gasgleichung $p \cdot V = n \cdot R \cdot T$

Diese Gleichung beschreibt das Boyle-Mariottesche Gesetz, wobei die Konstante n•R•T die Bewegungsenergie der Gasmoleküle darstellt. Bleibt die Temperatur während der Zustandsänderung konstant, so bleibt auch die innere Energie des idealen Gases unverändert.

Interessant ist dabei, dass sich alle Gase, ob real oder ideal, in großen Temperaturbereichen stets gleich verhalten.

Was bedeutet das? Alle Gase nehmen bei gleichen Druck und gleicher Temperatur immer das identische Volumen ein. Der Grund ist einfach zu verstehen. Bezogen auf die Größe der einzelnen Gasmoleküle ist der Abstand von einem zum anderen Gasmolekül riesig. Im flüssigen, erst recht im festen Zustand, schrumpfen die Abstände. Dies erklärt, dass sich Flüssigkeiten und feste Körper kaum komprimieren lassen. Nicht so im gasigen Zustand. So beanspruchen alle Gase mit einer Stoffmenge von 1kMol, es sind dies etwa $6 \cdot 10^{26}$ Gasmoleküle, bei einem Druck von 1 bar (100 kPa) und einer Temperatur von 0°C = 273K, einen Raum von $22{,}4m^3$. Die allgemeine Gasgleichung beschreibt mathematisch diesen Sachverhalt und ermöglicht uns, die Dichte eines beliebigen Nitroxgemisches bei jeder Temperatur zu errechnen.

Beispiel: Zu berechnen ist die Dichte eines Gemisches mit 40% Sauerstoffgehalt und einer Temperatur von 30 °C.

i) Umrechnung der Temperatur in Kelvin:
   T = (30+273)K
   T = 303K

ii) Bestimmung der molaren Masse des Premixes: Da der Sauerstoff immer als Gasmolekül O_2 zu betrachten ist, hat seine molare Masse 2•16 kg je kmol. Auch Stickstoff N_2 ist molekular und hat eine molare Masse von 2•14kg je kmol. Hieraus ergibt sich die molare Masse des gewünschten Nitroxgases. Es errechnet sich wie folgt:

$$2 \cdot 16 kg/kmol \cdot 0{,}4 + 2 \cdot 14 kg/kmol \cdot 0{,}6 = 29{,}6 kg/kmol$$

iii) Welches Volumen nimmt ein kmol (29,6 kg) des Gases bei einer Temperatur von 303K und einem Druck von 1 bar (100 kPa) ein?

$$aus\ p \cdot V = nRT \Rightarrow \quad V = \frac{nRT}{p}$$

$$V = \frac{1kmol \cdot 8{,}3 \cdot 10^3 \frac{Nm}{KKmol} \cdot 303K}{1 \cdot 10^5 \frac{N}{m^2}}$$

$$V = 25{,}15m^3$$

Die gewünschte Dichte ergibt sich aus dem Quotienten von Masse und Volumen.

$$\rho = \frac{m}{V}$$

$$\rho = \frac{29{,}6kg}{25{,}15m^3}$$

$$\rho = 1{,}177 \frac{kg}{m^3} \quad oder \quad 1{,}177 \frac{g}{l}$$

Dichte in kg/m³ bei 0 °C und p=1 bar (1000hPa)	
EAN 32 (NOAA Nitrox I)	1,307
EAN 36 (NOAA Nitrox II)	1,314
EAN 40	1,321
Dichte in kg/m³ bei 20 °C und p=1 bar (1000hPa)	
EAN 32 (NOAA Nitrox I)	1,204
EAN 36 (NOAA Nitrox II)	1,2105
EAN 40	1,217
Dichte in kg/m³ bei 40 °C p=1 bar (1000hPa)	
EAN 32 (NOAA Nitrox I)	1,127
EAN 36 (NOAA Nitrox II)	1,133
EAN 40	1,139

John Dalton

Auf diese Weise errechnete Dichtewerte bei verschiedenen Temperaturen, sind in der Tabelle dargestellt. Deutlich ist die Temperaturabhängigkeit erkennbar. Je höher die Temperatur, umso geringer wird die Dichte.
Für EAN 40 ergeben sich folgende temperaturabhängige Dichtewerte:

Temperatur in °C	0	20	30	40
Dichte in kg/m³	1,321	1,217	1,177	1,139

2.3.5 Das Gesetz von Dalton

John Dalton, britischer Chemiker und Physiker von 1766 bis 1844 eignete sich als Autodidakt umfassende Kenntnisse in den Naturwissenschaften an. Im Alter von zwölf Jahren arbeitete er in Kendal hauptamtlich als Lehrer. 1793 siedelte Dalton nach Manchester über, wo er bis zu seinem Tode lebte. Er lehrte dort am New College. Dalton untersuchte die Absorption von Gasen durch Wasser, beschrieb unabhängig von Gay-Lussac die Gesetzmäßigkeiten bei der Wärmeausdehnung von Gasen und erkannte, dass sich Gase bei der Kompression erwärmen und bei Expansion abkühlen. 1801 beschrieb er das Daltonsche Gesetz der Partialdrücke. Dieses Gesetz hat vor allem beim Tauchen mit Mischgas und speziell beim Tauchen mit sauerstoffangereicherten Gasen eine große Bedeutung und ist die Grundlage für das Verständnis des Nitroxtauchens.
Dem zufolge ist der Druck in einer Mischung idealer Gase gleich der Summe der Drücke der Einzelkomponenten, die man messen würde, wenn jede dieser Komponenten allein in dem Gasvolumen vorhanden wäre[12].
Anders ausgedrückt:
Die Summe der Teildrücke der Einzelgase ergibt den Gesamtdruck der Gasmischung.

Der Partialdruck oder Teildruck eines Gases ist demnach der prozentuale Anteil einer Gaskomponente am Gesamtdruck der Gasmischung.

Es gilt: $p = p_1 + p_2 + p_3 + ... + p_n$

■ Vergleich der Partialdrücke von Luft in Meereshöhe und 30 m Wassertiefe.

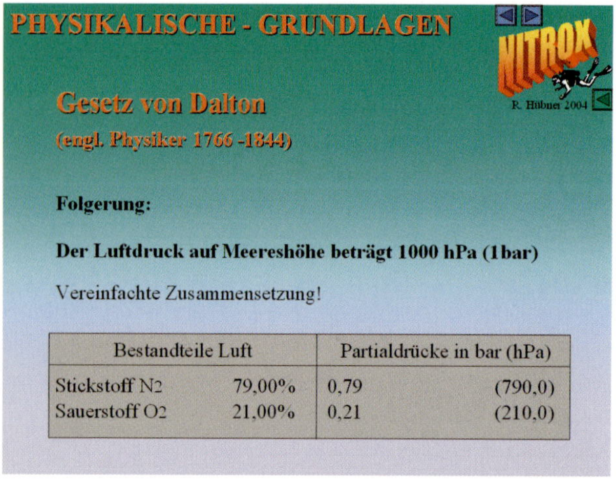

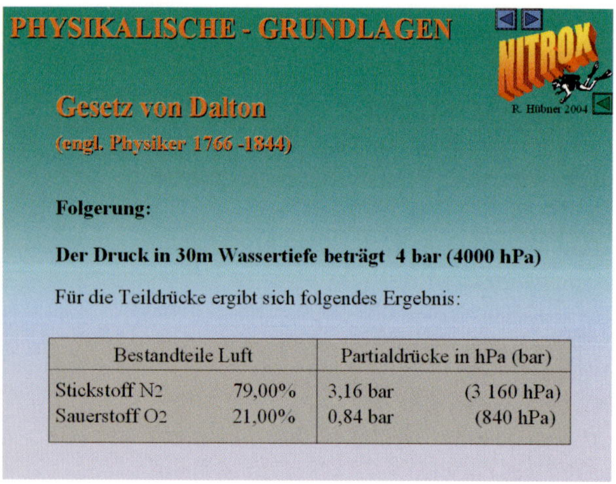

Vereinfacht besteht Luft aus einer Mischung von 21% Sauerstoffgas O_2 und 79% Stickstoffgas N_2.

Bei einem atmosphärischen Druck von einem bar (100 kPa) liefert dann der Sauerstoff einen Partialdruck von 0,21 bar (21 kPa) wobei der Stickstoff mit einem Teildruck von 0,79 bar (79 kPa) zum Gesamtdruck beiträgt.

Bekanntlich steigt mit zunehmender Wassertiefe auch der Umgebungsdruck. Durch den Atemregler wird automatisch der Druck des Atemgases an diesen höher werdenden Umgebungsdruck angepasst. Je zehn Meter Wassersäule verändert sich der Druck um 1 bar (100 kPa). In einer Tiefe von dreißig Metern beträgt der Umgebungsdruck und damit auch der Druck des geatmeten Atemgases 4bar (400 kPa). Mit dem in der Tiefe höheren Druck sind auch die Teildrücke der einzelnen Gaskomponenten gestiegen.

Für Luft beträgt der Partialdruck des Sauerstoffes 4•0,21 bar = 0,84 bar (84 kPa) der Stickstoffpartialdruck hat sich auf 4•0,79 bar = 3,16 bar (316 kPa) erhöht (siehe Abbildung).

Hohe Teildrücke des Sauerstoffes können, wie wir später noch sehen werden, zu Vergiftung des zentralen Nervensystems führen. So gelten allgemein Teildrücke des Sauerstoffs, die höher sind als 1,6 bar (160 kPa), als gefährlich und sollten auf keinen Fall überschritten werden.

2.3.5.1 Bestimmung der Maximalen Tauchtiefe MOD (maximum operating depth)

In dreißig Meter Tiefe beträgt der Partialdruck des Sauerstoffs bereits 0,84 bar (84 kPa).

In welcher Wassertiefe ist der kritische Druck von 1,6 bar (160 kPa) erreicht?

Der Partialdruck des Sauerstoffs errechnet sich aus dem Produkt des Umgebungsdruckes in der Tiefe und dem prozentualen Anteil des Sauerstoffes im Gasgemisch.
Formal dargestellt $\Rightarrow p_{O_2} = p_T \cdot f_{O_2}$
In dieser Darstellung ist p_{O_2} der Sauerstoffpartialdruck in der Tiefe T, p_T ist der Druck in der Wassertiefe T und f_{O_2} ist der prozentuale Anteil des Sauerstoffes am Atemgas. Hierbei steht das f für fraction (engl. Anteil).
Der Umgebungsdruck in der Tiefe T errechnet sich aus der Wassertiefe und dem Normaldruck an der Wasseroberfläche p_0.

$$p_T = \left(\frac{T}{10m}\right) \cdot 1bar + p_0$$

Werden beide Formeln zusammengefügt, ergibt sich die allgemein gültige aber komplexe Darstellung für die Berechnung der Partialdrücke aller beliebigen Gase.

$$p_G = \left[\left(\frac{T}{10m}\right) bar + p_0\right] \cdot f_G$$

Beim Einsetzen der Werte für Luft in dreißig Metern Wassertiefe ergeben sich aus dieser Darstellung die Teildrücke für den Sauerstoff und den Stickstoff wie folgt.

$$p_{O_2} = \left[\left(\frac{30m}{10m}\right) \cdot 1bar + 1bar\right] \cdot 0{,}21$$

$$p_{O_2} = 0{,}84bar\ (840hPa)$$

$$p_{N_2} = \left[\left(\frac{30m}{10m}\right) \cdot 1bar + 1bar\right] \cdot 0{,}79$$

$$p_{N_2} = 3{,}16bar\ (0{,}316MPa)$$

In dreißig Metern Wassertiefe betragen die Partialdrücke für Sauerstoff 84 kPa, für Stickstoff 316 kPa.
Doch nun zur Lösung der eingangs gestellten Frage, in welcher Wassertiefe der Sauerstoffteildruck von 1,6bar (160 kPa) erreicht wird.

Mathematisch betrachtet muss nach der Tiefe T aufgelöst werden.
Diese Auflösung ist nicht ganz einfach und sei an dieser Stelle nur für mathematisch interessierte Leser dargestellt. Im Anschluss an diese etwas komplizierte Darstellung werden die wesentlichen Sachverhalte bei der Planung von Nitroxtauchgängen vereinfacht erklärt. Also keine Bange!

2.3.5.2 Mathematisch exakte Lösung zur Bestimmung der MOD:
Eingesetzt für Sauerstoff, ergibt sich für Luft bei einem maximalen Sauerstoffteildruck von 1,6 bar eine Tiefengrenze von 66,2 m.

$$p_G = \left[\left(\frac{T}{10m}\right) \cdot 1bar + p_0\right] \cdot f_G$$

$$p_G = \left(\frac{T}{10m}\right) \cdot 1bar \cdot f_G + p_0 \cdot f_G$$

$$\left(\frac{T}{10m}\right) \cdot 1bar \cdot f_G = p_G - p_0 \cdot f_G$$

$$T = \frac{(p_G - p_0 \cdot f_G) \cdot 10m}{f_G \cdot 1bar}$$

$$T = \frac{(p_G - p_0 \cdot f_G) \cdot 10m}{f_G \cdot 1bar}$$

$$T = \frac{(1{,}6bar - 1bar \cdot 0{,}21) \cdot 10m}{0{,}21 \cdot 1bar}$$

$$T = 66{,}2m$$

Wird beim Tauchen mit Pressluft eine Tauchtiefe von 66,2 m überschritten, riskiert der Taucher eine Sauerstoffvergiftung, die unter Wasser lebensbedrohlich ist.
Beim Tauchen mit Nitrox ist der Sauerstoffanteil stets größer als 21%. Die maximale Tauchtiefe ist daher immer kleiner als 66,2 Meter. Vor jedem Tauchgang ist

für das jeweilige Nitroxgemisch die maximale Tauchtiefe (MOD) zu bestimmen.

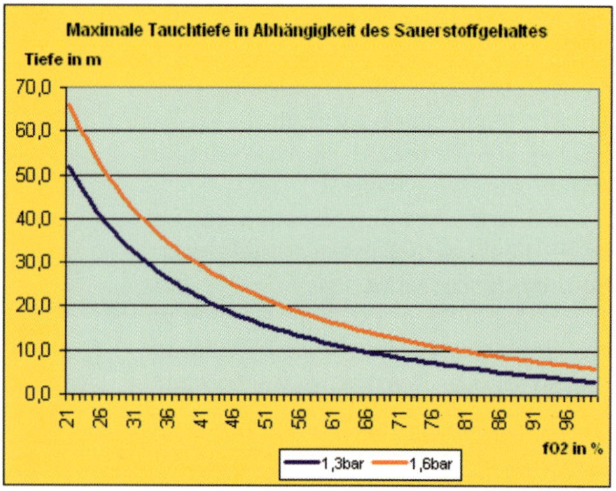

■ MOD in Abhängigkeit des Sauerstoffgehaltes

2.3.5.3 Vereinfachtes Rechenschema zur Ermittlung der maximalen Tauchtiefe MOD »Das T im Kreis«

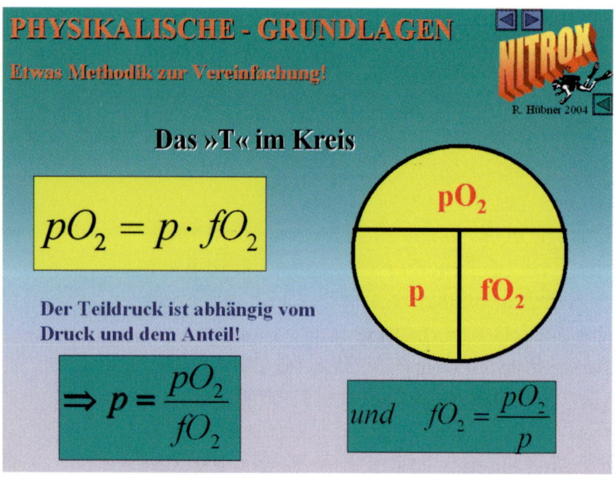

Das T im Kreis ermöglicht jedem Taucher auch ohne große mathematische Kenntnisse, die maximale Tiefe für sein Nitroxgemisch zu errechnen. Da das Ergebnis dieser Berechnung lebenswichtig ist, muss diesem Teil eine besondere Beachtung zukommen. An Hand eines konkreten Beispiels wird das einfache Verfahren beschrieben.

Gesucht sei die maximale Tiefe mit Pressluft als Atemgas, ohne den kritischen Sauerstoffteildruck von 1,6 bar (160 kPa) zu überschreiten.

Es sind folgende Größen bekannt:

pO_2 = 1,6 bar (160 kPa), es ist dies der maximale Sauerstoffpartialdruck.

Anteil des Sauerstoffgases im Atemgas Luft. $fO_2 = 0{,}21$

Unbekannt ist p, der Umgebungsdruck in der Tauchtiefe. Durch einfaches Abdecken der gesuchten Größe im Kreis, es ist der Druck p, ergibt sich die Lösung.

$$p = \frac{pO_2}{fO_2}$$

Durch Einsetzen der Zahlenwerte errechnet sich ein Umgebungsdruck von:

$$p = \frac{1{,}6bar}{0{,}21}$$

$$p = 7{,}62bar$$

Von diesem Wert noch den Oberflächendruck von einem Bar abziehen und man erhält 6,62 bar. Dies entspricht einer Wassertiefe von 66,2 Meter.

Sollten die letzten Überlegungen nicht mehr geläufig sein, so sei zur Erinnerung auf die folgende Skizze verwiesen, bei der die Druckverhältnisse unter Wasser dargestellt sind.

Je Meter Wassertiefe steigt der Umgebungsdruck um 0,1 bar (10 kPa) an, so dass er alle zehn Meter um 1 bar (100 kPa) zunimmt.

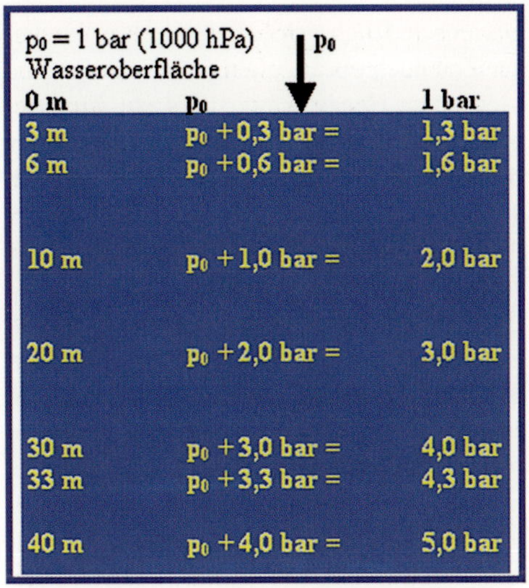

■ Darstellung des Umgebungsdrucks bei zunehmender Wassertiefe.

Der Umgebungsdruck ergibt sich dann recht einfach aus der Addition von Wasserdruck und Luftdruck p_0.

Ein Umgebungsdruck von 3,45 bar (345 kPa) herrscht in einer Wassertiefe mit einem Druck von 3,45 bar - 1 bar = 2,45 bar

Diese 2,45 bar entsprechen einer Tauchtiefe von 24,5 Metern.

Zur Übung sind für EAN 32 und EAN 36 die maximalen Tauchtiefen MOD zu errechnen.

Für die gesuchte Lösung ist wieder das »T im Kreis« hilfreich.

Aber zuerst die Klärung der bekannten und unbekannten Größen.

Bekannt ist der Sauerstoffanteil für EAN 32. Er beträgt 32%. $f_G = 0{,}32$

Weiter bekannt ist der maximale Sauerstoffpartialdruck von 1,6 bar.

p_G = 1,6 bar (16 kPa)

Die gesuchte Größe ist der Umgebungsdruck p, der sich aus dem Quotienten von p_G und f_G ergibt.

Es gilt:

$$p = \frac{p_G}{f_G}$$

$$p = \frac{1{,}6 bar}{0{,}32}$$

$$p = 5 bar$$

Diese 5bar (50 kPa) herrschen in einer Tiefe von 40 m. Mit EAN 32 beträgt die maximale Tauchtiefe vierzig Meter. Das Ergebnis zeigt, dass EAN 32 ein Nitroxgemisch ist, mit dem der Taucher prinzipiell bis zur allgemein gültigen Tiefengrenze für Sporttaucher vorstoßen kann. Aus diesem Grund gilt EAN 32 als ideales Atemgas für den Sporttaucher.

Für EAN 36 ergibt sich bereits eine erheblich geringere Tiefengrenze. Die maximale Tiefe beträgt für dieses Gemisch nur noch 34 Meter. Noch geringer sind die Tiefengrenzen, wenn man auf Nummer sicher geht und einen Sauerstoffteildruck von 1,4 bar oder gar 1,3 bar als Maximum ansetzt. Auf diese Weise reduziert sich bei EAN 36 die Tauchtiefe bis auf 26 Meter. An diesem Beispiel wird deutlich, dass Tauchen mit Nitrox hinsichtlich der Tauchtiefe genaue Berechnungen erfordert und daraus resultierend, an die Disziplin des Tauchers höhere Anforderungen stellt.

Das Streben nach dem ultimativen Kick rückt auch bei der Erlebnissportart Tauchen immer häufiger in den Vordergrund. Nicht das Erlebnis der farbenprächtigen Unterwasserwelt in den lichtdurchfluteten Riffen steht im Vordergrund. Oft ist das pure Tauchgefühl Motivation, Tauchen als Abenteuersportart intensiv zu betreiben, um dann in scheinbar unerreichbare Tiefen vorzustoßen. Vielfach entsteht dieser Wunsch allein durch die Erzählungen aus dem letzten Urlaub.»Du tauchst? Ist ja interessant. Wie tief warst Du denn?« Ein typischer kurzer Dialog, den jeder schon einmal erlebt hat. Nicht selten fällt die Antwort etwas verlegen aus. »Es war mein erster Tauchurlaub. Da durften wir noch nicht tiefer tauchen. Wir waren auf dreißig Meter.« Selbst bei dieser Antwort hat der Tauchnovize fünf Meter dazugemogelt. Gerade nach in letzter Zeit häufigen Berichten über Rekordtauchgänge im Freitauchen kann sich der Gerätetaucher doch keine Blöße geben. Fünfundzwanzig Meter erreichen Apnoetaucher oft schon nach ihrem ersten Kurs. Somit ist schnell klar, wenn Gerätetauchen, dann mit dem Ziel, möglichst bald große Tiefen zu erreichen. Hierbei begibt sich der Sporttaucher in eine Gefahr, die schnell lebensbedrohlich werden kann. Große Tauchtiefen sind mit dem Mischgas Nitrox nicht zu erreichen, denn der Sauerstoffanteil begrenzt erheblich die Tauchtiefe. Wie später noch gezeigt wird, hat das mit Sauerstoff angereicherte Atemgas gegenüber Pressluft erhebliche Vorteile, die sich gerade der Sporttaucher zu nutze machen sollte. Beim Erlebnis Tauchen spielen Rekorde keine Rolle, daher sollte Sicherheit an erster Stelle stehen.

2.4 Das Gesetz von Henry

Auch der Brite William Henry (1774 bis 1836) war nicht nur Physiker. Wie seine Kollegen war auch Henry vielseitig naturwissenschaftlich gebildet. So galt er zu seiner Zeit auch als angesehener Chemiker und Mediziner. Henry erfand 1824 ein Analyseverfahren für Gasgemische, entdeckte etwa zeitgleich mit Dalton das Gesetz der Partialdrücke und beschrieb das für die Taucherei so bedeutende Gesetz über die Löslichkeit von Gasen in Flüssigkeiten[13].

Ein toller Tauchtag geht zu Ende, es gibt viel zu erzählen und es gilt, den fünfhundertsten Tauchgang zu feiern. Was liegt näher, als das Erlebte mit einem guten Champagner zu krönen. Schnell ist die Flasche entkorkt, und das erfrischend perlende Getränk verwöhnt den Gaumen. Als die Flasche noch verschlossen war, konnten kei-

■ William Henry

nerlei Gasbläschen beobachtet werden. Erst nach dem Öffnen der Flasche begann der Champagner zu sprudeln oder gar zu schäumen. Was war geschehen und weshalb ist dieser Vorgang so wichtig für das Verständnis des Nitroxtauchens?

Beim Gären wird Zucker über einen chemischen Prozess in Alkohol und Kohlendioxid umgesetzt, wobei nach dem Gesetz von Henry das freiwerdende Gas in Lösung geht. Ein nicht ganz einfacher Vorgang, der an dieser Stelle nur qualitativ beschrieben werden soll. Befindet sich Gas über einer Flüssigkeit, so prasseln die Gasmoleküle stetig auf die Flüssigkeitsoberfläche. Bei Zimmertemperatur und normalem Druck von einem Bar haben die Gasmoleküle bereits eine mittlere Geschwindigkeit von etwa 500 m/s. Beim Auftreffen auf die Oberfläche der Flüssigkeit dringen immer wieder Moleküle in sie ein und werden allein durch die Wärmebewegung von der Flüssigkeit abtransportiert. Sie gehen in Lösung. Je höher nun der Gasdruck über der Flüssigkeitsoberfläche ist, umso mehr Gasmoleküle können in die Flüssigkeit eindringen. Ist der Druck doppelt so hoch wie vorher, werden auch doppelt so viele Gasmoleküle nach einer bestimmten Zeit in Lösung gehen. Umgekehrt werden die Gasmoleküle nicht von der Flüssigkeit eingefangen. Vielmehr haben sie die Freiheit, wann immer sie wollen, die Flüssigkeit wieder zu verlassen. Ein dynamischer Vorgang, bei dem Gasmoleküle in die Flüssigkeit eindringen, andere Moleküle aber gleichzeitig die Flüssigkeit wieder verlassen. Steigt nun der Druck über der Flüssigkeit an, wird die Anzahl der Moleküle, die in die Flüssigkeit eintreten größer, als die Zahl der Moleküle, die sie wieder verlassen. Nach einer bestimmten Zeit, ist die Zahl der eintretenden Gasmoleküle gleich der Anzahl der austretenden Gasmoleküle. Es ist der Zustand der Sättigung erreicht. Erst wenn der Gasdruck größer wird, treten wieder mehr Moleküle in die Flüssigkeit ein. Wird der Druck über der Flüssigkeit verringert, treten zwar immer noch Moleküle in die Flüssigkeit ein, doch die Zahl der austretenden Gasmoleküle ist jetzt größer. Es beginnt der Vorgang der Entsättigung, der solange dauert, bis wieder ein Gleichgewichtszustand eingetreten ist. Anzahl der austretenden und Zahl der eintretenden Gasmoleküle sind wieder gleich. Dieser dynamische Vorgang spielt sich auch im Organismus eines Tauchers ab. Es ist vor allem der Stickstoff, ein sogenanntes Inertgas, das physiologisch an keinem Stoffwechselprozess beteiligt ist, aber beim Tauchen Probleme bereitet. Steigt beim Abtauchen der Umgebungsdruck, so wird Stickstoff vermehrt aufgenommen und geht im Organismus in Lösung. Dieser Lösungsvorgang ist aber nicht nur vom Druck abhängig. Er hängt zusätzlich von der Temperatur ab und von dem Aufnahmemedium, in das die Stickstoffmoleküle eindringen. Zusätzlich gilt, dass bei niedriger Temperatur die Löslichkeit größer ist als bei hohen Temperaturen. Leicht erkennbar am wohlschmeckenden Champagner. Gut gekühlt sprudelt er sichtlich weniger als ungekühlt. Ist er gar zu warm, spritzt und schäumt er unkontrolliert aus der Flasche. Der Mechanismus bei Aufnahme und Abgabe von Inertgas spielt beim Tauchen eine wesentliche Rolle, da bei einer zu großen Menge gelöstem Stickstoff und zu schneller Druckentlastung das Inertgas nicht mehr kontrolliert aus dem Organismus entweichen kann. Wie beim schnellen Entkorken des Champagners, bei dem Kohlendioxidblasen sichtbar werden, entstehen in den Blutbahnen Stickstoffbläschen, die mit dem Blutstrom zum Herzen und Gehirn transportiert werden. Sind es zu viele und zu große Bläschen, können sie feine Kapillargefäße im Gehirn verstopfen, oder das Herz schädigen. Ausfallerscheinungen wie Lähmungen oder Tod können die Folge einer Druckentlastung bei einem zu schnellem Aufstiegs sein.

Für die Berechnung der Nullzeiten und Dekompressionszeiten wird beim Tauchen mit Luft oder Nitrox der Stickstoff als Inertgas herangezogen. Da bei einem sauerstoffangereicherten Nitroxgemisch der Stickstoffanteil niedriger ist, wird auch der Partialdruck des Stickstoffes kleiner sein. Folge ist, dass weniger Stickstoff im Organismus in Lösung gehen wird. Je höher der Anteil an Sauerstoff im Atemgas ist, umso länger wird die Nullzeit; die Dekompressionszeiten verkürzen sich. Geringere Mikroblasenbildung als beim Tauchen mit Luft erhöhen zusätzlich die Sicherheit. Der geringere Stickstoffanteil im Atemgas fordert aber neue Rechenmodelle zur Bestimmung notwendiger Dekompressionszeiten und Nullzeiten. Nitrox Tauchcomputer berücksichtigen die geringere Stickstoffsättigung doch wie sieht es mit entsprechenden Dekompressions- oder Nullzeittabellen aus? Diese Fragen werden im Kapitel EAD ausführlich erörtert.

2.5 Best Mix und MOD

Der aufmerksame Leser hat bereits festgestellt, dass die Grenzen zwischen den normalen physikalischen Grundlagen und der Physik, die speziell zum Tauchen mit sauerstoffangereicherten Gasen gelten, recht fließend sind. Doch es gibt auch reine nitroxspezifischen Probleme. Es wurde zwar schon darauf hingewiesen, dass im Prinzip alle denkbaren Nitroxgemische möglich sind. Der erfahrene Nitroxtaucher wird sich meist sein Atemgas selbst mischen oder er wird seinen Wunsch an die Füllstation weitergeben. Normgemische sind gute Kompromisslösungen und vor allem für Tauchgänge geeignet, bei denen die Tauchtiefe vorher nicht bekannt ist. EAN 32 ist dabei oft die geeignete Alternative. Möchte man die Vorzüge des Nitroxgemisches voll nutzen, muss die Tauchtiefe vor dem geplanten Tauchgang bekannt sein. Nur in diesem Fall ist es möglich, einen optimalen Gascocktail mit allen daraus resultierenden Vorzügen zu mischen. Für die Optimierung ist noch der maximale Sauerstoffpartialdruck für den Tauchgang festzulegen. Später wird begründet, weshalb der maximal zulässige Sauerstoffteildruck von 1,6 bar (160 kPa) auf keinen Fall überschritten werden darf. Als sichere Grenze sind 1,4 bar (140 kPa) für alle Tauchgänge anzuraten.

Zu planen ist nun der Wunschcocktail für einen Tauchgang zum Wrack der Jura im Bodensee. Es liegt in einer maximalen Wassertiefe von 38 Metern.
Bekannt sind MOD = 38m mit einem Umgebungsdruck von 4,8 bar (480 kPa).
Weiter ist bekannt der maximale Sauerstoffteildruck. In der geplanten Tauchtiefe soll er 1,4 bar (140 kPa) nicht überschreiten.
Gesucht ist der Anteil an Sauerstoff im Atemgas.
Nützlich und hilfreich ist wieder das »T im Kreis«.

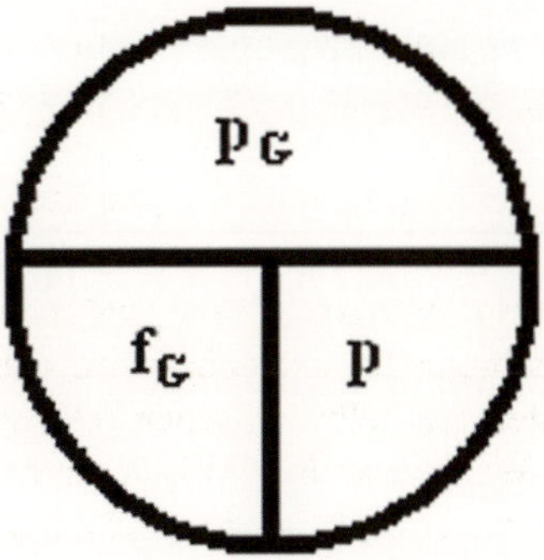

Unbekannte Größe f_G abdecken, liefert die Lösungsformel:

$f_G = p_G / p$

$f_G = 1{,}4$ bar / 4,8 bar

$f_G = 0{,}29$

Der Sauerstoffanteil des Wunschcocktails fO_2 beträgt maximal 29%. Das Gasgemisch enthält 29% Sauerstoff und nur 71% Stickstoff. Immerhin 8% weniger als normale Pressluft.

Exakte mathematische Lösung für Interessierte und Spezialisten:

Aus

$$p_G = \left[\left(\frac{T}{10m}\right)bar + p_0\right] \cdot f_G$$

folgt nach Auflösung für f_G:

$$f_G = \frac{p_G}{[\,(\frac{T}{10m})bar + p_0\,]}$$

$$f_G = \frac{p_G}{\left(\frac{T}{10m}\right) \cdot 1bar + p_0}$$

$$f_G = \frac{1{,}4bar}{\left(\frac{38m}{10m}\right) \cdot 1bar + 1bar}$$

$$f_G = \frac{1{,}4bar}{3{,}8bar + 1bar}$$

$$f_G = 0{,}29$$

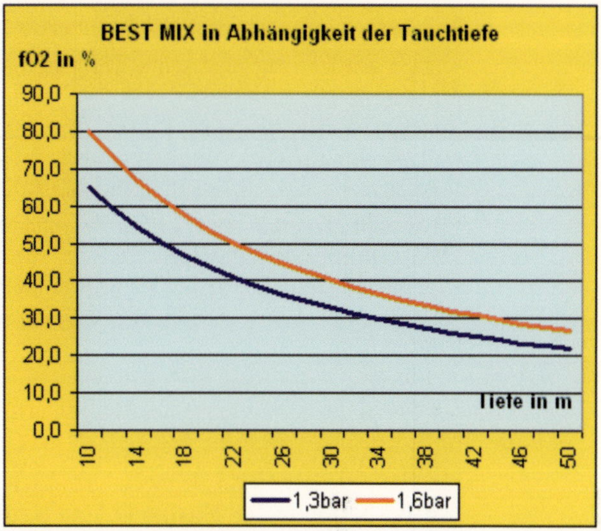

Um Rechenfehler zu vermeiden, ist die vereinfachte Darstellung zu empfehlen.

2.6 Gasmanagement

Im vorausgegangenen Kapitel wurde geklärt, wie die Zusammensetzung eines gewünschten Gascocktails zu errechnen ist. In diesem Kapitel geht es um die Umsetzung - wie entsteht das »Best Mix«?

Im Prinzip gibt es drei Methoden, Nitroxgase herzustellen. So besteht die Möglichkeit, Nitroxgemische durch Bestimmung ihrer Teilmassen zu erstellen. Da diese Methode im Bereich des Sporttauchens nicht zum Einsatz kommt – es sind hierfür exakte Waagen erforderlich – sei sie hier nur am Rande erwähnt und ist für Interessierte ausführlich im Kasten auf Seite 36 dargestellt.

Seit geraumer Zeit ist die sogenannte Membranmethode, auch DNAx-Methode, auf dem

An Hand eines Beispiels soll die Methode des Mischens mittels der Teilmassen gezeigt werden. Physikalisch wichtig ist hier das allgemeine Gasgesetz für ideale Gase p•V=n•R•T.

Gegebene Größen sind: Flaschenvolumen V=10l, Restdruck p_R=30bar, Sauerstoffanteil der Restfüllung 40%, Temperatur 20°C=293K, Enddruck p=220bar, Sauerstoffanteil der gefüllten Flasche 36%.

Gesuchte Größen sind: die zu füllende Menge Sauerstoff in Gramm und die benötigte Stickstoffmasse in Gramm.

1. Berechnung der Masse O_2 und N_2 in der Restfüllung.

$$mO_2 = \frac{p_R \cdot V}{R \cdot T} \cdot MO_2 \qquad mN_2 = \frac{p_R \cdot V}{R \cdot T} \cdot MN_2$$

$$mO_2 = \frac{0{,}4 \cdot 30 \cdot 10^5 \, \frac{N}{m^2} \cdot 10 \cdot 10^{-3} m^3}{8{,}3 \cdot 10^3 \, \frac{Nm}{kkmol} \cdot 293K} \cdot 32 \, \frac{kg}{kmol} \qquad mN_2 = \frac{0{,}6 \cdot 30 \cdot 10^5 \, \frac{N}{m^2} \cdot 10 \cdot 10^{-3} m^3}{8{,}3 \cdot 10^3 \, \frac{Nm}{kkmol} \cdot 293K} \cdot 28 \, \frac{kg}{kmol}$$

$$mO_2 = 158g \qquad mN_2 = 207g$$

2. Bestimmung der Massen O_2 und N_2 der gefüllten Flasche erfolgt analog.

$$mO_{2End} = \frac{0{,}36 \cdot 220 \cdot 10^5 \, \frac{N}{m^2} \cdot 10 \cdot 10^{-3} m^3}{8{,}3 \cdot 10^3 \, \frac{Nm}{kkmol} \cdot 293K} \cdot 32 \, \frac{kg}{kmol} \qquad mN_{2End} = \frac{0{,}64 \cdot 220 \cdot 10^5 \, \frac{N}{m^2} \cdot 10 \cdot 10^{-3} m^3}{8{,}3 \cdot 10^3 \, \frac{Nm}{kkmol} \cdot 293K} \cdot 28 \, \frac{kg}{kmol}$$

$$mO_{2End} = 1042g \qquad mN_{2End} = 1621g$$

3. Die Differenz ergibt die jeweils zu füllende Menge an Reingas in Gramm.

Zu füllende Sauerstoffmenge $mO_2 = 1042g - 158g$; $\mathbf{mO_2 = 884g}$

Zu füllende Stickstoffmenge $mN_2 = 1621 - 207g$; $\mathbf{mN_2 = 1414g}$

Markt, bei der nach dem Ansaugen von Umgebungsluft, diese über eine Art Sieb in eine Fraktion sauerstoffreiches- und eine Fraktion sauerstoffarmes Gas getrennt wird[14]. Durch geschickte Nutzung der molekularen Unterschiede von Stickstoff und Sauerstoff schlüpft eines der beiden Gase leichter durch die Membrane als das andere. DNA steht für denitrogenated Air und beschreibt recht treffend die Methode. Der Luft wird mit einer Hohlfasermembrane der Stickstoff entzogen. Das Wirkungsprinzip ist einfach zu verstehen. In ein Bündel feiner Hohlfasern wird mit einem Niederdruckkompressor normale Luft mit Drücken von zwei bis zehn Bar gedrückt. Die Hohlfasern sind so beschaffen, dass sowohl die Sauerstoffmoleküle als auch die Stickstoffmoleküle bei entsprechendem Druck die Faser durchdringen können.

Dem Sauerstoff gelingt diese Diffusion einfacher und schneller. Je nach eingestelltem Anfangsdruck, kann die Menge des Nitroxgases bestimmt und über die Einstellung des Stickstoffabflusses am Ende der Hohlmembranen die gewünschte Sauerstoffkonzentration, bis zu maximal vierzig Prozent, eingestellt werden. Höhere Sauerstoffkonzentrationen sind mit den zur Zeit verfügbaren Membranen nicht erreichbar und spielen

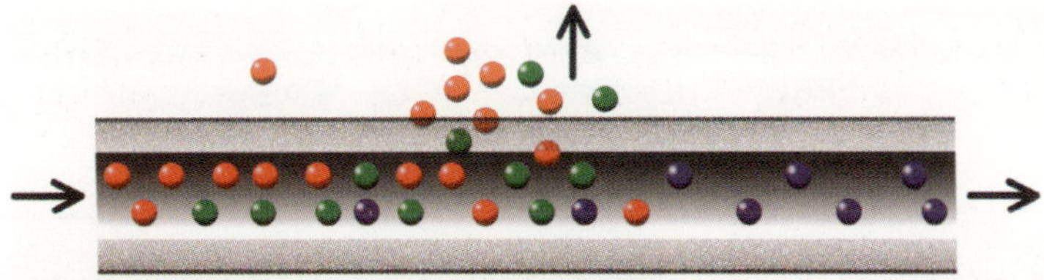

■ Wirkungsweise einer Hohlfasermembrane. *Quelle: Archiv KompTec*

■ Gebündelte Hohlfasermembranen *Quelle: Archiv KompTec*

■ Skizze einer Membranfüllanlage von KompTec. *Quelle: Archiv KompTec*

im normalen Sporttauchbereich auch keine Rolle. Das so gewonnene Nitroxgemisch wird gefahrlos über einen Nitroxkompressor in die Gasflaschen gedrückt. Sie sind prinzipiell aufgebaut wie Luftkompressoren, nur mit dem Unterschied, dass alle technischen Anlageteile, die mit dem Nitroxgas in Kontakt stehen, sauerstofftauglich sein müssen. Die untere Abbildung zeigt schematisch die Membranfüllanlage von Komptec. Von links nach rechts sind zu erkennen, der Niederdruckteil, die Gastrennung durch die beschriebenen Hohlfasern und der Hochdruckbereich zum Befüllen der Premixflaschen. Nitroxflaschen müssen nach der Gefahrgutverordnung Straße mit den Aufklebern 2 und 5 gekennzeichnet sein (siehe Bild Seite 38). Bei der beschriebenen Membranmethode kommt keines der Anlagenteile mit reinem Sauerstoff in Berührung. Nachteile des

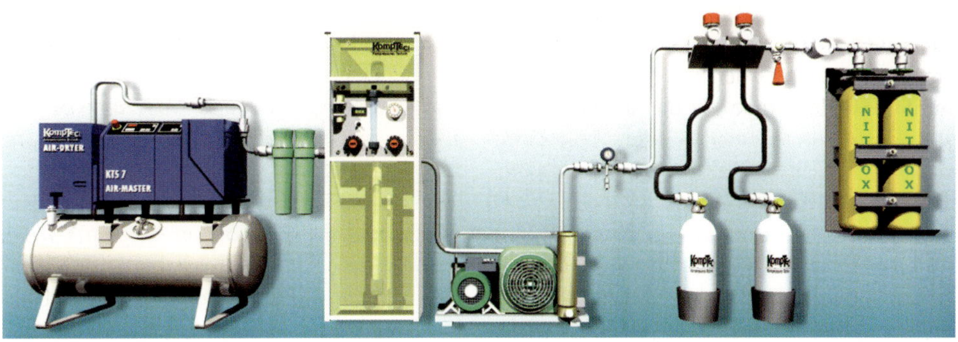

■ Aufkleber 2 (grün) und 5 (gelb) nach Gefahrgutverordnung Straße

Verfahrens sind die Anschaffungskosten für den notwendigen Niederdruckkompressor, den Membranvorsatz und die ortsgebundene feste Installation der Anlage. Aus diesem Grund hat sich bei vielen Füllstationen die weitaus gefährlichere Partialdruckmethode durchgesetzt. Preiswert und mit wenig Technik ermöglicht sie dem Tauchlehrer das Füllen jeder beliebigen Gasmischung und ist darüber hinaus mobil einsetzbar. Das Problem dieser einfach zu realisierenden Methode besteht allerdings darin, dass die Überströmarmaturen dem reinen Sauerstoff bei Drücken bis zu 300 bar (30 MPa) ausgesetzt sind. Im Hochdruckbereich stellt der Sauerstoff eines der gefährlichsten Gase dar, die im technischen Bereich zum Einsatz kommen. Komptec und alle einschlägigen Tauchverbände bieten aus diesem Grund, sogenannte **Gas-Blending-Kurse** an, die als Voraussetzung gelten, Nitroxgase zu mischen.

Um das Leben der Bürger zu schützen, hat der Gesetzgeber notwendige und lebenswichtige Vorschriften erlassen, die bei diesen Gasblendkursen gelehrt werden und den Umgang mit reinem Sauerstoff genau regeln. Maßgebend sind die Druckbehälterverordnung[15] und die Technischen Regeln Druckgase (TRG). Diese Verordnungen beschreiben, wie mit einzelnen Gasen zu verfahren ist und wie die Druckgasbehälter zu kennzeichnen sind, insbesondere wie mit dem gefährlichen Gas Sauerstoff zu verfahren ist. Hierbei sind zusätzlich die gesetzlichen Unfallverhütungsvorschriften zu beachten. Stationäre Anlagen unterliegen darüber hinaus der ständigen Kontrolle des technischen Überwachungsvereins (TÜV). Dieser überprüft die Anlage vor Inbetriebnahme und im regelmäßigen Turnus. Beim Umgang mit reinem Sauerstoff ist vor allem darauf zu achten, dass alle Anlagenteile sauerstoffrein und sauerstofftauglich sind und sich keine brennbaren Stoffe in unmittelbarer Nähe des gut durchlüfteten Raumes befinden, in dem die Anlagenteile installiert sind. Die hohen Anforderungen an eine stationäre Nitroxfüllanlage veranlassen viele Tauchschulen Nitrox mobil zu füllen. Sicherheit ist auch hier oberstes Gebot, da ein unsachgemäßer Umgang eine gefährliche Explosionsgefahr darstellt. Nitroxflaschen dürfen niemals mit Pressluft gefüllt werden. Ist dies versehentlich geschehen, sind die Flaschen vollständig zu reinigen, damit die geforderte Sauerstoffreinheit wieder gewährleistet ist. Zu diesem Zweck sind spezielle Reinigungsmittel im Handel (siehe Abbildung unten). Füllstationen achten peinlichst darauf, dass sich stets ein Restdruck mit sauerstoffangereichertem Gas in den zu füllenden Tauchflaschen befindet. Ist dies nicht der Fall, wird das Füllen abgelehnt, beziehungsweise erst nach der erforderlichen und sachgemäßen Reinigung durchgeführt.

■ Reinigungsmittel zum Entfetten
Quelle: Archiv KompTec

2.6.1 Sauerstofftauglichkeit

Jeder Ausrüstungsgegenstand, ob Leitungen, Schläuche, Ventile, Dichtungen, erste und zweite Stufe eines Atemreglers, der mit dem sauerstoffangereicherten Atemgas in Berührung kommt, muss sauerstofftauglich sein. Dies beinhaltet **Sauerstoffverträglichkeit und Sauerstoffreinheit.** Die so simple aber lebenswichtige Forderung gilt für alle Gase mit höherem Sauerstoffanteil als die einundzwanzig Prozent der uns umgebenden Atemluft.

Als *sauerstoffverträglich* gelten alle Materialien, die innerhalb bestimmter Temperaturen und Drücke keine Reaktion mit Sauerstoff zeigen. Verträgliche Materialien in der Tauchtechnik sind Kupfer und Messing, rostfreier Stahl, Viton - O - Ringe und spe-

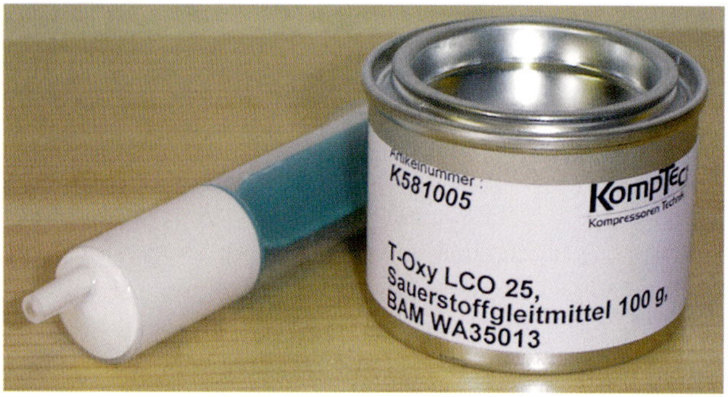

Sauerstoffverträgliche Schmiermittel
Quelle: Archiv KompTec

zielle sauerstoffverträgliche Schmiermittel (Bild oben). Auf keinen Fall geeignet sind Materialien wie Neopren, normale Schmierstoffe, Soft Teflon, normale Textilien und auch der »Allespfleger« Silikon darf nie für Nitroxausrüstungsteile verwendet werden. Des weiteren ist peinlichst darauf zu achten, dass sauerstoffverträgliche Materialien frei von Verunreinigungen mit Öl, Fett, Rost, Reinigungsmittel und Farbe sind. Selbst mit Markierungsstiften kann Sauerstoff bei hohem Druck gefährliche Reaktionen auslösen. Die Beispiele machen deutlich, dass der Umgang mit reinem Sauerstoff vor allem bei hohen Drücken erheblichen Beschränkungen unterliegt. Werden diese Vorschriften nicht peinlich eingehalten, besteht Explosions- und Lebensgefahr.

sauerstofftauglich =
sauerstoffverträglich +
sauerstoffrein

2.6.2 Die Partialdruckmethode

Auch wenn der Leser am Ende des Kapitels das Verfahren verstanden hat, berechtigt es ihn nicht, sein Tauchgerät selbst zu füllen. Hierzu sind einschlägige Kurse Grundvoraussetzung. Wie soeben dargelegt, muss in der Tauchflasche vor dem Befüllen noch ein Restdruck eines Nitroxgemisches vorhanden sein. Für das folgende Rechenbeispiel, bei dem ein Best Mix mit 29% Sauerstoff und 71% Stickstoff bei einem Druck von 200 bar (20 MPa) realisiert werden soll, befindet sich in der zwölf Liter Nitroxflasche ein Gasgemisch mit 40% Sauerstoff und einem Restdruck von 40 bar (4 MPa). Somit sind die Ausgangsbedingungen und Endbedingungen festgelegt und bekannt.

Bei der Partialdruckmethode wird folgendermaßen verfahren. Nach Messung des Sauerstoffanteils und Druckes der Restfüllung ist zuerst der Druck zu errechnen, bis zu dem die Flasche mit reinem Sauerstoff aufzufüllen ist. Der Restdruck bis zweihundert Bar ist anschließend mit einem Luftkompressor nachzudrücken. Da am Anfang reiner Sauerstoff bei hohem Druck in die Tauchflasche strömt, ist die Partialdruckmethode nicht ungefährlich und sollte nur Fachleuten vorbehalten sein. Da sich Luft, wie bereits mehrfach gezeigt, zu 79% aus Stickstoff und zu 21% aus Sauerstoff zusammensetzt, ist bei den folgenden Überlegungen zu beachten, dass mit der Pressluft zusätzlich Luftsauerstoff in die Flaschen gelangt. Die Berechnungen erfolgen daher stets über die Stickstoffpartialdrücke. Schritt für Schritt wird im Folgenden der Rechenweg erarbeitet.

a) Berechnung des Stickstoffteildruckes in der Restfüllung
b) Berechnung des Stickstoffteildruckes in der gefüllten Flasche
c) Berechnung des Fülldruckes Pressluft
d) Berechnung des Fülldruckes Sauerstoff

Gegebene Größen: Restdruck in der Nitroxflasche 40 bar (4 MPa), 40% O_2, 60% N_2 weiter sind bekannt, der gewünschte Enddruck von 200 bar (20 MPa) bei einer gewünschten Gasmischung mit 29% O_2 und 71% N_2.

Gesuchte Größen sind der Fülldruck nach Befüllen mit reinem Sauerstoff, der daraus resultierende Restdruck wird mit Pressluft nachgedrückt.

Im ersten Schritt wird der Stickstoffteildruck der Restfüllung ermittelt.

Für diese Rechnung sei an das Gesetz von Dalton erinnert. Bei Zweifel wird empfohlen, das entsprechende Kapitel noch einmal zu wiederholen und zu vertiefen.

Zur Berechnung des Stickstoffteildruckes der Restfüllung ist der Stickstoffanteil fN_2 mit dem Restdruck zu multiplizieren.

Ergebnis:

$pN_{2R} = fN_{2R} \bullet p_R$

Der Index R steht in der formalen Darstellung für den Rest in der Flasche.

$pN_{2R} = 0{,}6 \bullet 40\text{bar}$

$\mathbf{pN_{2R} = 24\ bar}$ (2,4 MPa)

Im nächsten Schritt ist die Berechnung des Stickstoffteildrucks der gefüllten Flasche erforderlich. Der Index E bezeichnet hier den Endzustand. Für das gewünschte Gasgemisch EAN 29 beträgt der Stickstoffanteil 71%.

$pN_{2E} = fN_{2E} \bullet p_E$

$pN_{2E} = 0{,}71 \bullet 200\text{bar}$

$\mathbf{pN_{2E} = 142\ bar}$ (14,2 MPa)

Der nun folgende dritte Schritt kommt der Lösung schon erheblich näher.

Aus den Stickstoffteildrücken für die Restfüllung und der gefüllten Flasche ergibt sich durch einfache Subtraktion der Stickstoffdifferenzdruck. In dem Beispiel beträgt er 142 bar - 24 bar = 118 bar (11,8MPa). Diese 118 bar Differenz sind am Ende mit Pressluft aufzufüllen. Da aber Luft nur 79% Stickstoff enthält, sind die 118bar noch durch den Faktor 0,79 zu dividieren.

Es gilt formal:

$$p_{Luft} = \frac{pN_{2E} - pN_{2R}}{0{,}79}$$

$$p_{Luft} = \frac{142bar - 24bar}{0{,}79}$$

$$p_{Luft} = \frac{118bar}{0{,}79}$$

$$p_{Luft} = 149{,}37bar\ (14{,}94MPa)$$

Jetzt nur noch den Teildruck für den Sauerstoff bestimmen und das Problem ist gelöst. Wir erinnern uns: In der Restfüllung war ein Restdruck von 40 bar (4MPa). Mit dem Luftkompressor müssen nach den Berechnungen 149,4bar (14,94 MPa) Druck zusätzlich in die Flasche. Somit fehlen bis zu einem Enddruck von 200 bar (20 MPa) noch 10,6 bar (1,06 MPa) reiner Sauerstoff.

Formal:

$$pO_2 = p_{END} - (p_{Luft} + p_{Rest})$$

$$pO_2 = 200bar - (149{,}4bar + 40bar)$$

$$pO_2 = 10{,}6bar\ (1{,}06MPa)$$

Füllarmaturen beim Füllen nach der Partialdruckmethode.

Der fehlende Sauerstoffpartialdruck von 10,6 bar (1,06 MPa) ist die gesuchte Größe, die sich über den Umweg der Stickstoffpartialdrücke ergeben hat.

2.6.2.1 Das Füllverfahren

Nach der Rechnung ist es eine Kleinigkeit, das Füllverfahren der Partialdruckmethode zu verstehen. Zuerst wird die Nitroxflasche mit Restdruck von 40 bar (MPa) an eine Sauerstoffflasche angeschlossen. Vorsichtig wird das Flaschenventil geöffnet, so dass reiner Sauerstoff aus der großen Vorratsflasche in die Tauchflasche überströmen kann. Bei einem Druck von 50,6 bar werden die Ventile geschlossen. (40 bar + 10,6 bar = 50,6 bar).

Ist der Druck von 50,6 bar (5,06 MPa) erreicht, sind die noch fehlenden 149,4 bar (14,94 MPa) Luft mit dem Kompressor nachzudrücken. Jetzt sollte das Gasgemisch einen Sauerstoffanteil von 29% aufweisen.

Da meist kein Nitroxkompressor zur Verfügung steht, bleibt oft keine andere Wahl, als die Luft mit einem Luftkompressor nachzudrücken. In diesem Fall ist besonders auf die Reinheit der Pressluft zu achten. Um sicher zu stellen, dass auf keinen Fall Ölrückstände in die Nitroxflaschen gelangen, ist die komprimierte Luft, nach dem sie die Hochdruckstufe des Kompressors verlassen hat, zusätzlich durch einen Spezialfilter mit Aktivkohle zu reinigen.

■ Aus einer großen Sauerstoffflasche strömt Sauerstoff in die Tauchflasche. Dabei wird ständig der Fülldruck überwacht. Die Tauchflasche muss aus diesem Grund für reinen Sauerstoff geeignet sein.

■ Spezialfilter mit Aktivkohle.
Quelle: Archiv KompTec

Alternativ zu eigenen Berechnungen, die zur Vertiefung anzuraten sind, findet der Leser im Anhang eine Reihe von Fülltabellen, die ihm das Mischen von Nitroxgasen bis zu einer maximalen Sauerstoffkonzentration von vierzig Prozent erheblich erleichtern. Ein mit Excel, oder einer anderen Tabellenkalkulation erstelltes Füllprogramm erleichtert den Umgang mit der Partialdruckmethode. Nach Eingabe der Daten für die Restfüllung und die Wunschdaten für das »Best Mix«, gibt das Programm automatisch die Drücke für Sauerstoff, Luft und auch den Druck nach dem Füllen mit reinem Sauerstoff an. Darüber hinaus ist es möglich, dass von dem Programm die MOD für das gewünschte Atemgasgemisch und die notwendige EAD für die Maximaltiefe zusätzlich angezeigt wird. Überträgt man das Füllprogramm auf einen der handlichen und mittlerweile weit verbreiteten Taschencomputer (PDA), sind schnell die notwendigen Füllparameter auch ohne Tabelle zur Hand. Die theoretischen Grundlagen zur Bestimmung der EAD werden in einem der noch folgenden Kapiteln ausführlich erarbeitet und dargelegt. Doch vor einem Tauchgang mit Nitrox gehört die Kontrolle des Atemgases zur festen und unumstößlichen Pflicht des Tauchers. Druck und Sauerstoffgehalt des Gascocktails sind vor und

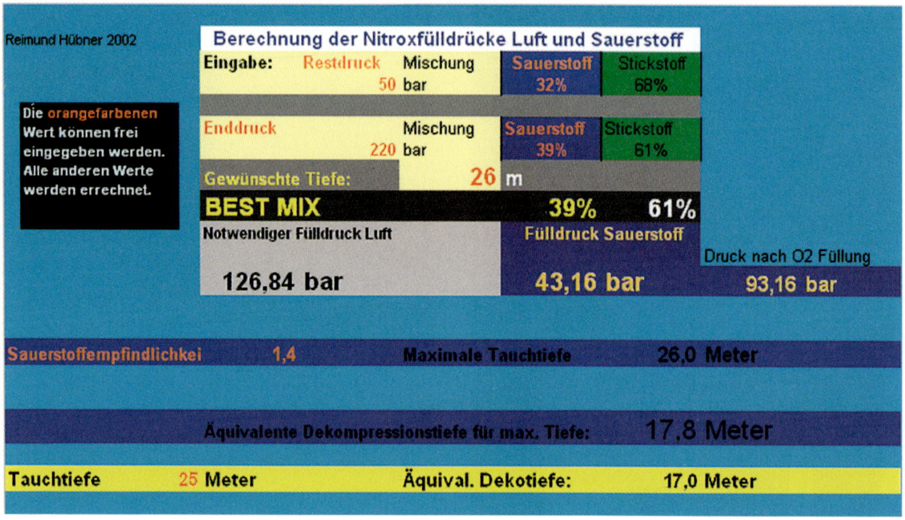

■ Excelprogramm auf PC oder PDA erleichtert das Füllen.

nach einem Tauchgang immer zu kontrollieren. Diese Werte sind nach der Kontrolle sofort auf die Tauchflasche zu schreiben.

2.6.3 Sauerstoffprüfverfahren

Wichtig! Vor einem Tauchgang muss jeder Taucher den Sauerstoffgehalt seiner Gasmischung selbst überprüfen und daraus die maximale Tauchtiefe bestimmen.

Die Eigenschaften des Sauerstoffes wurden genutzt, um die unterschiedlichsten Prüfverfahren zu erfinden und zu realisieren. Die fünf wohl gebräuchlichsten Messverfahren gilt es in diesem Kapitel zu erklären, wobei einige genaue Verfahren aus Kostengründen für den praktischen Tauchbetrieb ausscheiden. Die Geschichte des Sauerstoffs ist hoch interessant und spannend. So soll der atmosphärische Sauerstoff, der uns das Leben auf dem Raumschiff Erde ermöglicht und darüber hinaus auch als Motor der Evolution gilt, vor etwa dreieinhalb Milliarden Jahren aus im Wasser lebenden Blaualgen entstanden sein. Diese auch als Cyanobakterien bekannte Algenart betrieb bereits zu dieser frühen Zeit Fotosynthese und schuf durch die Bildung sogenannter Teppichsteine ganze Riffe. Die Stromatolithen sind in ihrer Einzigartigkeit und Ursprünglichkeit heute noch in der Sharkbay in Westaustralien zu bestaunen. Sauerstoff ist heute das häufigste aller auf der Erde vorkommende Elemente. Immerhin beträgt sein Anteil am Aufbau der Erdrinde neunundvierzig Gewichtsprozent[16]. Zur Erdrinde gehören vereinbarungsgemäß die Gesteinshülle (Lithosphäre) bis zu einer Tiefe

■ Schon vor etwa 3,5 Mrd. Jahre waren die Cyanobakterien die ersten Sauerstoffproduzenten auf der Erde.

von sechzehn Kilometer, die gesamte Wassermasse der Hydrosphäre und die Lufthülle (Atmosphäre) bis zu einer Höhe von fünfzehn Kilometern[17]. Aus der Darstellung unten ist erkennbar, dass von den heute bekannten 107 Elementen, wobei nur etwa 88 in wägbaren Mengen in der Natur nachweisbar sind, nur 10 Elemente (Sauerstoff, Silicium, Aluminium, Eisen, Calcium, Natrium, Kalium, Magnesium, Wasserstoff und Titanium) mehr als 99% der Erdrinde bilden. Der Sauerstoff ist mit annähernd 50%

■ Verteilung der Elemente in der Erdrinde.

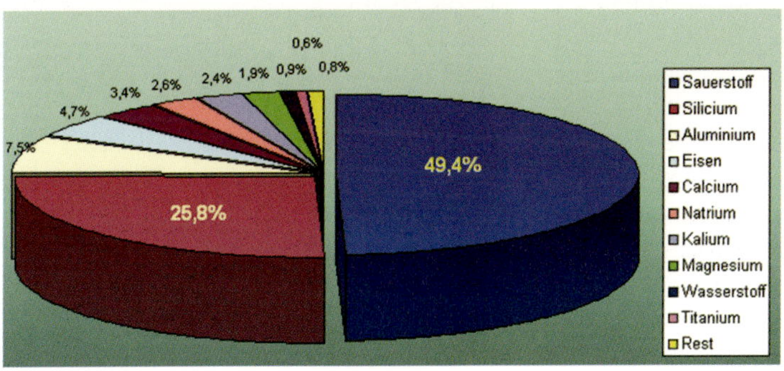

dabei das häufigste dieser Elemente. Durch seine hohe Reaktionsfreudigkeit ist der Sauerstoff in allen möglichen Verbindungen anzutreffen. Technisch wird Sauerstoffgas in großem Maßstab aus flüssiger Luft gewonnen. Sie wird nach dem bekannten Lindeverfahren gewonnen. Nach Destillation erhält man die Bestandteile Sauerstoff, Stickstoff und auch Edelgase. Das zweiatomige Sauerstoffmolekül O_2 ist ein Diradikal, und verhält sich im Gegensatz zu anderen Gasen paramagnetisch. Dies bedeutet, dass Sauerstoff, ähnlich wie Eisen, durch ein magnetisches Feld angezogen wird. Stickstoff verhält sich im Gegensatz zu Sauerstoff diamagnetisch und erfährt im magnetischen Felde eine abstoßende Wirkung. Die besondere paramagnetische Eigenschaft des Sauerstoffs lässt sich in einem Messverfahren zur Analyse der Sauerstoffkonzentration in Gasgemischen nutzen.

Da Sauerstoffgas bei einer Wärmeleitfähigkeit von $0{,}2674 Wm^{-1}K^{-1}$ die Wärme um das Zehnfache besser leitet als der Stickstoff mit einem Wärmeleitfähigkeitswert von nur $0{,}02598 Wm^{-1}K^{-1}$ kann auch dieser Unterschied die Konzentrationsbestimmung ermöglichen[18]. Vor allem bei Trimixgemischen findet die Wärmeleitfähigkeitsmessung ihre praktische Anwendung zur Bestimmung der Heliumkonzentration.

Aber auch aufwendigere Verfahren wie Massenspektroskopie oder Gaschromatografie liefern sehr genaue Aussagen über die prozentuale Zusammensetzung von Nitroxgemischen. Ihr hoher Energie- und Kostenaufwand machen diese Verfahren für den taucherischen Bereich unbrauchbar.

Das gebräuchlichste und preiswerteste Verfahren für den praktischen Gebrauch stellt das elektrochemische Verfahren dar, bei dem in einem Sensor Sauerstoffmoleküle durch eine Membrane diffundieren, um anschließend an einer Katode reduziert zu werden. Durch Oxidation liefert eine Bleianode die für diese Reaktion nötigen Elektronen. Bei dem Vorgang verbraucht sich die Bleianode im Sensor. So entsteht durch Anwesenheit von Sauerstoffmolekülen im Sensor ein schwacher Stromfluss, der von der Zahl der Sauerstoffmoleküle abhängt und in einem Messgerät als prozentualer Sauerstoffgehalt des Gasgemisches zur Anzeige kommt. Sauerstoffsensor und Messgerät mit direkter Sauerstoffanzeige in Prozent bilden bei diesem Verfahren eine Einheit. Die Lebensdauer der Sensoren wird durch die Oxidation der Bleianode begrenzt. Sie ist abhängig von der Einwirkdauer des Sauerstoffs und von dem Sauerstoffgehalt. Je höher der Sauerstoffgehalt, umso größer ist dabei der gemessene

■ Sauerstoffprüfgerät – Kalibrierung mit Luftsauerstoff 20,9%.

Stromfluss. Da der Sensor einer steten Alterung unterliegt – dies gilt auch für Sensoren, die sich noch in ihrer Verpackung befinden – muss das Messgerät vor jeder Messung kalibriert werden. Entweder geschieht dies mit reinem Sauerstoff oder praxisgerechter mit Luftsauerstoff, der auf 20,9% oder 21% einzustellen ist. Einige auf dem Markt befindlichen Analysatoren kalibrieren sich vor jeder neuen Messung selbst. Dabei muss unbedingt darauf geachtet werden, dass die Kalibrierung da erfolgt, wo auch ein Luftsauerstoffwert von nahezu 21% zu erwarten ist. Am Besten ist es, die Kalibrierung nicht in geschlossenen Räumen vorzunehmen. Der angezeigte Messwert der Analysegeräte ist nicht nur vom Alterungszustand des Sensors abhängig, sondern korreliert stark mit Luftdruckschwankungen. Bei niedrigem Luftdruck, sei es bei starkem Tiefdruck oder in Bergseehöhe, ist die Dichte der Umgebungsluft verringert. Obwohl sich an der prozentualen Zusammensetzung der Luft nichts verändert hat, sind auf Bergseehöhe weniger Sauerstoffmoleküle pro Volumeneinheit vorhanden, die im Sensor einen geringeren Stromfluss verursachen und einen zu geringen Sauerstoffwert zur Anzeige bringen. Der angezeigte Wert fällt ohne Kalibrierung in den Bergen und bei Tiefdruck niedriger aus, gleichwohl sich an der Zusammensetzung der Umgebungsluft nichts geändert hat.

■ Oxy Spy – selbstkalibrierendes Sauerstoffprüfgerät

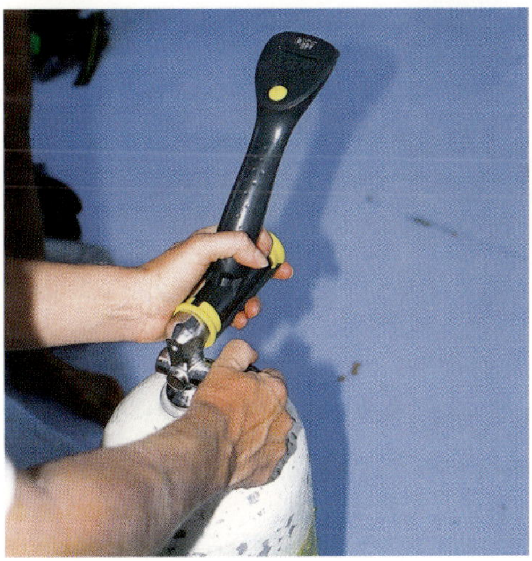

■ Bestimmung des Sauerstoffgehaltes im Premix

Da der Sauerstoffanalyser einer Alterung unterliegt und der angezeigte Wert stark Luftdruckabhängig ist, muss das Messgerät vor jeder Messung kalibriert werden.

Die Kalibrierung kann erfolgen mit reinem Sauerstoff bei Einstellung auf 100% Sauerstoff oder mit Luft und einer Einstellung auf 20,9% Sauerstoff.

Kapitel 3

Grundlagen der Physiologie beim Tauchen mit Nitrox

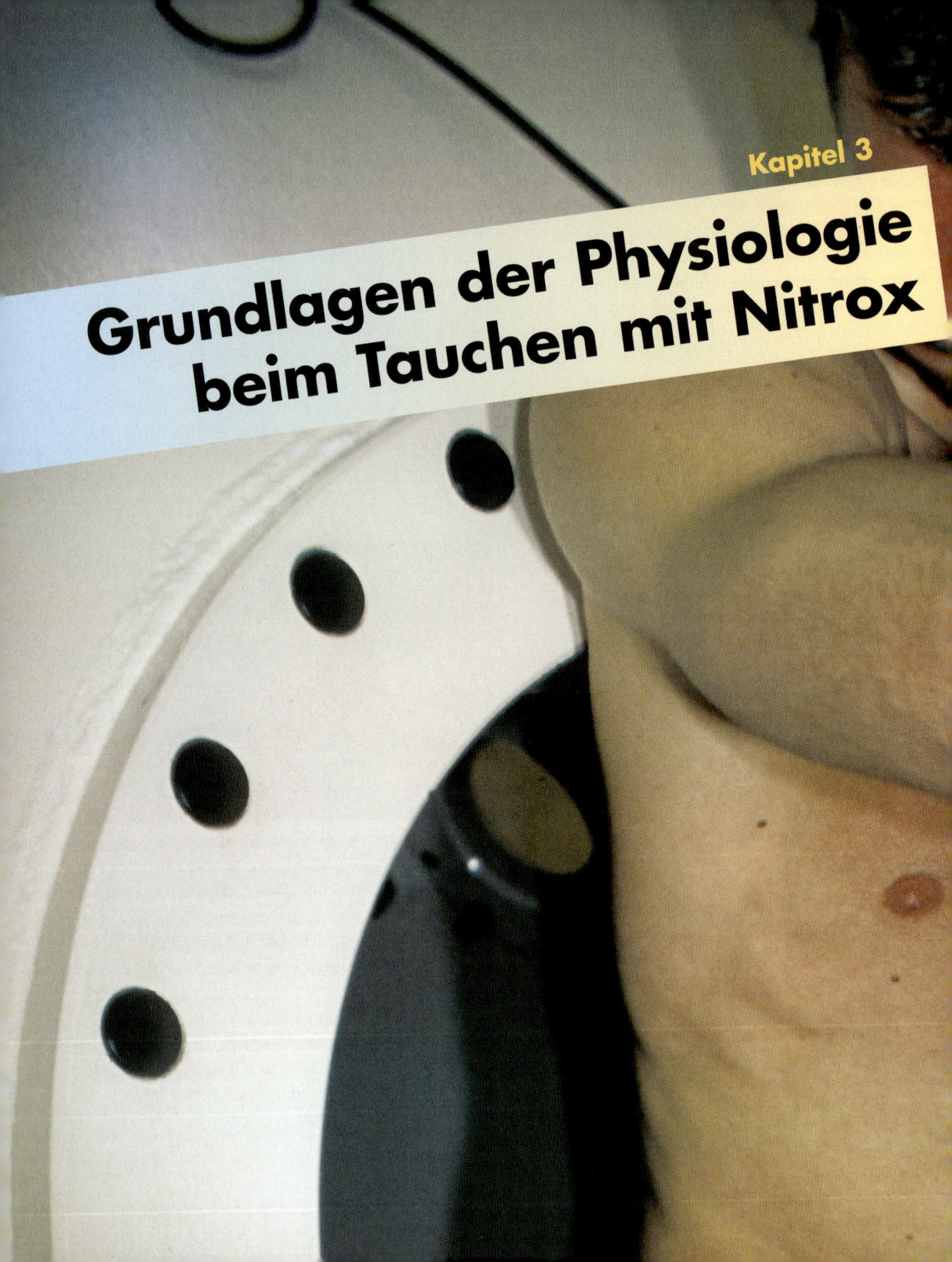

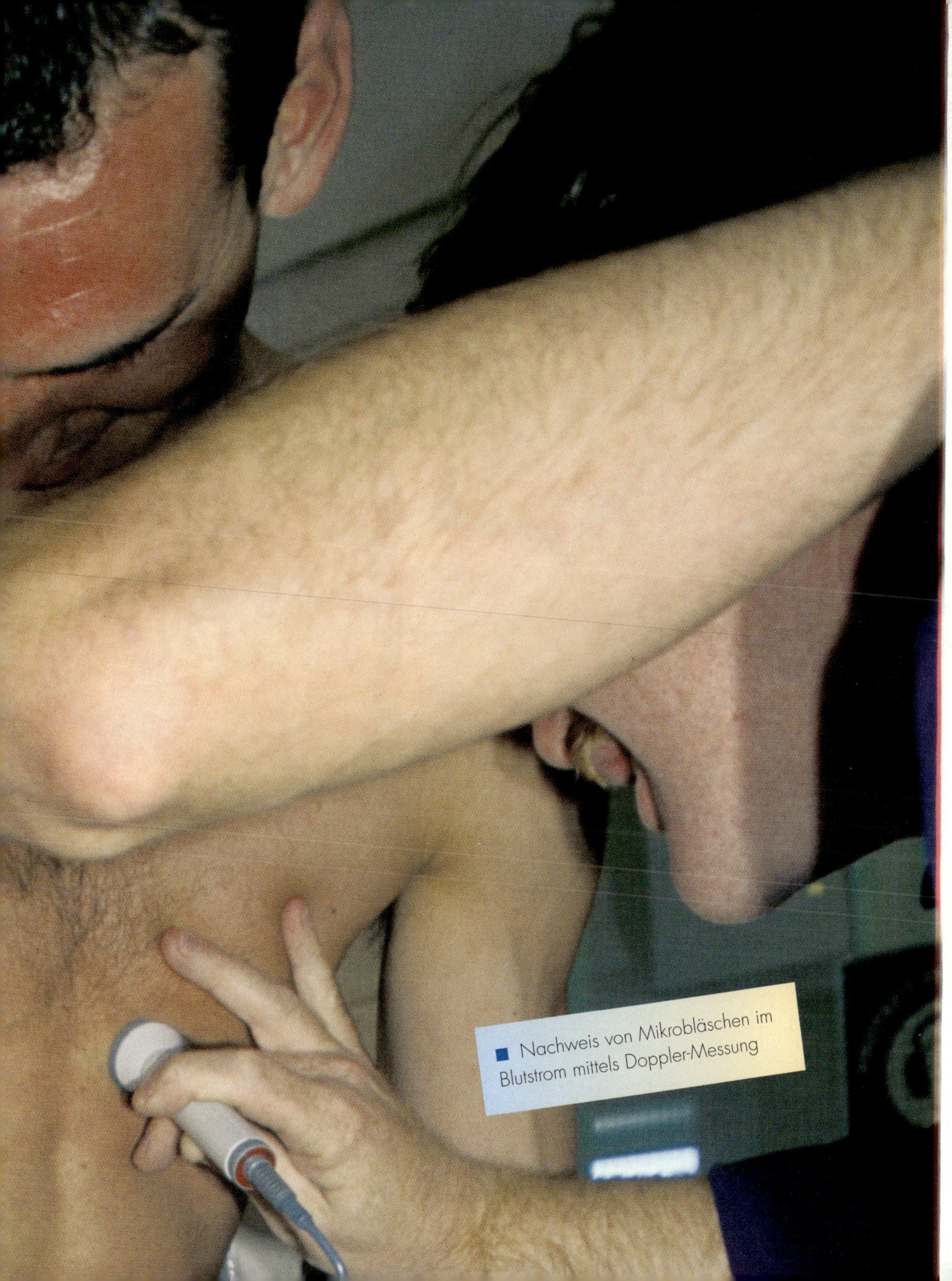

■ Nachweis von Mikrobläschen im Blutstrom mittels Doppler-Messung

Kapitel 3
Grundlagen der Physiologie beim Tauchen mit Nitrox

■ Historisches Helmtauchgerät im Unterwassereinsatz

■ Historisches Helmtauchgerät mit Handpumpe, Schlauch und Helm

3.1 Geschichtliches

Schon im Vorwort wurde angedeutet, dass es dem Menschen lange Zeit nicht gelang, in die Tiefen der Meere vorzustoßen. Abgesehen von Apnoetauchgängen war es dem Menschen in der Vergangenheit verwehrt, sich für einen längeren Zeitraum unter Wasser aufzuhalten. Erst im neunzehnten Jahrhundert, nach der Erfindung der Druckluftpumpe, kamen einige helle Köpfe auf den genialen Gedanken, den Taucher oder Unterwasserarbeiter in einen Kasten oder Anzug zu stecken und ihn von der Oberfläche aus mit Druckluft zu versorgen. Es begann die Zeit der Helmtauchgeräte und Caissons, jenen Kästen, die in ein Gewässer versenkt wurden, so dass die Arbeiter in relativ trockener Umgebung auf dem Grund eines Gewässers arbeiten konnten. Dabei war der Arbeiter dem Umgebungsdruck in der jeweiligen Tiefe ausgesetzt. Hier galt es vor allem beim Bau von Brücken, Fundamente zu errichten. Im Jahr 1859 kam erstmals in Deutschland, beim Bau der Rheinbrücke in Kehl, ein solcher Caisson zum Einsatz[19]. Durch eine Vielzahl damals ungeklärter Unfälle, bei denen die Arbeiter nach ihrem Aufenthalt in den Caissons teilweise unter schweren Symptomen der heute bekannten Dekompressionskrankheit litten, entstand der Begriff der Caissonkrankheit. Nach stundenlangen Tätigkeiten unter Druck klagten damals viele Arbeiter über Gelenkschmerzen, Taubheitsgefühle, Muskelschwächen, bis hin zu Lähmungserscheinungen. Auch Todesfälle waren zu jener Zeit keine Seltenheit. So verstarben beim Bau der Mississippibrücke in St. Louis von 1867 bis zu ihrer Fertigstellung nach sieben Jahren Bauzeit vierzehn Arbeiter. Zusätzlich litten in dieser Zeit Einhundertneunzehn unter ernsthaften neurologischen Störungen. Fast zwei Dutzend Tode forderte der Bau der Brooklyn - Bridge in New York. Es war die Unkenntnis über die Wirkung der unter Druck stehenden Gase auf den menschlichen Organismus, die damals zu vielen ungeklärten Unfällen und Krankheitsbildern führte. Dies brachte Forscher auf den Plan, sich Gedanken über die Ursachen des Phänomens zu machen. So war es Paul Bert (1833 - 1886), der sich als erster mit dieser Krankheit und deren Ursachen beschäftigte. Er erkannte, dass die Caisson - Krankheit von Tauchtiefe, Zeit und der Atemluft abhängig ist und entdeckte die Wirkung des unter Druck stehenden Stickstoffs als Atemgas. Bei seinen Arbeiten erwiesen sich die Forschungen von Robert Boyle als überaus nützlich. Wie Henry erkannte auch Boyle bei seinen Experimenten mit Gasen, dass sie sich druckabhängig in Flüssigkeiten lösen und bei rascher Druckentlastung Gasblasen bilden. Aus Beschreibungen über Unfälle und den Forschungsergebnissen der Physiker, die sich mit Gasen unter Druck beschäftigten, gelang es Paul Bert, erste Regeln für eine gefahrlose Dekompression zu erstellen. Aber erst achtundzwanzig Jahre später machte der Arzt John Scott Haldane an der Stelle weiter, wo Paul Bert aufgehört hatte. Mit einem Team von Tauchern ging es ihm darum, Berts Ergebnisse praktisch umzusetzen. Nach Kammerversuchen mit Ziegen, die er einem Druck aussetzte, der einer Tiefe von sechzig Metern entsprach, gelang es erstmals einem seiner Taucher, im Meer bis zu einer Tiefe von dreiundsechzig Metern vorzustoßen und unbeschadet wieder zurück an die Wasserober-

■ Paul Bert

fläche zu kommen. Wie Bert gebot er seinen Tauchern, nach dem sie die größte Tauchtiefe erreicht hatten, langsam wieder aufzutauchen. Zur Verringerung des Druckes galt es, Pausen in bestimmten Tiefen einzuhalten, deren Dauer von Haldane errechnet wurden. Seine Berechnungen basierten auf einem einfachen Stoffwechselmodell des menschlichen Körpers, aus dem sich damals schon die Nullzeiten ergaben. Nullzeiten sind die Zeiten, die sich ein Taucher in einer bestimmten Tiefe aufhalten kann, um anschließend ohne Stops geschwindigkeitskontrolliert an die Oberfläche aufzutauchen. Dies ist nur möglich, wenn die Gewebe eine gewisse Übersättigung tolerieren. Seine Forschungsergebnisse, die im Jahr 1907 in seinem Buch »Respiration« veröffentlicht wurden, waren Grundlage für die weiteren Entwicklungen der Dekompressionstabellen und die Entwicklung der modernen Dekompressionscomputer[20].

3.2 Das Wunder der Atmung

Die gesamte Oberfläche der Lungenbläschen, auch Alveolen genannt, hat je nach Alter eine Fläche von 50 bis 100 Quadratmeter. Zum Vergleich beträgt die Körperoberfläche eines Erwachsenen nur etwa zwei Quadratmeter. Diese enorme Fläche ist nötig, um den Gasaustausch zu realisieren. Immerhin durchströmen an einem Tag etwa 30 m^3 Luft unsere Atemwege. Etwa 300 Millionen kleine, durch ein endlos verzweigtes Röhrensystem verbundene Bläschen werden bei jedem Atemzug gleichmäßig gedehnt und wieder entspannt, so dass der vom Organismus benötigte Sauerstoff aus den kleinen Lungenbläschen ins Blut übertreten kann und im Gegenzug das Stoffwechselprodukt Kohlendioxid zusammen mit dem Inertgas aus dem Körper über die Lunge entweicht. Die kleinen Alveolen müssen so elastisch sein, dass sie sich täglich etwa 20000 mal dehnen und wieder entspannen, obwohl ihre Wandstärke nur etwa ein fünfzigstel der Stärke eines Blatt Papiers entspricht. Dies erklärt auch die Empfindlichkeit gegenüber Druckschwankungen und die damit verbundene Gefahr des Zerreißens von Bläschen bei zu schnellem Auftauchen wenn dabei, zum Beispiel aus Panik, die Luft angehalten wird. Die Moleküle des Sauerstoffs haben etwa die gleiche Größe wie die Moleküle des Kohlendioxids, so dass beide Gase mit annähernd gleicher Geschwindigkeit durch die dünne Haut der kleinen Alveolen diffundieren. Da der Sauerstoff mit annähernd gleicher Geschwindigkeit verbraucht wird, wie das Kohlendioxid entsteht, ist ein gemeinsames Beförderungssystem naheliegend. Es ist das Atmungspigment Hämoglobin. Der Sauerstoff des Atemgases gelangt aus den Alveolen in den Blutstrom und lagert sich dort an das Hämoglobin an. Würde der Sauerstoff nur im Blut in Lösung gehen, ohne chemische Bindung an das Hämoglobin, so wäre die Konzentration des lebenswichtigen Gases im Blut zu gering. Nur durch die Anwesenheit des Atmungspigments in den roten Blutkörperchen wird die Sauerstoffkonzentration im Blut auf das siebzigfache gesteigert. Hämoglobin ist eine Verbindung aus Proteinen und metallischen Ionen, dessen Farbe sich mit dem Sauerstoffgehalt ändert. So erscheint es hellrot, wenn es mit Sauerstoff beladen von der Lunge weg in den Organismus strömt und wird dunkelrot wenn es mit Kohlendioxid angereichert zur Lunge fließt. Allerdings erfolgt der Kohlendioxidtransport nur in geringem Maß durch Bindung ans Hämoglobin. Kohlendioxid wird vor allem in Form von $H_2CO_3^-$ (Kohlensäure) transportiert. Jedes Hämoglobinmolekül ist in der Lage, bis zu vier Sauerstoffmoleküle aufzunehmen. Dabei entscheidet der Partialdruck, wie viel Sauerstoffmoleküle gebunden werden[21]. Befindet sich Kohlenmonoxid in der Atemluft, wird die Aufnahme von Sauerstoff unterbunden. (CO-Vergiftung). Der Grund ist eine 200 mal höhere Affinität für Kohlenmonoxid an das Hämoglobin. Kohlenmonoxid verdrängt bereits in geringen Konzentrationen den Sauerstoff vom Hämoglobin[22].

Eine Vielzahl von Röhren muss das Atemgas passieren, bis es zum Gasaustausch in den feinen Lungenbläschen gelangt. Diese an dem Gasaustausch nicht beteiligten Bereiche werden anatomischer Totraum genannt. Es sind im einzelnen der Mund und Rachenraum, die Luftröhre und die Bronchien. Als physiologischen Totraum bezeichnet man in der Funktion eingeschränkte oder defekte Alveolen, oder Alveolen die mit zu hoher Gasgeschwindigkeit durchströmt werden, oder blockiert sind, so dass kein Gasaustausch statt finden kann.

Das gesamte verfügbare Lungenvolumen teilt sich auf in das normale Atemzugvolumen von nur einem halben Liter. Bei höherem Luftbedarf, wie er bei großer Anstrengung erforderlich wird, wenn der Sauerstoffbedarf des Tauchers steigt, kann zusätzlich ein- und ausgeatmet werden. Aus diesem verfügbaren Rest ergibt sich die sogenannte Vitalkapazität. Das Restvolumen von etwa 1,5 Liter wird bei der Atmung nie genutzt. Es ist die Restluft, die im völlig ausgeatmeten Zustand noch in der Lunge verbleibt und verhindert, dass diese völlig zusammen fällt.

Mit der Atmung verbunden ist ein erheblicher Flüssigkeits- und Wärmeverlust. Gerade beim Tauchen mit offenen Systemen muss das aus der Tauchflasche kommende trockene und kalte Atemgas in den Atemwegen befeuchtet und erwärmt werden. Speziell bei Tauchgängen in kalten Gewässern kann der Wärmeverlust über die Atmung eklatant

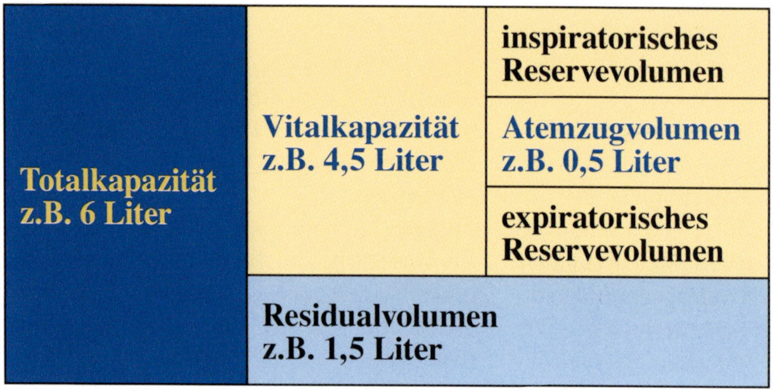

Aufteilung des Lungenvolumens

sein, so dass der Taucher bereits nach kurzer Zeit zu frösteln beginnt. Hier bieten Rebreather entscheidende Vorteile. Durch die exotherme Reaktion im Atemkalk wird bei der Bindung von Kohlendioxid nicht nur Wärme frei, sondern es entsteht zusätzlich bei dem Neutralisationsprozess von Säure und Lauge Wasser, so dass eine automatische Befeuchtung des Atemgases im Kreislauf statt findet. Wärmeverlust und Dehydration des Tauchers sind mit Rebreathern stark vermindert. In diesem Zusammenhang sei noch darauf hingewiesen, dass durch Auskühlen und Wasserverlust, gerade zum Ende eines Tauchgangs, Nachteile bei der Dekompression entstehen. Der Stickstoff kann nicht mehr in der gewünschten Geschwindigkeit den Organismus eines dehydrierten und unterkühlten Tauchers verlassen. Längere Dekompressionszeiten und Sicherheitsstopps sind daher in heimischen Gewässern anzuraten. Was so selbstverständlich und natürlich erscheint, beginnt die Wissenschaft erst heute so richtig zu verstehen. Normalerweise müssten unsere Lungenbläschen sofort nach dem Aufblasen wieder kollabieren. Schuld daran ist das physikalische Phänomen der Oberflächenspannung. Jeder der schon einmal eine Seifenblase mit einem Strohhalm erzeugt hat, kennt dies. Ist das wunderschön schillernde Gebilde am Ende des Strohhalms entstanden, schnurrt es sofort wieder zusammen, wenn der Halm aus dem Mund genommen wird. Was hindert nun die Alveolen daran, gleiches zu tun? Ohne aktive Bewegung der Lunge würde nach dem Einatmen das Atemgas sofort die Lunge wieder verlassen. Die notwendige Gasdiffusion könnte nicht statt finden. Das Geheimnis ist schon länger bekannt. Seifenähnliche, vom Körper produzierte Stoffe heben die Oberflächenspannung in den Alveolen auf. Surfacant wird diese aktive Substanz genannt. Eine Abkürzung aus surface active agent. Diese Substanz besteht aus einem bunten Cocktail von Proteinen, Kohlehydraten und fettartigen Molekülen. Dabei ist eine absolut exakte Regelung notwendig, da ein Zuviel dieser Substanz zur Überdehnung der Lungenbläschen, ein Zuwenig aber zum sofortigen Kollaps führen würde. Eine Fehlregulierung dieser Substanz hat sich in manchen Fällen schon als Ursache von Atemnot und Atemstillstand erwiesen. Welche Stoffe zu einer Über- oder Unterproduktion von Surfacant führen, beginnt die Wissenschaft erst heute zu entschlüsseln[23]. Das lebensgefährliche Ensufflement hat vielleicht eine Fehlregulierung dieser Substanz als Ursache. Im Tauchgerät ist noch reichlich Luft vorhanden – dennoch bekommt der außer Atem geratene Taucher keine Luft mehr. So natürlich und selbstverständlich sich auch der Atemvorgang über Wasser darstellt, bereitet er doch manchem Taucher erhebliches Kopfzerbrechen. Wie muss ich richtig atmen? Warum braucht meine Partnerin nicht einmal halb soviel Luft wie ich? Soll ich den Atem anhalten, nachdem ich Atemgas aus dem Regler gesogen habe? All diese Fragen beschäftigen nicht nur den Anfänger sondern auch den fortgeschrittenen Taucher, der am Urlaubsort plötzlich mit der Tatsache konfrontiert wird, dass gerade sein Luftverbrauch verhältnismäßig hoch ist und seine Tauchgruppe frühzeitig zum Auftauchen zwingt.

Generell sollte man aus der Atmung kein Problem machen. Jeder soll die Luft veratmen, die sein Organismus benötigt. Ist der persönliche Bedarf höher, bringt meist ein größeres Flaschenvolumen die geeignete Lösung. Dennoch gibt es einige Tipps, die zu einem geringeren Verbrauch beitragen und zusätzlich die Tauchsicherheit erhöhen. Das Atmen sollte nach einiger Zeit völlig unbewusst erfolgen. Beim entspannten Gehen wird kein Gedanke an die Atmung verschwendet. So sollten wir auch tauchen. Wer unter Wasser ständig an seine Atmung denkt, wird auch wesentlich mehr Atemgas verbrauchen, als der Tauchpartner, dessen Gedanken auf seine Umgebung fokussiert sind, so dass er entspannt die herrlich bunte Unterwasserwelt genießen kann. Was der Körper braucht, holt er sich automatisch. Luft anhalten, mit dem Ziel Atemgas einzusparen wird kaum gelingen und eher zu einem höheren Luftumsatz führen. Zu raten ist, den Atem nicht anzuhalten, sondern eher im ausgeatmeten Zustand zu tauchen. Eine tiefe und kurze Einatemphase gefolgt von einer kontinuierlich längeren Ausatemphase bietet neben der ökonomischen Nutzung des Atemgases zusätzlich den Vorteil, dass man einige Bleistücke ablegen kann. Ständig mit voller Lunge zu tauchen bedeutet, dass der dadurch hervorgerufene Auftrieb durch zusätzliche Bleigewichte auszugleichen ist. Entspanntes und unbewusstes Atmen kann zu einer merklichen Reduzierung von Blei führen. Beim Tauchen mit einem Rebreather ist dies ohnehin kein Thema, denn das Ausatemgas strömt nicht ins Wasser ab, sondern vergrößert nur das Volumen des Atembeutels, so dass der Auftrieb stets konstant bleibt. Entweder ist das Atemgas in der Lunge oder in den Atembeuteln. Tarierung durch bewusstes Aus- und Einatmen ist mit Rebreathern so nicht mehr möglich. Darüber hinaus ist es völlig belanglos, ob der Taucher hastig oder ruhig atmet. Die Tauchzeit bei einem halbgeschlossenen Rebreather wird vor allem durch die Konstantdosierung begrenzt, die je nach Atemgaszusammensetzung vor einem Tauchgang zu wählen ist. (siehe Kapitel Rebreathertauchen)

3.3 Stickstoff und seine Wirkung unter Druck

Cornwall war das Ziel, um die Tauchgründe der Südküste Englands zu erkunden. Kaum in Fort Bovisand bei Plymouth angekommen – es ist eine der größten Tauchbasen der Region – wurden wir Zeugen eines Vorfalls. Gestützt von zwei Tauchkollegen wird ein Taucher mit deutlichen Gleichgewichtsproblemen zur basiseigenen Druckkammer geführt. Vor etwa zwei Stunden war er ohne jegliche Symptome nach seinem zweiten Tauchgang aufgetaucht. Alles lief nach Plan. Der Tauchcomputer hatte ihm einen Dekostopp von drei Minuten auf drei Metern verordnet. Keine Strömung und keine Wellen erschwerten die Dekompression an diesem sonnigen Tauchtag. Durch die selten guten Bedingungen wurde sogar der notwendige Dekostopp von drei Minuten auf sechs Minuten ausgedehnt. Umso überraschter war man auf dem Tauchkutter, als George nach etwa einer halben Stunde über heftige Kopfschmerzen klagte. Nachdem er zusätzlich massive Probleme mit seinem Gleichgewicht bekam und sich im folgenden nicht mehr normal artikulieren konnte, wurde sofort über Funk die Druckkammer verständigt. Nach etwa einer Woche Krankenhausaufenthalt mit regelmäßigen Druckkammerfahrten hatte sich der Taucher von seinen Beschwerden wieder vollständig erholt. Trotz Tauchcomputer, einhalten der Aufstiegsgeschwindigkeit und dem vorgeschriebenen Sicherheitsstop war es dennoch zu einem ernsten Dekompressionsunfall gekommen. Was war der Auslöser? Ist dies das berühmte Restrisiko, mit dem jeder Taucher leben und kalkulieren muss? Im Laufe weiterer Untersuchungen hatte sich ein Verdacht bestätigt. Es wurde bei George ein offenes Foramen ovale diagnostiziert, eine Öffnung der Vorhofscheidewand, die einen Kurzschluss zwischen rechter und linker Herzhälfte darstellt (siehe auch Bild Seite 61).

Es ist der Stickstoff, der dem Taucher erhebliche Schwierigkeiten bereiten kann. Obwohl der Stickstoff als ein Inertgas gilt und wie die Edelgase Helium, Neon, Argon und Krypton an keinem physiologischen Stoffwechselprozess beteiligt ist, geht er beim Abtauchen im Organismus in Lösung. Ursache ist die Zunahme des Umgebungsdrucks, der bekanntlich je zehn Meter Tief um 1 bar (100 kPa) steigt. Stickstoff wird beim Abtauchen und beim Verweilen auf der Tauchtiefe, nach dem physikalischen Gesetz von Henry, vermehrt im Organismus aufgenommen. Dieser Lösungsvorgang ist nicht nur vom Druck und der Einwirkdauer abhängig, sondern auch von der Temperatur und dem Aufnahmemedium. So beträgt zum Beispiel die Löslichkeit von Stickstoff im Fettgewebe das Fünffache der gelösten Gasmenge im Blut[24]. Der Mechanismus bei Aufnahme und Abgabe von Inertgas spielt demnach beim Tauchen eine wesentliche Rolle, da bei einer zu großen Menge gelöstem Stickstoff und zu schneller Druckentlastung, wie er bei zu schnellem Aufstieg erfolgt, das Inertgas nicht mehr kontrolliert aus dem Körper entweichen kann. Wie beim schnellen Entkorken eines Champagners, bei dem Kohlendioxidblasen ausperlen, entstehen in den Blutbahnen Stickstoffbläschen, die mit dem Blutstrom zum Herzen und Gehirn gelangen. Sind es zu viele und zu große Bläschen, können sie feine Kapillargefäße im Gehirn verstopfen oder das Herz schädigen. Ausfallerscheinungen wie Lähmungen oder Tod können die Folge eines zu schnellen Aufstiegs sein. Die Mechanismen der Sättigung und Entsättigung sind neben Druck und Temperatur auch zeitabhängig. Jedes Gewebe (Fett, Gehirn, Muskel, Blut, Knochen, Bänder, Sehnen u.s.w) hat eine charakteristische Zeitkonstante k für die Gasaufnahme und Gasabgabe. Wird der Druck zum Zeitpunkt t_1 verringert, beginnt für jedes Gewebe der Entsättigungsprozess. Das bedeutet, dass sich zum Zeitpunkt t_1, N Gasmoleküle in Lösung befinden. Da der Gasdruck über der Oberfläche verringert wurde, treten mehr Moleküle aus dem Gewebe aus, als gleichzeitig eintreten. Dieser Vorgang dauert so lange, bis sich wieder der Gleichgewichtszustand eingestellt hat. Nach einer gewebecharakteristischen Zeit $T_{1/2,}$ es ist die biologische Halbwertszeit, sind von den ursprünglich N gelösten Molekülen nur noch halb so viele in Lösung.

In einem Modell mit verschiedenen biologischen Halbwertszeiten ist es durch Berechnungen möglich, den jeweiligen Entsättigungs- und Sättigungszustand der Gewebe zu simulieren. Dies geschieht in den Tauchcomputern und liegt auch als Modell den Dekompressionstabellen zu Grunde.
Für Interessierte:
Vereinfacht gilt für die Sättigung:
$p_{N_2} = 0{,}79 + \Delta p \cdot (1 - e^{-k \cdot t})$
und für die Entsättigung:
$p_{N_2} = 0{,}79 + \Delta p \cdot e^{-k \cdot t}$
(siehe grafische Darstellung: hier ist die Druckzunahme (Sättigung) und Abnahme (Entsättigung) als ein direkter Sprung von 0

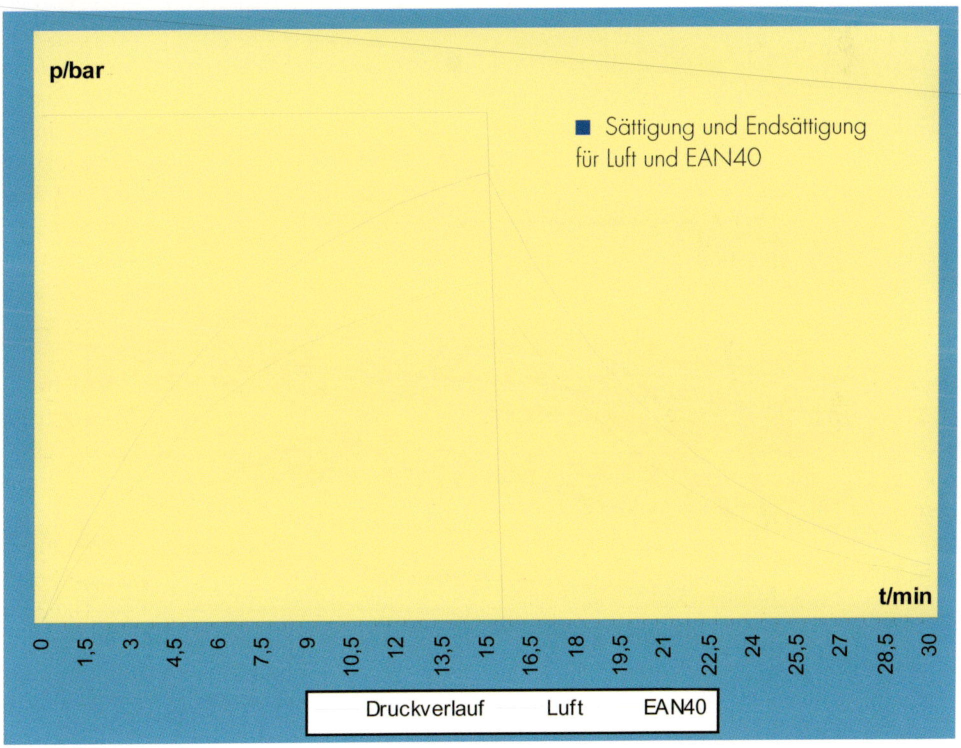

auf 4bar dargestellt, so dass für ein Gewebemodell der Sättigungs- und Entsättigungsvorgang idealisiert für Luft und EAN40 dargestellt ist.)

Wie oben bereits beschrieben sind nach der biologischen Halbwertszeit $T_{1/2}$ von den ursprünglich N gelösten Molekülen nur noch die Hälfte also $N(t)=N/2$ Moleküle in Lösung. Dies hat zur Folge dass sich auch der Stickstoffpartialdruck pN_2 im jeweiligen Gewebemodell halbiert hat.

Es ergibt sich für die Entsättigung zum Zeitpunkt $T_{1/2}$:

$$\frac{1}{2} = e^{-k \cdot T_{1/2}}$$
$$\Rightarrow -\ln 2 = -k \cdot T_{1/2}$$
$$\Rightarrow k = \frac{\ln 2}{T_{1/2}}$$

Aus der spezifischen Halbwertszeit für ein bestimmtes Gewebe errechnet sich eine gewebespezifische Dekompressionskonstante k. Mit ihr ist es möglich, den Sättigungs- und Entsättigungszustand für dieses Gewebemodell zu jedem beliebigen Zeitpunkt zu bestimmen. Die biologische Halbwertszeit hängt vom biophysikalischen Verhalten des Gewebes und von den physikalischen Eigenschaften des Inertgases ab. So gelten für Helium, als Inertgas beim Trimixtauchen, andere biologische Halbwertszeiten als für Stickstoff beim Tauchen mit Luft oder Nitrox. Bei gleichen Bedingungen hat das Gewebemodell für Stickstoff eine 2,65 mal längere Halbwertszeit als für Helium[25]. Für das in Tauchcom-

■ Sättigung und Entsättigungsvorgänge für drei Gewebemodelle mit Druckprofil

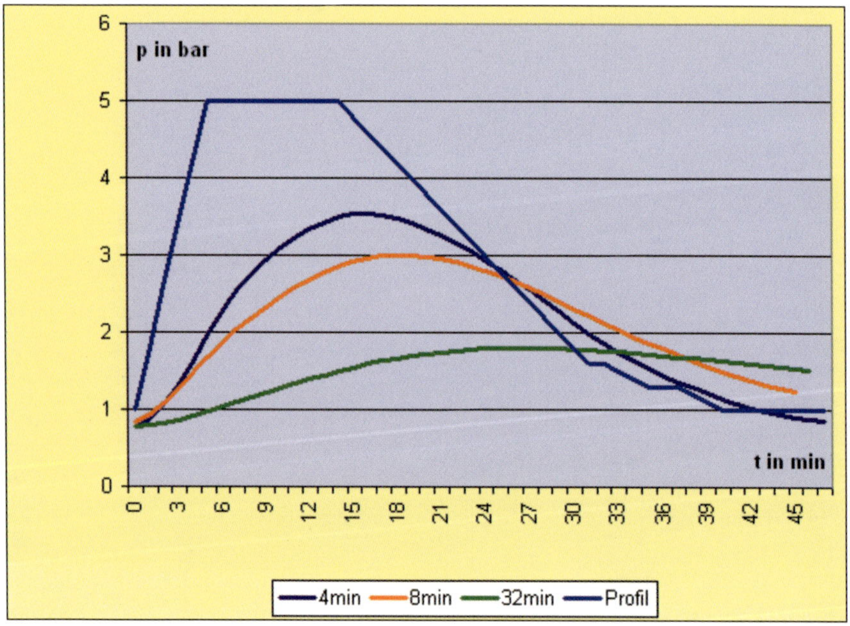

putern und den Dekompressionstabellen zugrunde liegende Dekompressionsmodell wird der menschliche Körper, mit seinen zahlreichen Geweben unterschiedlicher Halbwertszeiten, in bis zu sechzehn und mehr Kompartemente unterteilt. Kompartemente sind mathematische Modelle für reale Gewebe. Sie können nur annähernd die Vorgänge nachbilden, die sich tatsächlich im Körper eines Tauchers abspielen. Für Stickstoff als Inertgas liegen diese Halbwertszeiten zwischen 4 Minuten für Blut und stark durchblutete Bereiche, wie das Gehirn oder Rückenmark, bis zu 640 Minuten für weniger gut durchblutete Gewebe, wie Gelenke und Knochen[26]. In der grafischen Darstellung auf Seite 58 sind neben dem Druckprofil für eine Tiefe von 40 Metern, die Sättigungs- und Entsättigungsvorgänge für drei verschiedenen Kompartemente unterschiedlicher biologischer Halbsättigungszeiten dargestellt.

Für die Berechnung der Nullzeiten und Dekompressionszeiten wird beim Tauchen mit Luft oder Nitrox der Stickstoff als Inertgas herangezogen. Da bei einem sauerstoffangereicherten Gasgemisch der Stickstoffanteil niedriger ist, wird auch der Partialdruck des Stickstoffes kleiner sein. Folge ist, dass weniger Stickstoff im Organismus in Lösung geht. (siehe grüne Linie für EAN 40).

■ Sättigung und Entsättigungsvorgänge für Luft und EAN 40 für ein Gewebemodell

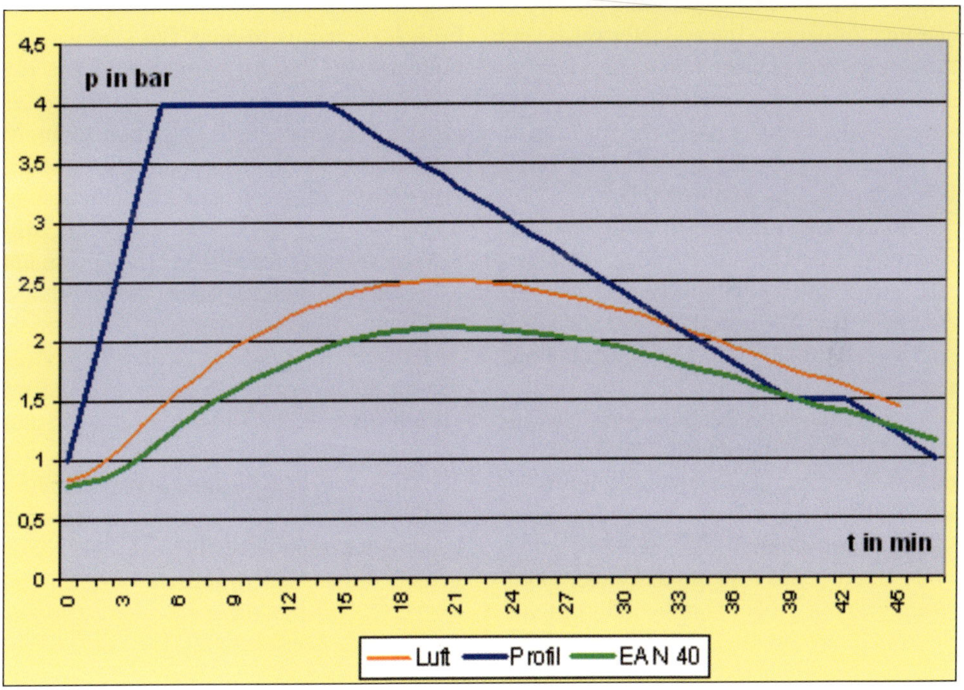

Die Nullzeiten verlängern sich und die Dekompressionszeiten werden kürzer. Zur besseren Veranschaulichung wurden für den Tauchgang in eine Tiefe von 30 Meter die Sättigung und Entsättigung des Stickstoffes nur für ein Kompartement dargestellt. Der Unterschied zwischen Luft und EAN 40 wird so deutlicher (siehe Darstellung auf S. 59). Jahrelange Untersuchungen an Berufs- und Freizeittauchern haben eindrücklich gezeigt, dass selbst bei Nullzeittauchgängen und Auftauchen unter Einhaltung der erforderlichen maximalen Aufstiegsgeschwindigkeit von zehn Metern je Minute, Mikrobläschen im Blutstrom nachzuweisen sind und für Spätschäden im Gehirn ursächlich sein können. Die genauen Vorgänge bei der Entstehung dieser gefährlichen Bläschen beginnt man erst heute so richtig zu verstehen und zu deuten. Interessanterweise sind für die Entstehung nicht nur Druckentlastungen von Bedeutung sondern komplexe Vakuumeffekte zwischen sich gegeneinander verschiebenden Gewebeoberflächen, ähnlich wie beim Knacken, wenn einzelne Finger langgezogen werden. Hierbei bilden sich Blasen, die anschließend wieder kollabieren, wobei das knackende Geräusch wahrzunehmen ist. Ähnliche Prozesse sollen bei Nullzeittauchgängen für die Blasenbildung in den Gelenken und dem Blutstrom ursächlich sein[27]. Selbst bei Nichttauchern sind bei normalem Umgebungsdruck Mikrobläschen unmittelbar nach dem Herzen nachweisbar. Diese entstehen vermutlich an den Herzklappen auf Grund von Verwirbelungen unter Bildung mikroskopisch kleiner Hohlräume des mit großer Geschwindigkeit vorbeiströmenden Blutes. Diese Bläschen lösen sich aber bereits nach kurzer Zeit wieder auf. Ist eine größere Menge Gas im Organismus gelöst, so werden sich die Bläschen nicht so schnell wieder auflösen. Durch Gasabgabe des sich entsättigenden Gewebes beim Auftauchen, können diese Mikrobläschen wachsen, Kapillargefäße blockieren und zu den bekannten Schädigungen führen[28].

3.4 Stickstoff und der Blutkreislauf

Das menschliche Herz ist eine Hochleistungspumpe, die den komplexen Organismus ein Leben lang mit dem lebenswichtigen Sauerstoff versorgt und Stoffwechselprodukte wie Kohlendioxid genauso zuverlässig wieder aus dem Organismus entfernt. Durchschnittlich schlägt das Herz in Ruhe siebzig bis achtzig mal je Minute. Das sind in einer Stunde 4500 Pumpstöße, 108 000 am Tag und 39 Millionen Pulsschläge im Jahr ohne größere Belastung und Anstrengung. In 70 Lebensjahren kommen so immerhin 3 Milliarden Herzschläge zusammen. Zur Schonung und Entlastung des Herzens sollte jedes Mittel recht sein. Mit regelmäßigem Lauftraining ist es möglich, den Ruhepuls um 20 Schläge und somit auf etwa 55 und weniger je Minute zu reduzieren. Durch ein vernünftiges Ausdauertraining können so dem Herzmuskel täglich etwa 29 000 Kontraktionen erspart werden, so dass es in einem Jahr immerhin 10 Millionen mal weniger schlagen müsste. Generell muss das untrainierte Herz bei gleicher Leistung wesentlich schneller schlagen als das ausdauertrainierte Herz. Größerer Verschleiß und kürzere Lebensdauer sind die logische Konsequenz[29]. Verstopfte Gefäße und Übergewicht mit der Folge eines zu

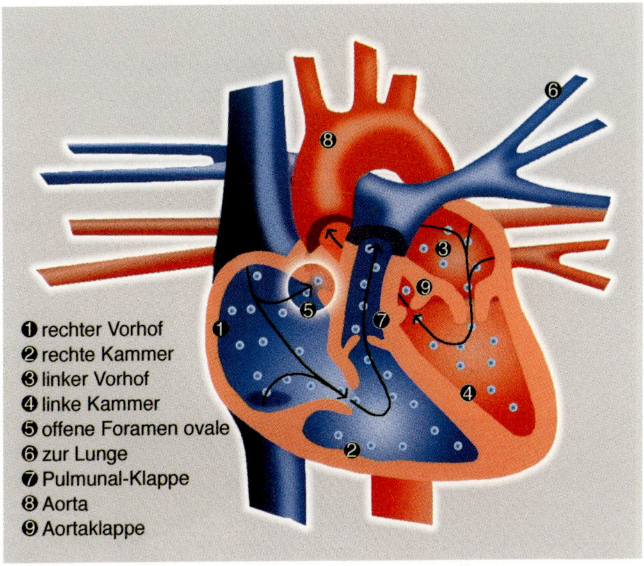

■ Herz mit offenem Foramen ovale

hohen Blutdruckes belasten darüber hinaus den Herzmuskel des untrainierten Menschen unserer Wohlstandsgesellschaft.

Das Herz ist ein faustgroßer Muskel, der hinter dem Brustbein in der Körpermitte liegt, wobei es nur geringfügig nach links verschoben ist. Es stellt prinzipiell zwei komplette Pumpsysteme dar, wobei die rechte Seite sauerstoffarmes und mit Kohlendioxid angereichertes Blut aus dem Körper aufnimmt, um es in die Lunge zu pumpen. Dort findet der Gasaustausch statt. Kohlendioxid wird über die kleinen Lungenbläschen, die sogenannten Alveolen, abgegeben und ausgeatmet. Sauerstoff wird beim Einatmen über die Lungenbläschen aufgenommen und diffundiert ins Blut. Der ans Hämoglobin gebundene Sauerstoff gelangt mit dem Blutstrom von der Lunge kommend in die linke Herzhälfte und von dort in den Körper. Jede Herzhälfte besteht aus einer Vorkammer, dem Vorhof, in die das Blut während der Erschlaffungsphase des rhythmisch schlagenden Herzmuskels eingesogen wird und der rechten und linken Herzkammer, aus der es bei Kontraktion des Herzmuskels wieder herausströmt. Der Herzschlag setzt sich somit aus zwei Phasen zusammen. Der Diastole und der Systole. Bei der Diastole erschlafft der Herzmuskel. Das Blut wird in die Vorkammern gesogen. Durch den höheren Druck in den Vorkammern öffnen sich die Herzklappen zu den rechten und linken Hauptkammern, die sich nach Kontraktion der Vorhöfe vollständig füllen. Bei der Systole zieht sich der Herzmuskel zusammen. Die beiden Verbindungen zu den Vorhöfen verschließen sich automatisch. Pulmunalklappe und Aortenklappe öffnen sich und geben den Blutstrom zur Lunge und in den Körper frei. Dieser Vorgang wiederholt sich bei großer Belastung bis über 200 mal in der Minute. Vor der Geburt wird das embryonale Blut in der Plazenta mit Sauerstoff angereichert, fließt von hier aus in die rechte Herzkammer und durch das Foramen ovale, einer Öffnung in der Scheidewand zwischen rechtem und linkem Vorhof, direkt in die linke Herzhälfte. Erst nach der Geburt verschließt sich im Normalfall diese Verbindung. Bei etwa einem Fünftel der Menschen ist dieser Verschluss unvollständig. In diesem Fall spricht man von einem sogenannten rechts - links Shunt, der eigentlich keine Schwierigkeiten verursacht, aber leider beim Tauchen zu nicht seltenen Dekompressionsproblemen führen kann. Vor allem Tauchgänge, die längere Dekompressionspausen erfordern, oder Tauchgänge an der Grenze der Nullzeit, können problematisch enden. Bei Tauchgängen mit Pressluft und Trimix wird nach dem Gesetz von Henry in der Kompressions- und Isopressionsphase vermehrt Stickstoff oder Helium vom Organismus aufgenommen. Beim Auftauchen nimmt der Umgebungsdruck ab und das Inertgas löst sich wieder aus dem Organismus. Wie bereits dargestellt, ist das Entstehen von Mikroblasen bei Druckentlastung ein normaler Vorgang, so dass auch bei Nullzeittauchgängen während des Auftauchens stets Mikrobläschen im venösen Blutstrom nachweisbar sind. Spezielle Untersuchungen an Tauchern und Piloten haben in jüngster Zeit sogar ergeben, dass sich schon bei einem plötzlichen Druckabfall von nur 0,3 bar (30 kPa) Gasbläschen im Blut bilden[30]. Diese gelangen in die rechte Herzkammer und können von hier aus normalerweise mit dem zirkulierenden Blutstrom über die Lunge den Organismus schadlos verlassen. Diese venösen Bläschen gelten normalerweise als harmlos, da sie in dem feinverästelten Lungenkapillarnetz hängen bleiben, herausgefiltert und problemlos über die Alveolen abzuatmen sind. Die Mikrobläschen im Blutstrom sind mittels Doppler-Messung (siehe links) in Druckkammertests oder nach einem Tauchgang nachweisbar. Bei einem unvollständig geschlossenen Foramen ovale gelangt jedoch ein Teil der Mikrobläschen direkt in die linke Herzkammer und von dort über die Aorta ins Gehirn. Da bei einem Fünftel der Menschen diese Verbindung nicht vollständig zugewachsen ist, besteht eine erhebliche Gefahr, dass Spätschäden im Gehirn von Tauchern nicht auszuschließen sind oder ernsthafte Dekompressionsprobleme, auch bei an sich unproblematischen Tauchprofilen, auftreten können. Nitrox als Atemgas reduziert nachweislich auch die Mikroblasenbildung und mindert diese Problematik erheb-

■ Nachweis von Mikrobläschen im Blutstrom mittels Doppler-Messung

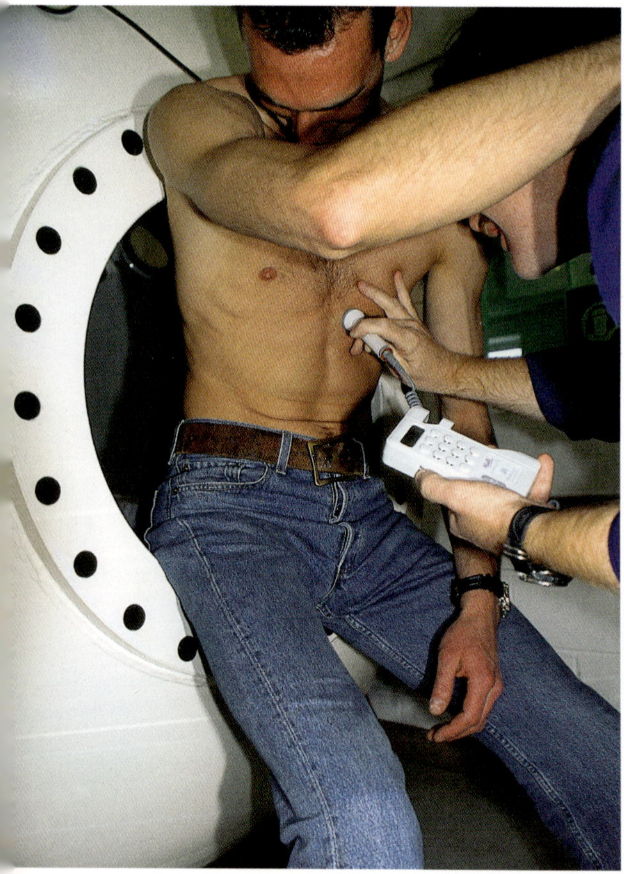

lich. Da der Taucher meist keine Kenntnis über den unvollständigen Verschluss seiner Herzscheidewand hat, ist schon aus diesem Grund Nitrox das geeignete Atemgas für den Sporttaucher.

Die für jeden Tauchgang als normal geltende Mikroblasenbildung erreicht ihr Maximum zwanzig bis sechzig Minuten nach einer Druckentlastung und dürfte die wesentliche Ursache für die beschriebenen Symptome von George gewesen sein, bei dem ein offenes Foramen ovale später diagnostiziert wurde. Etwa zweieinhalb Stunden nach einem Tauchgang sind die Bläschen im Blutstrom nahezu wieder verschwunden. Wie schon beschrieben, bleiben diese Bläschen in der Lunge hängen, so dass sie sich im Lauf der Zeit im Lungenkapillarnetz sammeln. Dies hat zur Folge, dass die Durchblutung eingeschränkt ist und der Blutstrom einen Umweg um die Lunge nimmt. Der physiologische Totraum hat sich vergrößert. Das Phänomen, bei dem bis zu dreißig Prozent des venösen Blutes ohne Gasaustausch und ohne durch die Lunge zu fließen in die Arterie übertritt, wird ebenfalls rechts- links-Shunt genannt. Dieser normale Vorgang verlangsamt natürlich auch die Stickstoffabgabe und wird in modernen Dekompressionscomputern berücksichtigt. Problem dieses Effektes ist allerdings die Gefahr, dass die Mikrobläschen plötzlich und lawinenartig aus der Lunge ins arterielle Blut gespült werden. Eine gefährliche Gasembolie im Gehirn könnte die Folge sein. Was kann zu einem plötzlichen Ausschwemmen der Mikroblasen aus der Lunge führen? Husten, Niesen, heben schwerer Lasten, stark gepresster Valsalva - Druckausgleich, kurzes Abtauchen nach Abschluss der Dekompression, um zum Beispiel den Anker oder einen verlorenen Ausrüstungsgegenstand zu bergen. Auch Tiefenschwankungen bei der Dekompression und natürlich Jo Jo Tauchgänge können diesen Effekt auslösen. Jede Druckerhöhung verkleinert die Gasbläschen, so dass sie mit dem Blutstrom aus den Lungenkapillaren ins arterielle Blut gelangen können[31]. Da die Mikroblasen bis etwa zwei Stunden nach einem Tauchgang nachweisbar sind, ist anzuraten, in dieser Zeit keine Apnoe-Tauchgänge zu unternehmen. Gerade in tropischen Gewässern greift der begeisterte Taucher oft zu Flossen, Schnorchel und Taucherbrille, um die schillernde Vielfalt unter der Wasseroberfläche im lichtdurchfluteten Riff zu genießen und sich bis zum nächsten Gerätetauchgang die Zeit zu vertreiben. Nicht ahnend, dass gerade jetzt die Mikrobläschen in großer Zahl in den fein verästelten Lungenkapillaren hängen, wird dann schon mal auf zehn bis fünfzehn Meter abgetaucht. Selbst ein kurzer Abstecher auf nur drei Meter kann unter Umständen katastrophale Folgen haben, wenn auf Grund der Druckzunahme und der damit verbundenen Verkleinerung der Bläschen eine große Zahl ins arterielle Blut gelangt und im schlimmsten Fall eine plötzliche Embolie im Gehirn verursacht. Dann stehen der Taucher und seine Begleiter vor einem ungeklärten Tauchunfall. Man hat doch alles richtig gemacht, blieb in der Nullzeit, hat seinen obligatorischen Sicherheitsstopp absolviert und ging hinterher nur Schnorcheln.

Welche Möglichkeiten gibt es, die Blasenbildung möglichst klein zu halten?

Die Zeit spielt bei der Druckentlastung und der damit verbundenen Entstehung von Mikroblasen eine entscheidende Rolle. Die

Tendenz geht dabei zu deutlich langsameren Werten, die bereits in modernen Tauchcomputern Berücksichtigung finden, da nachweislich ein zu schneller Aufstieg die Bildung von Mikroblasen begünstigt. In der Ausbildung wird normalerweise eine Aufstiegsgeschwindigkeit von 10 Metern pro Minute gelehrt. Für große Tiefen mag diese Regel richtig sein. Für die letzten zehn Meter ist diese Geschwindigkeit zu hoch. Einfach gesagt muss die Aufstiegsgeschwindigkeit tiefenabhängig sein, so dass sich für eine Halbierung des Drucks eine Aufstiegszeit von etwa vier Minuten ergibt. Ein hypothetischer Tauchgang soll den wesentlichen Sachverhalt veranschaulichen. Hypothetisch deshalb, da Tauchtiefen von 70 Metern für den Sporttaucher tabu sind. Bei der Benutzung von Pressluft hätte der Sauerstoffpartialdruck in dieser Tiefe bereits einen kritischen Wert von 1,68 bar (168 kPa) und übersteigt so deutlich den Sauerstoffgrenzwert. Bei einem Aufstieg von 70 Metern auf 30 Meter, also einer Strecke von 40 Metern, würden nach der gültigen Aufstiegsregel 4 Minuten verstreichen. Von 30 Meter auf 10 Meter müssten, um die gleiche Entsättigung zu erzielen, ebenfalls 4 Minuten Zeit verstreichen. Auch von 10 Meter Tiefe bis zur Wasseroberfläche halbiert sich der Druck, so dass auch hier eine Aufstiegszeit von vier Minuten einzuhalten wäre. Zehn Meter je Minute sind im Flachwasser und bei einem Aufstieg von 30 Meter auf 10 Meter unter diesem Gesichtspunkt viel zu schnell.

3.4.1 Pyle-Stopps

Im technischen Tauchen haben sich in jüngster Zeit sogenannte Tiefenstopps etabliert, die zu einer messbaren Minderung von Mikroblasen führen. Da sich beim Auftauchen immer Mikroblasen im Blutstrom bilden, werden sie sich nach dem Gesetz von Boyle Mariotte bei weiterer Druckentlastung stetig vergrößern. Dieser physikalische Vorgang ist nur durch ein Stoppen der Druckentlastung aufzuhalten. Nach den bisher gültigen Regeln sind die Stopps auf den Dekompressionsstufen hierfür ausreichend. Richard Pyle, ein Biologe, fing für ein Aquarium in Hawaii Fische in größeren Tiefen. Merkwürdigerweise ging es ihm nach Tauchgängen, bei denen er Fische gefangen hatte immer besser als bei Tauchgängen, wo er leer ausging. Nach Auswertung seiner Tauchdaten fand er sehr schnell die Erklärung. Es war nicht der Frust bei seinen Tauchgängen ohne Fischfang, der ihm die Kopfschmerzen bereitete. Vielmehr waren es gezielte Stopps in größeren Tiefen, die notwendig waren, um die Fische zu punktieren, mit dem Ziel, das Platzen ihrer Schwimmblasen bei der Druckentlastung zu verhindern. Pyle entwarf aus seinen Daten eine interessante Austauchregel, die direkt an einem Beispiel anschaulich wird. Ein Tauchgang soll mit Luft bis zu einer Tiefe von 48 Metern erfolgen.

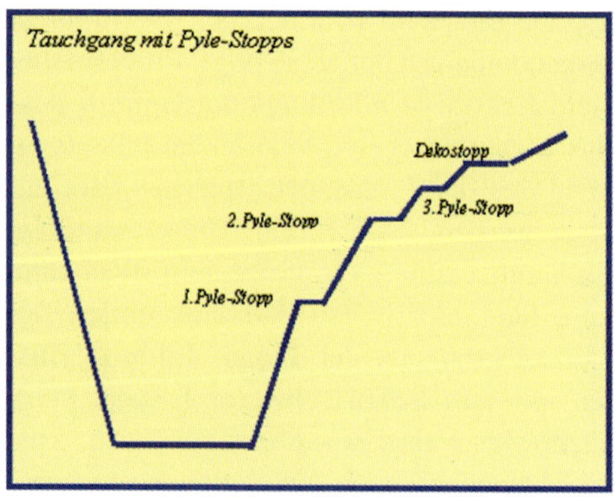

Empfehlungen:

- **Keine Dekompressionstauchgänge**
- **Nicht an die Grenze der Nullzeit tauchen (maximal 80% der Nullzeit ausreizen)**
- **Tiefenstopps einlegen (Pyle-Stopps)**
- **Nitrox als Atemgas verwenden**
- **Nitrox nach Presslufttabelle oder mit Luftcomputer tauchen bietet die größte Sicherheit.**
- **Keine Jo - Jo Tauchgänge**
- **Nach dem Dekomprimieren nicht wieder abtauchen**
- **Nach dem Tauchgang ruhen - mindestens bis zu 2 Stunden keine körperlichen Anstrengungen**
- **Keine Apnoe-Tauchgänge bis mindestens zwei bis drei Stunden nach einem Gerätetauchgang**
- **Langsam auftauchen. Ab 15m Tiefe Auftauchgeschwindigkeit erheblich reduzieren <10m/min.**
- **Auch bei Nullzeittauchgängen immer Sicherheitsstopps durchführen**

Die Dekompressionstiefe sei fünf Meter. Der erste Stopp befindet sich nach den Regeln von Pyle in 25 Meter Tiefe, genau in der Mitte zwischen der Maximaltiefe und dem ersten Dekostopp. Zwei bis drei Minuten ohne Druckentlastung reichen aus, dass bereits entstandenen Mikroblasen in den Lungenkapillaren hängen bleiben, sich dort auflösen und ein erheblicher Teil der Bläschen verschwindet. Auch ein zweiter Stopp, nun zwischen erstem Pyle-Stopp und Dekostufe bringt zusätzlichen Vorteil. Er befindet sich auf 15 Metern. Für weitere zwei Minuten kann noch eine dritte Haltestufe in 10 Meter Tiefe eine weitere Reduzierung von Mikroblasen bewirken. Auf diese Weise erreicht der Taucher schrittweise die Dekompressionsstufen mit deutlich weniger Mikroblasen in seinem Blut. Eine einfache aber wirkungsvolle Methode, die wesentlich zur Tauchsicherheit beitragen kann. Tatsächlich wurde bei jüngsten Druckkammerversuchen der Nachweis erbracht, dass durch Tiefenstopps die Mikroblasen nahezu verschwinden. Diese Deep Stops verkürzen jedoch nicht die notwendigen Dekompressionszeiten[32].

Da in sauerstoffangereicherten Gasgemischen weniger Inertgasanteil vorhanden ist, bilden sich weniger schädliche Mikrobläschen. Der geringere Stickstoffanteil im Atemgas fordert aber neue Rechenmodelle zur Bestimmung der notwendigen Dekompressionszeiten und Nullzeiten. Nitrox-Tauchcomputer berücksichtigen die geringere Stickstoffsättigung, doch wie sieht es mit entsprechenden Dekompressions- oder Nullzeittabellen aus? Diese Fragen gilt es im folgenden zu klären.

3.5 EAD und die Bestimmung der Nullzeit für Nitroxgemische

Unter EAD (**e**quivalent **a**ir **d**epth) wird die Tauchtiefe verstanden, die mit Luft getaucht werden müsste, so dass der Stickstoffpartialdruck des Nitroxgemisches gleich ist dem Stickstoffteildruck der Luft in dieser äquivalenten Tiefe. Vielfach wird in diesem Zusammenhang auch von der Äquivalenten Lufttiefe gesprochen[33]. In der sauerstoffangereicherten Gasmischung ist prozentual weniger Stickstoff vorhanden, so dass die Bezeichnung denitrogenated air treffender ist. Gleiche Tauchtiefe vorausgesetzt, ist dadurch der Beitrag des Stickstoffes am Gesamtdruck im Nitroxgemisch stets kleiner als sein Anteil im Atemgas Luft. Ein Beispiel soll dies klar darstellen. Geplant ist eine Tauchtiefe von dreißig Meter. Mit Pressluft als Atemgas errechnet sich für diese Tiefe der Stickstoffpartialdruck wie folgt:

$pN_2 = p \bullet fN_2$.

In dreißig Metern herrscht ein Umgebungsdruck von 4 bar (400 kPa), so dass sich ein Stickstoffteildruck von 3,16 bar (316 kPa) einstellt.

$pN_2 = 4\ bar \bullet 0{,}79$

$pN_2 = 3{,}16\ bar\ (316\ kPa)$

Zum Vergleich nun ein »Best Mix« in gleicher Tiefe. Für einen maximalen Sauerstoffpartialdruck von 1,4 bar (140 kPa) ergibt sich ein BEST MIX mit 35% Sauerstoff und 65% Stickstoff. Als kleine Übung ist die Kontrolle dieses Wertes empfehlenswert.
(Hinweis: T im Kreis)

In dem sauerstoffangereicherten Atemgas sind etwa 18 Prozent weniger Stickstoff enthalten als in der normalen Atemluft. In der gewünschten Tauchtiefe von dreißig Metern beträgt der Teildruck des Inertgases für das Best Mix nur noch 2,6 bar (260 kPa). Zur Erinnerung betrug er in der gleichen Tiefe für Luft 3,16 bar (316 kPa). Der wesentlich geringere Teildruck hat logischerweise eine geringere Stickstoffaufnahme im Organismus zur Folge. Da weniger Stickstoff gelöst wird, ist eine längere Nullzeit zu erwarten. Aus diesem Grund kann sich der Tauchgang erheblich verlängern. Bei Verwendung der Tabelle DECO 2000 von Dr. Max Hahn würde sich für diese Tiefe mit Luft eine Nullzeit von fünfzehn Minuten ergeben. Hält sich der Nitroxtaucher an diese Zeitangabe, dann hat er bei seinem Aufstieg wesentlich weniger Mikroblasen in seinem Körper zu befürchten, da in seinem Organismus während des Tauchgangs weniger Stickstoff in Lösung ging, als bei seinem Tauchpartner, der mit Pressluft unterwegs war. Führt der Nitroxtaucher einen Tauchcomputer mit, zeigt ihm dieser nach fünfzehn Minuten – es ist das Ende der Nullzeit für den Tauchpartner mit Pressluft – immer noch eine verbleibende Nullzeit von etwa zehn Minuten an. Der Computer hat die veränderten Verhältnisse berücksichtigt, vorausgesetzt er wurde vor dem Tauchgang auf einen Sauerstoffanteil von fünfunddreißig Prozent programmiert. Zum Glück ist es auch mit der normalen Lufttabelle möglich, die offensichtlich stark verlängerten Nullzeiten zu bestimmen.

In dreißig Meter Tiefe wirkt auf den Taucher mit EAN 35 ein Stickstoffteildruck von 2,6 bar (260 kPa) ein. Für Luft als Atemgas wirkt schon der gleiche Teildruck in 23 m Tiefe. Folge ist, dass sich in 23 Meter Tiefe mit Luft als Atemgas die gleiche Inertgassättigung im Körper vollzieht wie bei einem Tauchgang mit EAN 35 in dreißig Meter Wassertiefe.

Diese sogenannte äquivalente Lufttiefe **EAD** gilt es vor jedem Nitroxtauchgang zu errechnen, wenn zur Bestimmung der Null- und Dekompressionszeiten die normale und

gebräuchliche Dekompressionstabelle für Luft zur Verfügung steht.
Es muss gelten:

pN_2 für Luft in der äquivalenten Tauchtiefe muss gleich sein

pN_2 der Nitroxmischung in tatsächlicher Tauchtiefe.

Formal:

$$pN_{2Luft} = pN_{2Nitrox}$$

Aus dieser Überlegung ergibt sich sehr schnell die gesuchte Lösung, wenn für den Umgebungsdruck der fiktiven Lufttiefe, EAP (equivalent air pressure) eingesetzt wird. Es gilt dann:

$$EAP \bullet fN_{2Luft} = p \bullet fN_{2Nitrox}$$

aufgelöst nach EAP folgt:

$$EAP = \frac{fN_{2Nitrox}}{fN_{2Luft}} \cdot p$$

$$EAP = \frac{0{,}65}{0{,}79} \cdot 4bar$$

$$EAP = 3{,}29bar\ (0{,}329\,MPa)$$

Dieser errechnete Umgebungsdruck entspricht einer Tauchtiefe von etwa 23 Metern. Da der errechnete Druck etwas größer als 3,2 bar (320 kPa) ist, wird zur eigenen Sicherheit auf dreiundzwanzig Meter aufgerundet. In einer Tiefe von dreiundzwanzig Meter könnte mit Luft genauso lange getaucht werden wie mit EAN 35 in dreißig Metern. Die Nullzeit für 23m kann jetzt aus jeder Lufttabelle entnommen werden. Zum Beispiel ergibt sich aus der Tabelle von Dr. Max Hahn als Nullzeit für 24m 23 Minuten. Nitroxgase können beträchtlich die Tauchzeit verlängern. Eine Verlängerung der Nullzeit in dreißig Meter Wassertiefe um 8 Minuten zeigen diesen Vorteil des Nitroxtauchens deutlich auf. Interessant ist auch die umgekehrte Betrachtung. Ein Tauchgang mit Luft in eine Tiefe von dreißig Metern und einer Grundzeit von dreiundzwanzig Minuten hätte eine Dekompressionszeit von insgesamt sieben Minuten zur Folge, davon eine Minute in sechs Meter und sechs Minuten in drei Meter Wassertiefe. Eine Zeit, die zusätzlich Luftvorrat bedarf, der sorgfältig errechnet werden müsste, da ein zu frühes Auftauchen wegen zu gering bemessenem Gasvorrat lebensbedrohliche Folgen nach sich ziehen würde. Da sich beim Nitroxtauchen die Nullzeiten erheblich verlängern können, sind zur eigenen Sicherheit Nullzeittauchgänge anzuraten. Werden die Regeln beachtet, ist das Tauchen mit sauerstoffangereicherten Atemgasen um ein Vielfaches sicherer als das weit verbreitete Tauchen mit Pressluft.

Die Formale Bestimmung der Äquivalenten Tiefe für Interessierte:

$$EAD = 10m\left[\frac{fN_2}{0{,}79}\left(\frac{T}{10m}+1\right)-1\right]$$

Hier ist *EAD* die äquivalente Tiefe für die Bestimmung der Dekompressionszeiten und fN_2 ist der Anteil des Stickstoffes in der Nitroxfüllung.

3.6 Grenzen der EAD?

Das praktische Prinzip der äquivalenten Lufttiefe bringt den Vorteil, dass sich für jedes beliebige Nitroxgemisch die Nullzeit und die eventuell notwendigen Dekompressionsdaten aus einer normalen Dekompressionstabelle für Luft bestimmen lassen. So sind die Vorteile einer längeren Nullzeit und kürzere Dekompressionszeiten bei längeren Tauchgängen nutzbar. Leider wird die EAD von vielen Tauchern auch missverstanden. Grund dafür ist, dass die Thematik in Nitroxkursen nicht erklärt und in Büchern und Artikeln oft falsch dargestellt ist[34]. So wird häufig argumentiert, dass gerade bei sauerstoffreichen Gemischen die Dekompressionsstufen umzurechnen sind. Beispiel: Bei EAN 40 errechnet sich für den Dekostopp in drei Meter ein Stickstoffpartialdruck von:

$$pN_2 = p \cdot fN_2$$
$$pN_2 = 1{,}3bar \cdot 0{,}6$$
$$pN_2 = 0{,}78bar\ (78kPa)$$

Er entspricht näherungsweise dem Partialdruck für Luft an der Wasseroberfläche. Bei einem dekompressionspflichtigen Tauchgang, bei dem zum Beispiel in dreißig Meter Wassertiefe genügend Stickstoff im Blut gelöst wurde, hätte demnach ein Stopp in drei Meter fatale Folgen. Genauso gut könnte der Taucher bis zur Oberfläche aufsteigen und dann auf Luftatmung oder besser Sauerstoffatmung umstellen. Der Partialdruckunterschied beim Auftauchen wäre in diesem beschriebenen Fall zu groß. Gefährliche Bläschenbildung im Organismus müssten die Folge sein. Aus diesem Grund müssten die Haltestufen für 3m, 5m, 6m und 9m umgerechnet werden.

$$p_{Deco} \cdot fN_{2Nitrox} = p_{Luft} \cdot fN_{2Luft}$$
$$p_{Deco} = \frac{fN_{2Luft}}{fN_{2Nitrox}} \cdot p_{Luft}$$
$$p_{Deco} = \frac{0{,}79}{0{,}6} \cdot 1{,}3bar$$
$$p_{Deco} = 1{,}71bar\ (1710hPa)$$

Eine Haltestufe für Luft in drei Meter entspräche nach dieser Überlegung einer Tiefe von sieben Meter für Nitrox 40. Dies klingt plausibel, ist aber falsch. Es ist nicht der Stickstoffpartialdruck in der Lunge, der festlegt, wie weit der Taucher für seinen Dekompressionsstop auftauchen darf, sondern es ist der Stickstoffpartialdruck in den Geweben, der die Dekompressionsstufen festlegt. Die Dekompressionsstufen errechnen sich aus dem Sättigungszustand der Gewebe, festgelegt durch den Stickstoffpartialdruck im Gewebe und dem tolerierbaren Umgebungsdruck, bei dem keine Blasenbildung im Gewebe zu erwarten ist. Jedes Gewebe, dargestellt durch ein Kompartement, besitzt demnach eine kritische Übersättigung, die es aushält, ohne Blasen zu bilden. Aus diesem Grund gibt es Nullzeiten. Gewebe mit kurzen Halbwertszeiten haben eine hohe, Gewebe mit langen Halbwertszeiten eine niedrige Übersättigungstoleranz.

Der Stickstoffpartialdruck in der Lunge ist für die Berechnung der Dekompressionstiefe demnach bedeutungslos. Der tolerierbare Stickstoffpartialdruck in den Gewebemodellen ist in der folgenden Abbildung dargestellt und bezieht sich auf die Entlastung bis zum normalen Umgebungsdruck.

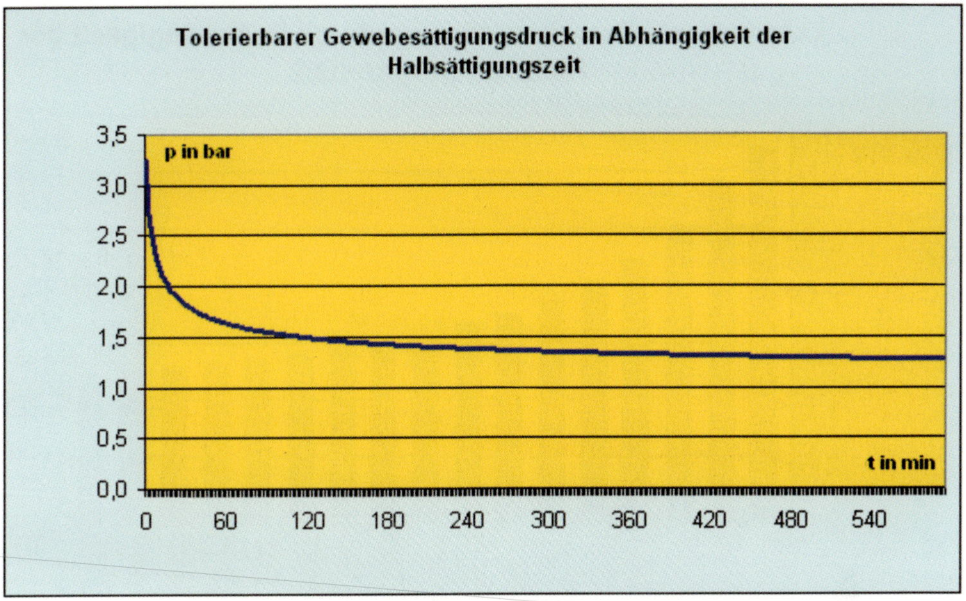

Die zweite Darstellung auf Seite 70 zeigt die Werte für das Modell ZH – L16. Die Werte sind nach dem Modell von Bühlmann errechnet und wurden von ihm erstmals 1986 anlässlich einer Konferenz in London veröffentlicht. Es war der Beginn, die Dekompression zu berechnen und war somit die Grundlage für die Konstruktion geeigneter Tauchcomputer. Bis zu dieser Zeit beruhten alle Dekompressionsregeln auf Beobachtungen und Versuchen[35].

Tauchgänge mit Nitrox haben gegenüber dem Tauchen mit Pressluft noch einen entscheidenden Vorteil. Durch den höheren Anteil an Sauerstoff im Atemgas gelangt auf den Haltestufen kein zusätzlicher – oder nur eine geringere Menge – Stickstoff in Lösung. Der Diffusionsgradient zwischen dem gelösten Stickstoff im Gewebe und dem Atemgas sinkt, wobei das Inertgas schneller aus dem Körper entweicht. Die Dekompressionszeiten verkürzen sich durch diesen Effekt. Immer häufiger nutzen Taucher aus diesem Grund einen Gaswechsel auf den letzten Dekompressionsstufen. Vor allem Berufstaucher und Trimixtaucher praktizieren diese Art der Dekompression. Der Autor vertritt allerdings die Meinung, dass Gaswechsel für den normalen Sporttaucher nicht anzuraten sind, da sich durch dekompressionspflichtige Tauchgänge das Risiko unverhältnismäßig steigert. Taucht der Sporttaucher innerhalb der Nullzeit auf, wird für ihn kein Gaswechsel nötig sein.

Unterstützt wird diese Meinung durch einen Vergleich der Dekompressionstabellen für Luft (Deco 2000) mit einer Tabelle für Berufstaucher (BT), bei der auf der Dekompressionsstufe von sechs Meter mit reinem

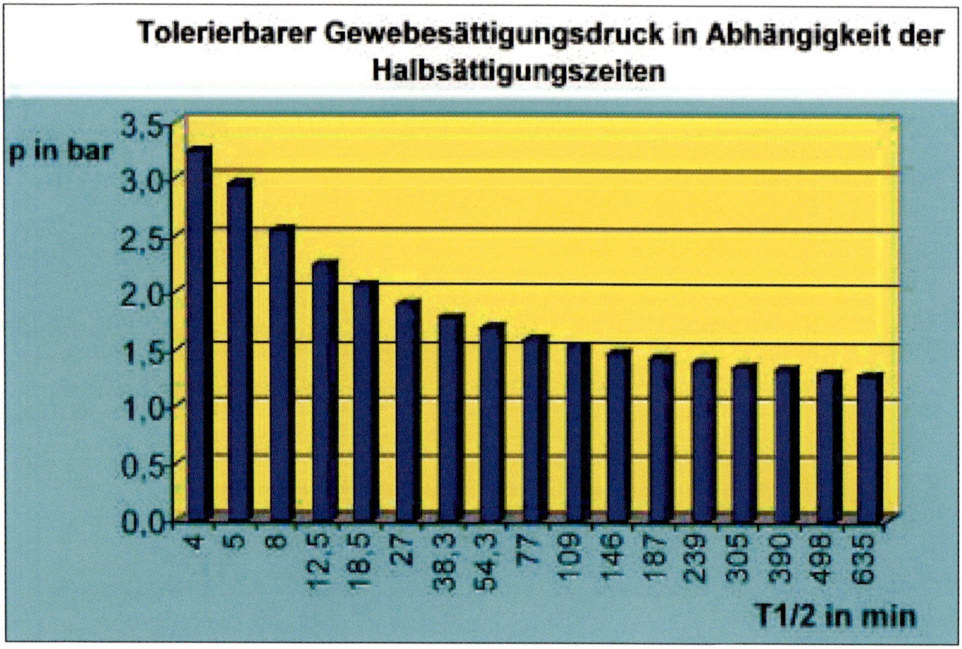

Sauerstoff dekomprimiert wird. Die Ersparnis an Dekompressionszeit wird dann deutlich, wenn sehr tiefe und lange Tauchgänge durchgeführt wurden, die ein sicherheitsbewusster Sporttaucher normalerweise unterlässt.

Exemplarisch wurden in den beiden dargestellten Austauchtabellen zwei übliche Tauchtiefen gewählt. Zusätzlich zu den Austauchzeiten mit Luft enthalten die beiden Vergleichstabellen die Austauchzeiten, wenn auf der Haltestufe von 6 m ein Wechsel auf reine Sauerstoffatmung erfolgt. In diesem

■ Konfiguration mit zusätzlicher Dekompressionsflasche, gefüllt mit reinem Sauerstoff. Hierbei muss der Atemregler sauerstofftauglich sein.

■ Tauchtiefe 30 m Nullzeit nach Deco 2000 von Max Hahn 15 min

Tauchzeit min	Tabelle	15 m	12 m	9 m	6 m	3 m	O_2 in 6 m	Gesamtzeit Deco Luft	Gesamtzeit Deco mit O_2
20	BT					3	**3**	3	3
21	Deco 2000					4		4	
25	BT				-	5	**3**	5	3
24	Deco 2000				1	6		7	
30	BT				-	10	**5**	10	5
30	Deco 2000				3	10		13	
35	BT				3	12	**7**	15	7
36	Deco 2000				6	15		21	
40	BT				5	17	**15**	22	15
39	Deco 2000			1	7	17		25	
45	BT				7	20	15	27	15
42	Deco 2000			1	9	19		29	

■ Tauchtiefe 45 m Nullzeit nach Deco 2000 von Max Hahn 6 min

Tauchzeit min	Tabelle	15m	12m	9m	6m	3m	O_2 in 6m	Gesamtzeit Deco	Gesamtzeit Deco mit O_2
10	BT					3	**3**	3	3
10	Deco 2000					3		3	
15	BT				3	7	**7**	10	7
14	Deco 2000			1	3	6		10	
20	BT			**3**	5	12	**10**	20	13
20	Deco 2000		1	3	6	13		23	
25	BT			**3**	7	20	**15**	30	18
22	Deco 2000		2	4	7	15		28	
30	BT		3	5	12	25	20	45	28
35			3	7	15	30	25	55	35

Fall entfällt natürlich die Dekompressionsstufe für drei Meter. Der Taucher kann, nachdem er in sechs Meter Wassertiefe reinen Sauerstoff geatmet hat, direkt zur Wasseroberfläche aufsteigen. An dem Vergleich der Tabellen ist deutlich zu erkennen, dass die Zeitersparnis erst bei langen Dekompressionszeiten deutliche Auswirkungen hat. So ergibt sich zum Beispiel für einen Tauchgang von 24 Minuten auf einer Tiefe von dreißig Meter eine Gesamtdekompressionszeit nach Deco 2000 von sieben Minuten. Bei Gaswechsel auf einer Tiefe von sechs Meter reichen demnach drei Minuten aus, um danach sicher zur Oberfläche aufzutauchen. Rechtfertigen diese vier Minuten den Aufwand? Für diesen Tauchgang muss eine zusätzliche Gasflasche mitgeführt werden, die mit reinem Sauerstoff gefüllt ist. Die sechs Meter sind bei der Dekompression peinlich genau einzuhalten, da in dieser Tiefe der maximal tolerierbare Sauerstoffteildruck von 1,6bar (160 kPa) erreicht ist. Zusätzlich ist für die Sauerstoffatmung ein Atemregler nötig, der für 100% Sauerstoff geeignet ist. Nur wenige Hersteller haben solche Regler in ihrem Programm. Wie sieht also der Vergleich mit einem Best Mix in dreißig Metern aus? Die Tauchzeit soll auch für dieses Beispiel 24 Minuten betragen und der maximale Sauerstoffteildruck aus Sicherheitsgründen 1,4bar (140 kPa) nicht überschreiten. Für das errechnete Best Mix mit einem Sauerstoffgehalt von 35% ergibt sich demnach eine EAD von 23 Meter mit einer Nullzeit von 23 Minuten. Somit hätte der Taucher mit dem Best Mix EAN 35 gerade die Nullzeitgrenze erreicht. Aufwendiger Gaswechsel mit hohem apparativen Aufwand und peinlich genauer Einhaltung der sechs Meter Haltestufe, um nicht einen höheren Sauerstoffteildruck von 1,6bar (160 kPa) zu riskieren, bleibt dem Nitroxtaucher erspart. Nach obligatorischem Sicherheitsstop kann er sicher auftauchen.

Verschweigen möchte ich an dieser Stelle nicht, dass Sauerstoff als Dekompressionsgas neben der Verkürzung der Dekompressionszeiten noch einen zusätzlichen Vorteil bietet, der bei Druckkammerbehandlungen genutzt wird. Mikroblasen werden durch die Atmung von reinem Sauerstoff, aber auch durch hoch angereicherte Dekompressionsgase, verkleinert und abgebaut. Nachteil dieser Sauerstoffdekompression sind die hohen CNS O_2% Werte, die man sich hierbei einfängt. Dies gilt es in den nächsten Kapiteln näher zu erklären.

Fazit:

- **Dekompressionsstufen für das Tauchen mit sauerstoffangereicherten Gemischen sind gleich den Haltestufen für Luft**
- **Die Dekompressionsstufen müssen nicht umgerechnet werden.**
- **Der Stickstoffpartialdruck in der Lunge ist für die Berechnung der Dekompressionstiefe bedeutungslos**
- **Der Stickstoffpartialdruck in den Geweben bestimmt die Dekompressionsstufen**
- **Der höhere Sauerstoffanteil im Nitroxgemisch verkürzt die Dekompressionszeit**

3.7 Sauerstoff und seine Wirkung unter Druck

Die physikalischen Eigenschaften des geruch- und geschmacklosen Gases wurden bereits im Kapitel 2.6.3 beschrieben. Heute wissen wir, dass ohne Sauerstoff kein Leben auf dem Planeten Erde möglich ist. Schon im Hochgebirge stoßen die Bergsteiger bei der Erzwingung der höchsten Berge an die für den Organismus erträglichen Untergrenzen. So besteht bei einem Sauerstoffteildruck niedriger als 0,16 bar (16 kPa) die Gefahr der Hypoxie. Es ist die Unterversorgung mit Sauerstoff, die zu einer Bewusstlosigkeit führen kann. Auch für einen Taucher besteht unter gewissen Umständen diese Gefahr, wenn er durch das Atemgas nicht genügend Sauerstoff bekommt. Beim Sporttauchen mit offenen Systemen spielt dieses Risiko keine Rolle, vor allem dann nicht, wenn sauerstoffangereicherte Gemische zum Einsatz kommen. Beim Tauchen mit einem halbgeschlossenen Rebreather SCR (semi closed Rebreather) besteht eine gewisse Wahrscheinlichkeit, durch Fehler eine Hypoxie zu erleiden. Oberflächennahes Tauchen oder gar Schwimmen mit einem SCR, kann bei großer körperlicher Anstrengung zu einem gefährlichen Absinken des Sauerstoffpartialdruckes im System führen und sollte deshalb unbedingt vermieden werden. Die Konstantdosierung ist unter solchen Umständen nicht mehr in der Lage, den verbrauchten Sauerstoff nachzuliefern. Vor allem dann nicht, wenn eine zu niedrig Dosierung eingestellt wurde. Noch wahrscheinlicher ist der Ausfall der Konstantdosierung. Diese Möglichkeit ist beim Tauchen mit einem SCR nicht zu unterschätzen. Eine leere Atemgasflasche bedeutet nicht, dass sich kein Atemgas im Kreislauf befindet. Das System ist immer noch mit Atemgas gefüllt, so dass der Taucher die unterbleibende Frischgaszufuhr nicht zwangsläufig bemerken muss. Atmet er an der Wasseroberfläche aus dem Kreislauf, hört er nicht, wenn seine Konstantdosierung in Folge einer leeren Flasche ausfällt. In diesem Zustand kann in kurzer Zeit der Sauerstoffanteil im Atemgas gefährlich absinken (siehe Kapitel 4 Besonderheiten beim Rebreathertauchen).

Die Gefahr der Hypoxie ist beim Tauchen mit Rebreathern nicht zu unterschätzen!

3.7.1 Der Lorraine - Smith Effekt

So wichtig der Sauerstoff für das Leben auf dem Planeten Erde ist, so gefährlich kann er bei zu hohen Drücken sein. Sauerstoff ist von Natur aus giftig. Reiner Sauerstoff, bei normalem Umgebungsdruck und über einen Zeitraum von weniger als vierundzwanzig Stunden geatmet, führt bereits zu pulmonalen Vergiftungssymptomen. Diese beginnen mit gelegentlichem Husten, der sich bei weiterer Einwirkung zu einem unkontrollierten Husten unter Bildung eines zähen Bronchialschleims steigert und zu oft stechenden Schmerzen beim Atmen führt. Dies geht einher mit einer deutlich messbaren Reduzierung der Vitalkapazität in Folge einer Schwellung der Alveolen. Bei weiterer Sauerstoffatmung wird das Lungengewebe so stark geschädigt, dass schlussendlich der Tod durch Sauerstoffmangel (Hypoxie) auf

■ Symptome des Lorraine-Smith-Effektes

Grund einer Membrandiffusionsstörung in der Lunge eintritt (siehe oben). Diese Vergiftungserscheinungen sind als »Lorraine - Smith Effekt« bekannt. Sie sind zeit- und druckabhängig. So würden bei einem Sauerstoffpartialdruck von 1,26bar (126 kPa) und einer Einwirkdauer von nur acht Stunden etwa zwei Prozent des Lungengewebes geschädigt werden. Wie bei der Wirkung des Stickstoffes ist auch beim Sauerstoff neben dem Faktor Zeit vor allem der Partialdruck des Gases entscheidend. Heute gilt ein Sauerstoffteildruck von 0,5 bar (50 kPa) als tolerierbare Obergrenze für lange Einwirkungszeiten, ohne dass dabei nennenswerte Schäden am Lungengewebe zu beobachten sind[36]. Die pulmonale Vergiftung spielt beim Sporttauchen kaum eine Rolle, da die Einwirkzeiten bei normalen Tauchgängen von etwa einer Stunde verhältnismäßig gering sind. Selbst bei Wiederholungstauchgängen sind Veränderungen am Lungengewebe nahezu auszuschließen. Beim technischen Tauchen und Tauchgängen mit geschlossenen Kreislaufgeräten, wenn lange Dekompressionsphasen nötig sind, bei denen reiner Sauerstoff oder hoch angereicherte Gemische zum Einsatz kommen, sind pulmonale Vergiftungserscheinungen unter gewissen Umständen wahrscheinlich. Die Langzeitwirkung des Sauerstoffs auf das Lungengewebe ist mit Hilfe der OTU - Werte (oxygen tolerance unit) kontrollierbar und ist eine Methode, die sich vor allem beim technischen Tauchen in den letzten Jahren durchgesetzt hat. Die Kontrolle der OTU - Werte ist vor allem dann von Bedeutung, wenn es bei langen tiefen Tauchgängen unter erhöhtem Sauerstoffpartialdruck zu Dekompressionsproblemen kommt, die eine Behandlung in einer Kammer nach sich ziehen. Da hier ebenfalls mit hohen Sauerstoffpartialdrücken behandelt wird, ist eine Überschreitung der Toleranzgrenze möglich. Unter OTU wird die Sauerstofftoleranzdosis verstanden, die ursprünglich von Dr. Bill Hamilton aus empirischen Daten für Sättigungstaucher entwickelt wurde und sich aus dem Sauerstoffteildruck und der Einwirkdauer wie folgt errechnen lässt[37].

$$OTU = t \cdot \left(\frac{pO_2 - 0{,}5}{0{,}5} \right)^{\frac{5}{6}}$$

Bei der Berechnung der OTU - Werte ist t die Einwirkdauer in Minuten und pO_2 der Sauerstoffteildruck. Der Faktor 0,5 ist die Schwelle des Sauerstoffteildrucks, unter der sich keinerlei signifikante Schäden bei beliebig langer Einwirkdauer am Lungengewebe abzeichnen. Der Exponent 5/6 = 0,83 beschreibt die Abnahme der Lungenvitalkapazität nach Einwirkung von Sauerstoff bei Partialdrücken größer 0,5 bar (50 kPa).

Ursache ist ein Anschwellen des Lungengewebes bei langer Sauerstoffeinwirkung. Der physiologische Totraum nimmt zu, die Vitalkapazität ab. In der Tabelle sind die OTU - Werte je Minute in Abhängigkeit des Sauerstoffteildrucks dargestellt. Aus der Tabelle ist erkennbar, dass sich eine »OTU-Einheit« ergibt, wenn reiner Sauerstoff bei normalem atmosphärischen Druck von 100 kPa eine Minute lang geatmet wird.

1 OTU entspricht der Atmung von reinem Sauerstoff bei einem atmosphärischem Druck von einem bar.

Doch wie viele OTU-Einheiten sind für einen Taucher tolerabel? Allgemein sollten 850 OTU-Einheiten pro Tauchtag nicht überschritten werden. Für weitere Tauchtage hat sich eine Abstufung der Werte als sinnvoll herausgestellt. So sind für den ersten Tauchtag 850 OTU zulässig und für den siebten Tauchtag nur noch 380 OTU. Nach sieben Tagen wird für den Sporttaucher ein tauchfreier Ruhetag empfohlen.

Die Zahlen sind die Zeiten in Stunden, die sich ein Taucher einem entsprechendem Sauerstoffpartialdruck aussetzen kann, um den für diesen Tag maximal zulässigen OTU-Wert nicht zu überschreiten. An Hand der Tabellenwerte ist leicht erkennbar, dass bei normalen Tauchgängen die Tageshöchstwerte selbst am siebten Tag nicht überschritten werden können. Im Kapitel Tauchpraxis gilt es an Hand von praxisgerechten Beispielen, auch den Umgang mit dieser OTU-Tabelle zu vertiefen.

Die Summe der OTU - Werte einzelner Tauchgänge ergeben die tägliche Gesamtbelastung.

■ OTU-Tabelle

pO_2 in bar	OTU / min	1. Tag max. 850/d	2. Tag max. 700/d	3. Tag max. 620/d	4. Tag max. 525/d	5. Tag max. 460/d	6. Tag max. 420/d	7. Tag max. 380/d
0,6	**0,26**	24	24	24	24	24	24	24
0,7	**0,47**	24	24	22,1	18,7	16,4	15,0	13,5
0,8	**0,65**	21,6	17,8	15,8	13,4	11,7	10,7	9,7
0,9	**0,83**	17,0	14,0	12,4	10,5	9,2	8,4	7,6
1	**1,00**	14,2	11,7	10,3	8,8	7,7	7,0	6,3
1,1	**1,16**	12,2	10,0	8,9	7,5	6,6	6,0	5,4
1,2	**1,32**	10,7	8,8	7,8	6,6	5,8	5,3	4,8
1,3	**1,48**	9,6	7,9	7,0	5,9	5,2	4,7	4,3
1,4	**1,63**	8,7	7,2	6,3	5,4	4,7	4,3	3,9
1,5	**1,78**	8,0	6,6	5,8	4,9	4,3	3,9	3,6
1,6	**1,92**	7,4	6,1	5,4	4,5	4,0	3,6	3,3
		t/h	t/h	t/h	t/h	t/h	t/h	t/h

3.7.2 Der Paul Bert Effekt

Neben der Lungenschädigung hat der Sauerstoff bei hohen Partialdrücken eine neurotoxische Wirkung.

■ Symptome des Paul Bert Effektes

Sauerstoffpartialdrücke über 2,5 bar (250 kPa) können bereits nach kurzer Zeit Symptome wie Blässe, Schwitzen, Sehstörungen, Geräusche, Geschmacks- und Geruchswahrnehmungen, bis hin zu plötzlich und ohne jegliche Vorwarnung auftretendem Muskelzittern, zu Krämpfen und Atemnot führen. Die Krampfanfälle sind in einer Druckkammer relativ gut zu handhaben. Im Wasser verlaufen sie meist tödlich, da der Taucher mit an Sicherheit grenzender Wahrscheinlichkeit sein Mundstück verlieren wird. Er ertrinkt. Viele Untersuchungen haben gezeigt, dass der »**Paul Bert Effekt**«, so werden die neurotoxischen Symptome genannt, sehr starken individuellen Schwankungen unterliegt. So ist die Sauerstoffempfindlichkeit nicht bei jedem Menschen gleich. Umweltbedingungen wie kaltes Wasser, Strömung, schlechte Sicht, Höhlen oder Dunkelheit können die Sauerstoffempfindlichkeit negativ beeinflussen. Wichtige Einflussfaktoren sind:

a) Temperatur
b) Kohlendioxid bei hoher körperlicher Leistung oder eingeschränktes Absorbtionsvermögen des Atemkalks beim Rebreathertauchen
c) Wiederholungstauchgänge
d) Individuelle Befindlichkeit (Psyche)

Als relativ sicher gilt daher ein tolerierbarer Sauerstoffteildruck von 1,4 bar (140 kPa). Nur bei optimalen Bedingungen, wie sie in warmen, klaren und strömungsfreien Gewässern anzutreffen sind, ist unter Umständen ein Partialdruck von 1,6 bar (160 kPa) tolerabel.

Doch welcher Taucher kennt vor seinem Tauchgang alle Bedingungen? Ist vielleicht doch mit Strömung zu rechnen, oder führt die unvorhersehbare Haibegegnung zu einer höheren psychischen Belastung, die zu einer Einschränkung der Sauerstoffempfindlichkeit führt? Da die Anfälligkeit für eine Sauerstoffvergiftung für ein und die selbe Person, von einem zum anderen Tag, bis zu einer Variationsbreite von 13:1 schwanken kann und von vielen äußeren und individuellen Faktoren abhängt, ist für sicherheitsbewusste Taucher ein Sauerstoffpartialdruck von 1,3 bar (130 kPa) empfehlenswert[38]. Vor gefährlichen Experimenten ist in diesem Zusammenhang stets abzuraten, da eine Sauerstoffvergiftung im Wasser unbarmherzig und ohne Vorwarnung eintritt und stets eine lebensgefährliche Bedrohung darstellt.

pO_2 in bar	Auswirkungen
0,1	Bewusstlosigkeit
0,12	schwere Sauerstoffmangelsymptome
0,16	erste Anzeichen einer Hypoxie
0,21	normobarer Sauerstoffteildruck
0,35 - 0,5	Langzeittauchen (Sättigungstauchen)
1,3	**empfohlenes Limit zur Sicherheit**
1,4	empfohlenes Limit für den Sporttaucher
1,6	maximales Limit für den Sporttaucher

■ Sauerstoffpartialdruck und seine Wirkungen

Der Anteil des Sauerstoffs begrenzt kompromisslos die Tauchtiefe (siehe Kapitel 2.3.5.1 Bestimmung der maximalen Tauchtiefe MOD). Sie ist vor jedem Tauchgang an Hand der Gasanalyse zu bestimmen.

3.7.3 Die Vergiftung durch Radikale des Sauerstoffs

Der Mythos des heilenden, fast Wunder vollbringenden Sauerstoffs wurde in den vergangenen Jahren in eindrucksvoller Weise von zahlreichen Medizinern und Ernährungsexperten widerlegt. So ist mittlerweile bekannt, dass der Sauerstoff auf Grund seiner starken Reaktionsfreudigkeit indirekt eine erheblich toxische Wirkung auf die Zellwände im menschlichen Organismus auslöst. Das lebenswichtige Gas wird demnach für zahlreiche Krankheiten wie entzündliche Immunschädigungen, Krebs, Arteriosklerose und auch für den Alterungsprozess verantwortlich gemacht. Ernährungsexperten empfehlen aus diesem Grund die vermehrte Einnahme von »Radikalfängern« sogenannten Antioxidantien. Der bekannte Sportmediziner Dr. H.W. Müller Wohlfahrt hat die Gefahr der freien Radikale und deren Bekämpfung durch eine bewusste und sinnvolle Ernährung, bei der dem Organismus ausreichend Radikalfänger zugeführt werden, in seinem Buch »So schützen Sie Ihre Gesundheit« eindrucksvoll thematisiert. Das Entstehen freier Radikale wird nach modernen medizinischen Erkenntnissen vor allem begünstigt durch bestimmte Nahrungsmittel, Luftverunreinigungen in Großstädten, vermehrte Einnahme von Arzneimitteln, Alkoholgenuss, und immer wieder wird in diesem Zusammenhang der Nikotingenuss genannt. Aber auch die Atmung von hyberbarem Sauerstoff zählt zu den Produzenten, gefährlicher freier Radikale, die ursächlich für die Vergiftung des zentralen Nervensystems sind. Die genauen Ursachen des »Paul Bert Effekt« – er beschreibt die Symptome der Sauerstoffvergiftung des zentralen Nervensystems – sind noch nicht vollständig geklärt, aber man kennt die Verursacher schon recht genau. Druckkammeruntersuchungen haben gezeigt, dass bei einer Vielzahl von Stoffwechselvorgängen stark reaktive Sauerstoffverbindungen entstehen, die giftig wirken. So sind die bekanntesten Sauerstoffradikale der Singulett-Sauerstoff, das Hyperoxidradikal, Hydroperoxidradikal, Wasserstoffperoxid und das wohl giftigste und reaktionsfreudigste Hydroxylradikal. Selbst bei der Atmung von Luft unter normalen Umgebungsbedingungen sind die sich bildenden Sauerstoffradikale schädlich. Daher wurde im Laufe der Evolution, als eine wichtige Überlebensstrategie, unser Körper mit einer Vielzahl von sinnvollen Abwehrmechanismen ausgestattet, so dass unter normobaren Bedingungen ein Gleichgewicht zwischen der Entstehung der gefährlichen, zellschädigenden Radikale und deren Abwehr besteht. Diese Aufgabe übernehmen die schon erwähnten Antioxidantien, zu denen unter anderem einige wichtige Vitamine und Enzyme gehören. Zu den wichtigsten Antioxidantien gehören, Vitamin C, Vitamin E, Vitamin B3, Carotinoide in Verbindung mit Vitamin A, das Coenzym Q10, die Elemente Magnesium, Zink, Selen und wichtige Aminosäuren[39]. Nach jahrzehntelanger Forschung mit Auswertung entsprechender Druckkammer- und Tauchdaten sind die in unserem Körper bereitgestellten Schutzmechanismen, soweit sie in ausreichender Menge zur Verfügung stehen, offensichtlich in der Lage, bis zu einem bestimmten Sauerstoffpartialdruck den gefährlichen Radikalen zu trotzen und ihnen Paroli zu bieten. Sie werden im Normalfall abgepuffert und anscheinend wieder vollständig abgebaut. Der Schluss scheint zulässig, da bei kurzzeitigen hyberbaren Sauerstoffbehandlungen bisher keinerlei Spätschäden zu beobachten waren[40]. Eine bewusste Ernährung, bei der viele der oben aufgezählten Radikalfängern dem Körper zugeführt werden, verbessert offensichtlich den natürlichen Abbau der Radikale. Werden die Regeln beim Tauchen mit reinem Sauerstoff beziehungsweise sauerstoffangereicherten Atemgasen eingehalten, scheint das Gleichgewicht zwischen Radikalbildung und Radikalabwehr gewährleistet. Bei Sauerstoffpartialdrücken über 1,6 bar (160 kPa) besteht allerdings die Gefahr, dass es in Abhängigkeit von der Zeit zu lebensgefährlichen Symptomen des »Paul Bert Effektes« kommt. Muskelzittern und plötzlich einsetzende Krampfanfälle führen unter Wasser zwangsläufig zum Ertrinkungstod. Die absolute Obergrenze eines Sauerstoffpartialdrucks von 1,6 bar (160 kPa) darf aus diesem Grund niemals überschritten werden. Neben den negativen Wirkungen des Sauerstoffs, vor allem durch seine toxische Wirkung auf das zentrale Nervensystem, besitzt Sauerstoff auch viele positive Wirkungen auf eine Vielzahl biochemischer Vorgänge im Körper, deren Erforschung noch weitgehend am Anfang steht. Viele Heilanwendungen beweisen diese Tatsache sehr eindrucksvoll. Selbst bei hyperbaren Sauerstoffbelastungen, wie sie Taucher mit sauerstoffangereicherten Gemischen erfahren, sind positive Wirkungen spürbar. So fühlen sich Taucher subjektiv nach Nitroxtauchgängen weniger müde als nach gleich langen Tauchgängen mit Pressluft. Vielleicht ist dieser Umstand eine Folge geringerer Mikroblasenbildung.

3.7.4 Der sichere Umgang mit dem toxischen Sauerstoff – Die CNS O2% Tabelle

Wie bereits ausführlich erklärt, hat Sauerstoff in Abhängigkeit seines Partialdruckes und der Einwirkdauer eine giftige Wirkung auf das zentrale Nervensystem und führt bei Überschreitung der Grenzwerte zu den beschriebenen Symptomen des Paul Bert Effektes. Durch jahrzehntelange Beobachtungen haben sich folgende Obergrenzen abgezeichnet und sich in der Tabelle der National Oceanographic and Atmospheric

Administration (NOAA) niedergeschlagen. Diese Tabelle wurde für Arbeitstaucher entwickelt und berücksichtig höhere körperliche Aktivitäten, wie sie beim Sporttauchen eher selten sind. Einigkeit besteht bei allen Tauchverbänden darin, dass beim Sporttauchen ein Sauerstoffteildruck von 1,6 bar (160 kPa) auf keinen Fall überschritten werden darf. Da aber für die toxische Wirkung auf das zentrale Nervensystem die Zeit eine erhebliche Rolle spielt, gilt für einen Tauchgang bei einem Partialdruck von 1,6 bar (160 kPa) sechsunddreißig Minuten als absolute Obergrenze. Bei mehreren Tauchgängen an einem Tag darf bei diesem Teildruck eine Zeit von zweieinhalb Stunden nicht überschritten werden.

Diese wichtigen Sauerstoffbelastungsgrenzen wurden nach NOAA in einer Tabelle dargestellt[41] und werden im Folgenden modifiziert wiedergegeben.

pO_2 in bar (hPa)	maximale Dauer bei einem Tauchgang in min	maximale Einwirkdauer an einem Tag in min
1,6 (1600)	36	120
1,5 (1500)	96	144
1,4 (1400)	123	144
1,3 (1300)	143	168
1,2 (1200)	170	192
1,1 (1100)	190	216
1,0 (1000)	242	242
0,9 (900)	285	288
0,8 (800)	364	364
0,7 (700)	444	456
0,6 (600)	571	576

■ Sauerstoffbelastungsgrenzen

■ Grafische Darstellung der Tabellenwerte

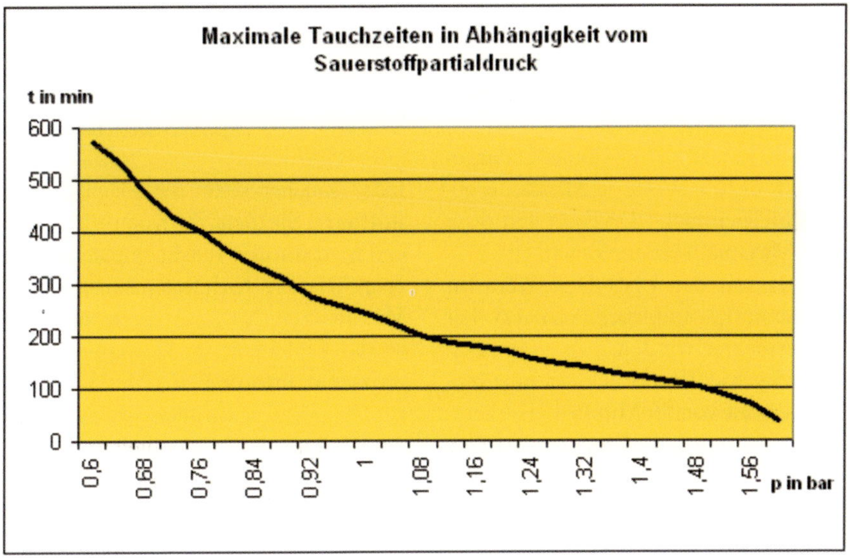

In der grafischen Darstellung der Tabellenwerte wird noch einmal versucht, diese Abhängigkeit der maximalen Tauchzeit vom Sauerstoffteildruck sichtbar zu machen. So ist deutlich zu erkennen, dass bei hohen Sauerstoffteildrücken die Zeit sehr kurz, bei niedrigen Sauerstoffpartialdrücken eine erheblich längere Zeit tolerierbar ist. Um aus diesen Werten praktikablen Nutzen für das Tauchen mit sauerstoffangereicherten Gemischen zu gewinnen, hat sich die Angabe der Toxizität des Sauerstoffs in CNS O_2% bewährt und wird heute von allen Nitroxtauchern mit Erfolg praktiziert.

Der CNS O2% - Wert gibt an, um wieviel Prozent je Minute Tauchzeit die Toxizität des zentralen Nervensystems (ZNS - Toxizität) zunimmt.

Das Prinzip der CNS O_2% - Werte ist einfach zu verstehen und ergibt sich aus den dargestellten Maximalwerten für einen Tauchgang. Die Maximaldauer für einen Tauchgang entspricht dabei stets einer ZNS-Toxizität von 80% (ZNS steht für zentrales Nervensystem). Die in der Tabelle dargestellten CNS O_2% - Werte je Minute, ergeben sich durch einfache Division von 80% durch den Maximalwert der Tauchzeit.

Als Beispiel soll der CNS O_2%-Wert für einen Sauerstoffpartialdruck von 1,6 bar (160 kPa) errechnet werden.

Für diesen Sauerstoffteildruck gilt eine maximale Tauchzeit von 36 Minuten als tolerabel. Werden 80% durch 36 Minuten geteilt, so ergibt sich daraus der CNS O_2%-Wert je Minute.

Genauer:

$$\text{CNS } O_2 = \frac{T \cdot 80\%}{T_{max}}$$

$$\text{CNS } O_2 = \frac{1\,\text{min} \cdot 80\%}{36\,\text{min}}$$

$$\text{CNS } O_2 = 2{,}22\%$$

T ist dabei stets die Tauchzeit und T_{max} die bekannte maximale Tauchzeit für den entsprechenden Sauerstoffteildruck.

Bei einer fünfzehnzehnminütigen Dekompression mit reinem Sauerstoff in einer Tiefe von 6 Metern ergibt sich eine ZNS - Toxizität von 33%. Für eine Dekompressionszeit von 35 Minuten, wie sie die Tabelle für Berufstaucher vorschreibt, sogar 77,7% ohne die Sauerstoffbelastung des Tauchgangs.

Reiner Sauerstoff bei der Dekompression erhöht den CNS O2% - Wert erheblich.
Um das Risiko zu minimieren, Symptome des Paul Bert Effektes zu erleiden, wird vom Autor empfohlen, eine maximale ZNS - Toxizität von 80% nicht zu überschreiten.

Jeder Taucher kennt die sogenannte »Stickstoffuhr«. Sie dient zur Kontrolle der Nullzeit und wird von den Tauchcomputern stets angezeigt. Die Zeit läuft tiefenabhängig von einer Maximalzeit (Nullzeit) gegen Null. Erst dann ist das Einhalten von Dekompressionszeiten zwingend erforderlich. Ähnlich vorstellbar ist eine »Sauerstoffuhr«, die bei Sauerstoffteildrücken oberhalb von 0,5 bar (50 kPa) von der Maximalzeit nach Null läuft und so die Toxizität des Sauerstoffs auf das zentrale Nervensystem überwacht.

Stickstoffpartialdruck und Sauerstoffpartialdruck begrenzen die Grundzeit!

Da sich für jede Wassertiefe ein anderer Sauerstoffteildruck errechnet ist es schwierig, die genaue Toxizität mit Hilfe von Tabellen zu ermitteln. Für jede einzelne Tiefenstufe müsste der Sauerstoffteildruck errechnet werden. Der CNS O_2% - Wert multipliziert mit der Verweildauer auf der entsprechenden Tiefenstufe ergäbe den gesuchten Wert. Die Summe der so ermittelten Einzelwerte bilden den CNS O_2% - Wert für einen kompletten Tauchgang. Nur wenn die Nitroxtauchgänge im Voraus genau und exakt geplant und während des Tauchgangs mit einer »Runtimetable« kontrolliert und überwacht wurden, ist dieses Verfahren möglich. Gleiches gilt auch für die Stickstoffsättigung beim Tauchen. Da sich der Sporttaucher beim Beobachten und Erleben der traumhaft schönen Unterwasserwelt nur in seltenen Fällen an einen genauen Tauchplan hält, kann er mit Tauchtabellen nur eine grobe, aber dennoch sichere Abschätzung vornehmen. Genaue Dekompressionswerte liefern ihm nur Tauchcomputer. Auch für den Nitroxtaucher haben die Hersteller Computer produziert, die ihm stets die verändernden Dekompressionsdaten und CNS O_2 % - Werte oder synonym die ZNS - Toxizitätswerte für das gewählte Atemgasgemisch anzeigen und gegebenenfalls warnen.

Steht kein Nitroxtauchcomputer zur Verfügung, muss der sichere Umgang mit der Sauerstofftoxizitätstabelle gelernt und geübt werden. Wie die Dekompressionstabelle ist sie ein wichtiges Hilfsmittel zur sicheren Durchführung von Nitroxtauchgängen.

Selbst wenn geeignete Nitroxrechner zur Verfügung stehen, hilft der Umgang mit Tabellen das Verständnis zu verbessern. Darüber hinaus erhält der Taucher beim Umgang mit der Tabelle meist konservative Ergebnisse, die seine Sicherheit verbessern. In der nun folgenden Tabelle ist zur Veranschaulichung und um die Übersichtlichkeit zu gewährleisten, nur ein begrenzter Auszug aus der Sauerstoff Toxizitätstabelle dargestellt. Die vollständige Tabelle ist im Anhang zu finden.

pO_2 in bar	CNS O_2% in %/min	max. Tauchzeit in min bis CNS O_2% = 80%
0,5	0,00	•
0,6	0,14	571
0,7	0,18	444
0,8	0,22	364
0,9	0,28	285
1,0	0,33	242
1,2	0,47	170
1,4	0,65	123
1,5	0,83	96

In Spalte eins ist der Sauerstoffteildruck dargestellt, der sich aus dem Nitroxgemisch und der Tauchtiefe ergibt. So errechnet sich zum Beispiel für eine Tauchtiefe von 32,4 Metern mit EAN 33 – es ist ein Nitroxgemisch mit 33% Sauerstoff und 67% Stickstoff – ein Sauerstoffteildruck von 1,4 bar (140 kPa). Aus Spalte zwei wird die ZNS - Toxizität je Minute Tauchzeit abgelesen (0,65%) und mit der Grundzeit in dieser Tiefe, z. B. 20 Minuten, multipliziert. Das Ergebnis ist die ZNS - Toxizität für die Grundzeit in dieser Tiefe. Die Grundzeit ergibt sich für einen Tauchgang aus Abstiegszeit, Verweildauer auf der Tauchtiefe und der Aufstiegszeit. Zu dem daraus resultierenden CNS O_2% Wert sind die CNS O_2% Werte für den Sicherheitsstop oder der notwendigen Dekompressionspausen gegebenenfalls dazuzurechnen. Es ergibt sich für das gewählte Beispiel ein ZNS - Wert von 13%. Sporttaucher werden bei Nitroxtauchgängen kaum in die Verlegenheit kommen, nur annähernd die in Spalte drei angegebenen Zeitgrenzen zu erreichen. Wurden dennoch hohe Toxizitätswerte erreicht, empfiehlt TDI zum Beispiel folgende Verhaltensregeln:

Wird ein ZNS - Wert von mehr als 50% erreicht, ist eine Oberflächenpause von mindestens einer Stunde geboten. Sollten bei einem oder mehreren Tauchgängen innerhalb von 24 Stunden 80% ZNS - Toxizität erreicht worden sein, so ist eine Oberflächenpause von mindestens zwei Stunden erforderlich, wobei für eine erhöhte Flüssigkeitsaufnahme zu sorgen ist[42].

3.7.5 Wiederholungstauchgänge und ZNS-Toxizität

Während einer Oberflächenpause reduziert sich der CNS O_2% Wert. So ist nach einer Zeit von neunzig Minuten noch mit 50% des ursprünglichen CNS O_2% Wertes zu rechnen. Sind nach einer Sauerstoffbelastung neun Stunden verstrichen, gilt die ZNS-Toxizität als abgebaut. Auch wenn es den Anschein hat, dass hier ein Entsättigungsvorgang vorliegt, sättigen oder entsättigen sich Gewebe nicht mit Sauerstoff, wie im Fall von Stickstoff oder anderen Inertgasen. Es ist die bereits beschriebene körpereigene Abwehr, die nach einer erhöhten Sauerstoffbelastung wieder für ein rasches Abpuffern und somit für den Abbau der zellschädigenden Radikale sorgt.

Bei der Betrachtung der Zahlenwerte sind die eingangs angegebenen Eckwerte erkennbar. Nach einer Zeit von 1h:30min, es sind 90 Minuten, beträgt der Multiplikator 0,5. Das bedeutet, dass sich der ursprüngliche CNS O_2%-Wert halbiert hat. Nach weiteren 90 Minuten ist der ursprüngliche Wert mit einem Faktor von 0,25 zu multiplizieren. Das Ergebnis nach einer Oberflächenpause von drei Stunden ist ein Viertel des Ausgangswertes. Nach neun Stunden beträgt der CNS O_2%-Wert 0. Das heißt, es ist der Zustand bei normobarer Luftatmung erreicht. Wie schon jetzt zu erkennen ist, ist der Umgang mit dieser Tabelle denkbar einfach und erfordert wenig Übung. Für das oben angeführte Beispiel mit einer Tauchtiefe von 32,4 Metern mit EAN33 als Atemgemisch ergab der zwanzigminütige Tauchgang eine ZNS-

■ Tabelle zur Bestimmung des CNS O_2 - Wertes bei Wiederholungstauchgängen

Intervallzeit (h:min)	0:30	1:00	1:30	2:00	2:30	3:00	4:00	5:00	6:00	9:00
Multiplikator für CNS O_2%	0,79	0,63	0,50	0,40	0,31	0,25	0,16	0,1	0,06	0

Intervallzeit (h:min)	0:30	1:00	1:30	2:00	2:30	3:00	4:00	5:00	6:00	9:00
Multiplikator für CNS O_2%	0,79	0,63	0,50	0,40	0,31	0,25	0,16	0,1	0,06	0

■ Für eine Oberflächenpause von 150 Minuten ergibt sich ein Multiplikator von 0,31

Toxizität von 13%. Nach einer Oberflächenpause von zweieinhalb Stunden ist ein zweiter Tauchgang geplant. Da die ZNS-Toxizität in dieser Zeit sinkt, ist nur noch ein Bruchteil der ursprünglichen 13% für den zweiten Tauchgang zu berücksichtigen. Zur Bestimmung dient der Multiplikator. Die Oberflächendauer ist in Zeile eins der Tabelle abzulesen. Direkt unter dem Wert von 2h:30min ist der gesuchte Multiplikator. Es ist der Faktor 0,31. Um nun den CNS O_2% - Wert für den zweiten Tauchgang zu erhalten wird der ursprüngliche CNS O_2% - Wert von 13% mit diesem Faktor multipliziert.

13% • 0,31 = 4,03%

Das Ergebniss ist die Resttoxizität, die zum CNS O_2% - Wert des zweiten Tauchgangs zu addieren ist. Für den zweiten Tauchgang sind demnach noch 4,03% ZNS - Resttoxität vom ersten Tauchgang zu berücksichtigen.

CNS O2% - Werte addieren sich und ergeben die Gesamtbelastung.

Für Interessierte:

Die oben angegebenen Tabellenwerte sind Rechenwerte, die sich aus einer Exponentialfunktion ergeben.

Für das Rechenbeispiel sei CNS(t) der CNS O_2% - Wert nach einer beliebigen Oberflächenpause t und CNS_0 der CNS O_2% - Wert direkt nach Beendigung des Tauchgangs.

Da nach einer Zeit von 90 Minuten von dem ursprünglichen CNS O_2% - Wert nur noch die Hälfte vorhanden ist, gilt:

$$\frac{CNS(t)}{CNS_0} = \frac{1}{2} \qquad \Rightarrow \ln\frac{1}{2} = -a \cdot t$$

$$\frac{CNS(t)}{CNS_0} = e^{-a \cdot t} \qquad \Rightarrow a = \frac{-\ln 0{,}5}{90\,\text{min}}$$

$$a = 0{,}0077\,\frac{1}{\text{min}}$$

Mit a ist jetzt die sogenannte Abbau- oder Entgiftungskonstante bekannt, um für jede Oberflächenpause t den CNS O_2% Wert zu errechnen. $CNS(t) = CNS_0 \cdot e^{-a \cdot t}$

Dies ist nur dann sinnvoll, wenn der Ausgangswert CNS_0 bekannt ist. Besser ist es, einen Multiplikator nach einer beliebigen Oberflächenpause t zu bestimmen.

Wie geht das?

Der Multiplikator M ist der Quotient aus CNS(t) und CNS0 und gibt an, wie groß der Anteil des ursprünglichen CNS O2% - Wert nach der Oberflächenpause t noch ist.

Es gilt: $M = \frac{CNS(t)}{CNS_0}$

mit $CNS(t) = CNS_0 \cdot e^{-a \cdot t} \quad \Rightarrow \quad M = e^{-a \cdot t}$

Auf diese Weise lassen sich alle beliebigen Zwischenwerte errechnen und grafisch darstellen. Das Ergebnis ist in dem abgebildeten Diagramm dargestellt.

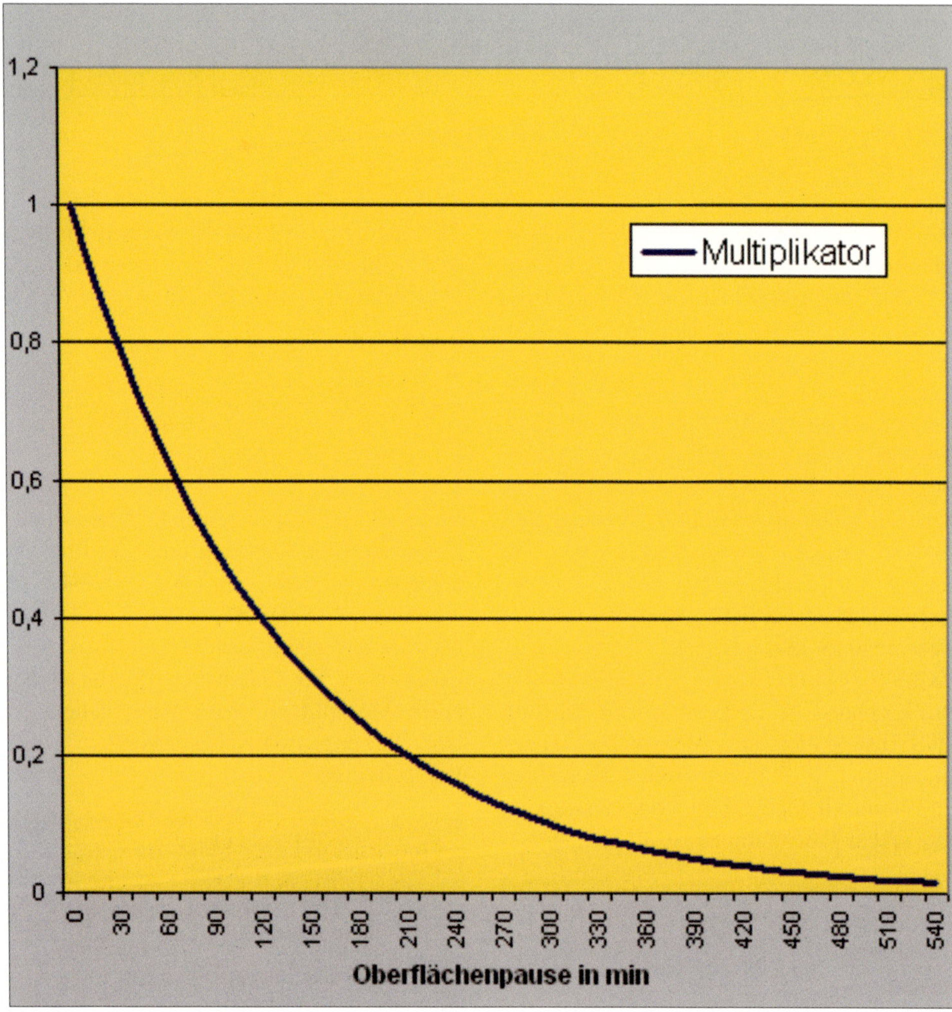

Darstellung des Multiplikators in Abhängigkeit von der Oberflächenpause.

Es zeigt den exponentiellen Abbau der ZNS-Toxizität.

Bei einer praxisgerechten Betrachtungsweise wird man zwangsläufig feststellen, dass Langzeitwirkungen des Sauerstoffs, die mit Hilfe der OTU-Werte beschrieben und kontrollierbar sind, für Sporttaucher mit offenen Systemen nahezu unbedeutend sind. Selbst bei der Annahme extremer Tauchgänge mit drei an einem Tauchtag bis an die Grenzen gehender Tauchprofile sind 300 OTU-Werte kaum erreichbar.

Nur bei einer unverantwortlichen Überschreitung der 1,6 bar (160 kPa) Sauerstoffpartialdruckgrenze sind höhere Werte denkbar.

Aber selbst bei einer solchen Annahme ist die begrenzende Größe für einen oder mehrere Tauchgänge der CNS O_2% - Wert, der für die Kurzzeitwirkung des Sauerstoffes auf das zentrale Nervensystem ausschlaggebend ist.

Die Grenzen sind in einem gemeinsamen Diagramm noch einmal anschaulich dargestellt und zeigen den Abstand der ZNS - Toxizität von den Tagesgrenzen für OTU-Werte. Interessanterweise nähern sich die beiden Werte nach sieben Tauchtagen deutlich an, so dass ein Ruhetag Sinn macht, um nicht nur die Stickstoffuhr, sondern bei vorwiegend durchgeführten Nitroxtauchgängen auch seine Sauerstoffuhr wieder auf Null zu stellen. PADI erhöht bei der Ausbildung zum Nitroxtaucher zusätzlich die Sicherheit, in dem der Abbau der $CNSO_2$ – Toxizität nicht berücksichtigt wird. Alle Werte eines Tauchtages ergeben die Gesamttoxizität. Selbst bei dieser Vorgehensweise, die eine Vereinfachung der Ausbildung zur Folge hat, sind bei genauer Betrachtung und bei Einhaltung der Nullzeitgrenzen keine Toxizitätswerte von 80% erreichbar.

Die Langzeitbelastung mit Sauerstoff wird mit den OTU-Werten kontrolliert, die kurzzeitigen Expositionen mit den CNS O2% - Werten.

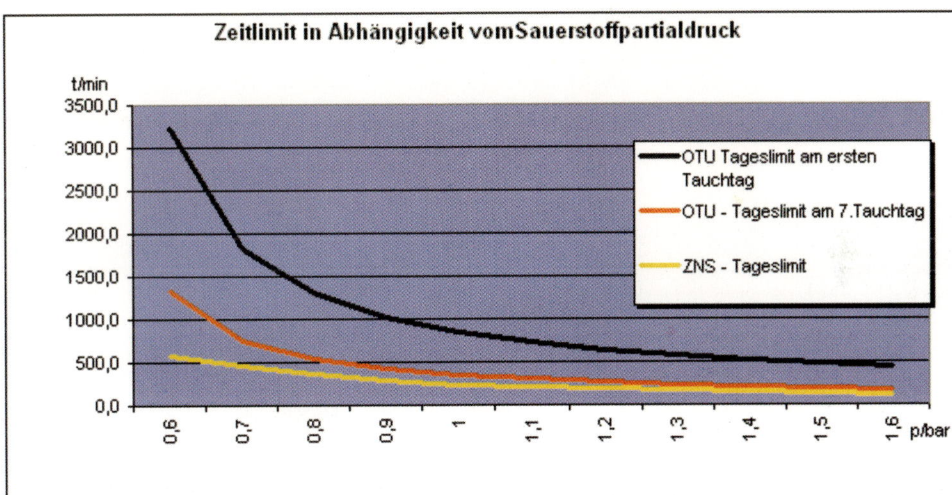

■ Zeitgrenzen für OTU und CNS O_2 - Werte im Vergleich

Kapitel 4

Nitrox und Rebreathertauchen

Tauchen mit Rebreathern – eine neue Herausforderung

Kapitel 4
Nitrox und Rebreathertauchen

Erste Tauchversuche im Schwimmbad

Beim Nitroxtauchen wird zwischen offenen, geschlossenen und halbgeschlossenen Systemen unterschieden. Beim Tauchen mit Rebreathern (Rückatmern) wird das ausgeatmete Atemgas nicht wie beim offenen System ans Wasser abgegeben, sondern durch einen Kalkbehälter geleitet. Der Kalk bindet in einer exothermen Reaktion das Kohlendioxid (CO_2), so dass der Taucher das von Kohlendioxid befreite und erwärmte Atemgas wieder einatmen kann. Beim Rebreathertauchen, ob im geschlossenen Kreislauf CCR (circuit-closed rebreather) oder in einem halbgeschlossenen Kreislauf SCR (semi closed rebreather), kommen je nach beabsichtigter Tauchtiefe Trimix- oder Nitroxgemische zur Anwendung. In den weiteren Ausführungen beschränkt sich der Autor nur auf das Tauchen mit Nitroxgemischen und den wesentlichen Besonderheiten, die sich deutlich beim Rebreathertauchen vom Nitroxtauchen mit einem offenen System unterscheiden.

4.1 Die Prinzipien

Bei einem SCR (semi closed rebreather) wird ein großer Teil des ausgeatmeten Atemgases wieder verwendet. Nur ein kleiner Teil entweicht über ein Ventil ins Wasser. Der Vorteil dieser Technik besteht in einem ruhigen und blasenarmen Tauchen. Das Atemgas in den Premixflaschen ist dabei ein Nitroxgemisch. Neben den halbgeschlossenen Kreislauftauchgeräten gibt es noch die geschlossenen Kreislauftauchgeräte CCR (circuit-closed rebreather).

Die geschlossenen Systeme verwenden entweder reinen Sauerstoff, für Tauchgänge in geringe Tiefen, werden vorzugsweise für militärische Einsätze genutzt und sind auf Grund ihrer geringen Einsatztiefe von maximal sechs Metern für den Sporttaucher nicht von großem Interesse. Das Bild zeigt den Sauerstoffrebreather Lt. Lund der Firma Dräger aus dem Jahr 1954. Es gibt aber auch geschlossene Systeme, die mit komplexen computergesteuerten Gasmischsystemen und Sensoren ausgestattet sind, um das Atemgas aus den Komponenten Inertgas und Sauerstoff, stets in Abhängigkeit von der Tauchtiefe, zu mischen. Diese Geräte erfordern besondere Kenntnisse, die in Spezialkur-

Lt. Lund von Dräger

sen zu erwerben sind. In Italien wurde in jüngster Zeit ein Rebreather entwickelt, der halbgeschlossen oder als geschlossenes System zu tauchen ist. In der geschlossenen Ausführung erfolgt die Gasmischung mechanisch. Hierbei wird dem Kreislauf über ein Nadelventil stets der vom Taucher individuell verbrauchte Sauerstoff zugeführt und gegebenenfalls manuell mit Nitroxgas, Luft oder einem anderen Atemgas gemischt. Komplexe elektronische Regelungssysteme entfallen. Ein Spezialkurs ist für diesen vielseitigen Rebreather unerlässlich.

■ Übersicht Rebreathersysteme

Wie die Übersicht zeigt, unterscheidet sich die Rebreathertechnik in zwei Linien, in den geschlossenen - closed circuit rebreather CCR und den halb geschlossen - semi closed rebreather SCR. Beide Techniken bieten den entscheidenden Vorteil der ökonomischen Nutzung des Atemgases und den schönen Nebeneffekt eines geräuscharmen Tauchens. Das Grundprinzip ist stets gleich. Das ausgeatmete Gas wird über eine Kalkpatrone geführt. Dort wird das Kohlendioxid gebunden und nach der Reinigung das Inertgas mit dem noch unverbrauchten Restsauerstoff der Ausatemluft wieder dem Atemkreislauf zugeführt. Aus dieser Technik, die sorgfältig erlernt werden muss, ergeben sich zusätzliche Anforderungen an Wartung, Gewissenhaftigkeit und umfassende theoretische Kenntnisse des Nutzers. Die wichtigsten Wartungen, die immer durchgeführt werden müssen, sind: Das Wechseln des Atemkalks vor dem Erreichen seiner Standzeit oder nach jedem Tauchgang, Überprüfen der O-Ringe und die Leckageprüfung vor – und während des Tauchgangs. Regelmäßige Desinfektion erhöht darüber hinaus die Sicherheit gegen Keim- und Pilzbildung. Werden diese wichtigen Punkte missachtet, so kann es z.B. bei Verwendung bereits gebrauchten Atemkalkes zu Sauerstoffmangel (Hypoxie) und damit zur Gefahr der Bewusstlosigkeit beim Tauchen kommen. Wird der Leckagetest nicht ernst genommen, kann Wasser ins System eindringen. In Verbindung mit dem Atemkalk kann sich eine gefährliche Lauge bilden. In diesem Fall besteht nicht nur die Gefahr, sich die Atemwege zu verätzen, vielmehr hat nasser Atemkalk nur noch eine eingeschränkte Funktion Kohlendioxid zu binden, so dass zusätzlich die Gefahr einer Kohlendioxidvergiftung bestehen würde. Auch das Tarieren muss mit einem Rebreather neu eingeübt werden, da eine Feintarierung durch Ein- bzw. Ausatmen nur sehr eingeschränkt funktioniert. Die Tarierung ist nur mit dem Jacket möglich. Das Rebreather – Tauchen wird stets etwas besonderes sein, so dass ein gewisser Respekt erhalten bleibt und die Sicherheitsregeln eher eingehalten werden. Gefährliche Nachlässigkeiten können sich beim Tauchen mit dem offenen System eher einschleichen – hier verspürt der Taucher keinen Unterschied gegenüber dem Tauchen mit normaler Pressluft.

4.1.1 Funktionsprinzip eines halbgeschlossenen Rebreathers SCR

In dem Schaubild ist das Funktionsprinzip eines halbgeschlossenen Rebreathers dargestellt, wie es das Dolphin oder Ray von Dräger und prinzipiell auch der Azimuth der Firma San-O-Sub verkörpern. Wie in der Abbildung gezeigt, wird die Ausatemluft bei einem SCR über das Mundstück und dem Ausatembeutel durch einen Kalkbehälter geleitet. Hier bindet eine exotherme chemische Reaktion das Kohlendioxid. Dabei wird Wärme frei. Das feuchte und angewärmte Atemgas gelangt anschließend in den Einatembeutel. Hier wird es mit Frischgas über die Konstantdosierung angereichert und über den Einatembeutel eingeatmet. Die folgenden Beschreibungen beschränken sich nur auf bereits CE- geprüfte Rebreather.

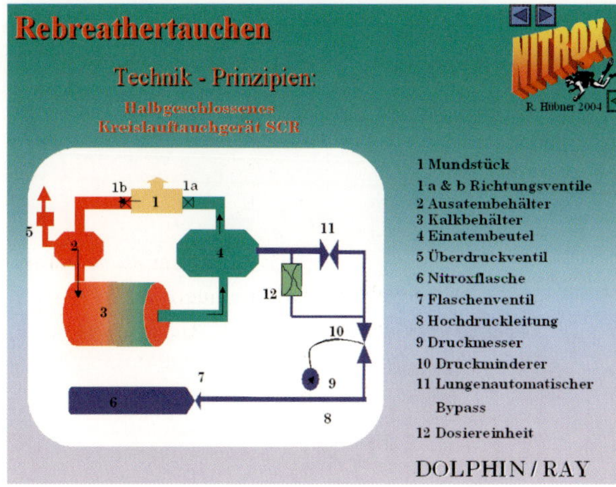

Funktionsprinzip eines Dolphin oder Ray

4.1.2 Der Aufbau eines SCR am Beispiel Azimuth

Der Rebreather der italienischen Firma San-O-Sub wurde vom Autor in zahlreichen Tauchgängen intensiv getestet. Bei Tauchgängen in Binnengewässern, im Mittelmeer und bei Testkursen offenbarte der neue Rebreather seine Besonderheiten und seine Leistungsfähigkeit.

SCR Azimuth von San-O-Sub

Das folgende Schaubild zeigt den kompletten Aufbau des Azimuth.

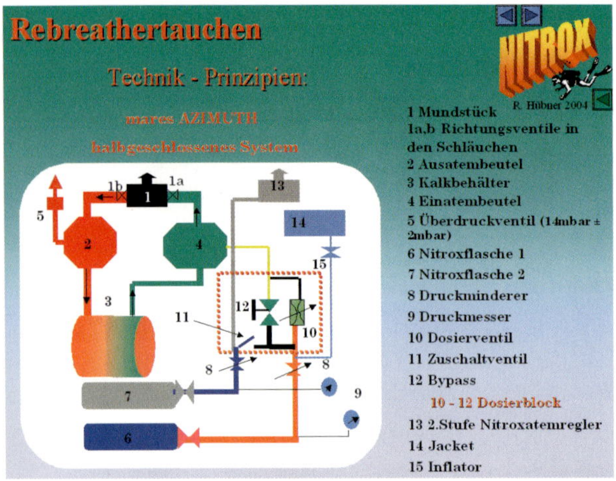

■ Funktionsprinzip des Azimuth

■ Ausatemschlauch mit Richtungsventil

Deutlich ist zu erkennen, dass die Komplexität gegenüber dem Dolphin von Dräger größer ist. Eine gründliche und gewissenhafte Ausbildung ist für den sicheren Umgang mit diesem SCR unerlässlich.
Die Abbildung zeigt den Atemkreislauf des semi closed Rebreathers Azimuth, der nun genauer beschrieben wird.

4.1.2.1 Das Mundstück mit Schieber (1):
Der Taucher atmet durch das Mundstück (1). Die Richtungsventile, die sich beim Azimuth in den Faltenschläuchen, unmittelbar an der Ein- und Ausatemseite des Mundstücks befinden, leiten das Atemgas immer in eine bestimmte Richtung, von rechts kommend, nach links durch den Kreislauf. In der Einatemphase strömt das Gas aus dem Einatembeutel (4) durch den Einatemschlauch ins Mundstück. In der Ausatemphase durch den Ausatemschlauch in den Ausatembeutel (2). Das Mundstück ist mit einem Drehwalzenschieber ausgestattet (Bild rechte Seite). Er dient zum sicheren Verschließen des Mundstücks, so dass kein Wasser in den Kreislauf eindringen kann, wenn es unter Wasser aus dem Mund genommen wird. Durch das Verschließen wird sicher gestellt, dass der Atemkalk, auch beim Herausnehmen des Mundstücks, nicht mit Wasser reagieren kann. Dieser Schieber ist vor allem beim Azimuth sehr leichtgängig und lässt sich mühelos mit einer Hand öffnen und verschließen. Selbst mit dicken Neoprenhandschuhen stellt das Handling kein Problem dar.

Mundstück mit Drehwalzenschieber

4.1.2.2 Der Ausatembeutel (2):
Über das Mundstück und den Ausatemschlauch gelangt das Gas in den Ausatembeutel (Bild rechts). Der Beutel dient vor allem als Wasserfalle und Atempuffer. Sein großzügiges Volumen ist in der Lage, einiges an Wasser aufzunehmen, so dass es nicht mit dem Atemkalk in Berührung kommt. Beim Reinigen und Spülen erweist sich eine zusätzlich verschraubte Öffnung als sinnvoll und hilfreich. Durch die große Öffnung trocknen die Beutel relativ schnell aus. Die Gefahr von Schimmelbildung und die Ausbreitung von Bakterien wird minimiert. Über

Ausatembeutel

das Überdruckventil (5) entweicht überschüssiges Gas aus dem System. Das Ventil ist deshalb an der Ausatemseite, damit verbrauchtes (kein frisches!) Atemgas abgegeben wird. Mit einem Druckmesser wird der Ansprechdruck genau auf 14mbar ± 2mbar eingestellt. Nach der exakten Einstellung wird das Ventil verschraubt. Das Verschrauben verhindert ein unbeabsichtigtes Verstellen des Ansprechdruckes. Eine Überprüfung sollte in regelmäßigen Abständen und immer nach längeren Tauchpausen erfolgen. In der neuen Ausführung des Azimuth hat der Hersteller noch ein zusätzliches Sicherheitsventil in den Ausatembeutel eingebaut. Selbst bei einem Verkleben des Überdruckventils, wird sichergestellt, dass die Beutel nicht reißen.

Radial aufgebauter Kalkbehälter aus Edelstahl

4.1.2.3 Der Atemkalkbehälter (3):

Vom Ausatembeutel gelangt das mit Kohlendioxid angereicherte Ausatemgas radial in den Atemkalkbehälter. Von der Mitte aus streicht es durch ein feines Sieb über den Kalk nach außen. Der Kalk bindet durch eine chemische Reaktion, das in der Ausatemluft enthaltene Kohlendioxid und setzt dabei Reaktionswärme frei. An der Außenwand verlässt das von Kohlendioxid befreite Atemgas die Kalkfüllung durch ein zweites Sieb. Von hier gelangt es warm und befeuchtet in den Einatembeutel. Die Konstruktion des radial aufgebauten Behälters soll gefährliche Tunnelbildung verhindern und selbst bei einem größeren Wassereinbruch den Kontakt mit dem Atemkalk minimieren (siehe Abbildung Seite 95 oben). Eine Tunnelbildung tritt vor allem dort auf, wo Atemkalk an glatte Wände angrenzt und nicht genügend verdichtet wurde. Das Atemgas streicht in diesem Fall an der Wand entlang, ohne vom CO_2 befreit zu werden. Es sucht sich den Weg des geringsten Widerstandes. Hyperkapnie verbunden mit Atemnot, heftigen Kopfschmerzen, Übelkeit und eine eingeschränkte Wahrnehmung können die Folge sein. In schlimmen Fällen droht sogar Bewusstlosigkeit. Die Zusammensetzung und Struktur des Atemkalkes kann sich herstellerspezifisch unterscheiden. Allen gemeinsam ist der Hauptbestandteil Calziumhydroxyd $Ca(OH)_2$. Die wichtige Bindung des Kohlendioxids erfolgt in drei Phasen. Zuerst wird das Kohlendioxid im Wasser des Atemkalkes gebunden. Es entsteht Kohlensäure.

1. Phase: $CO_2 + H_2O \Rightarrow H_2CO_3$

In der zweiten Phase erfolgt die Neutralisation. Aus Säure und Lauge bilden sich Salz und Wasser, wobei das so entstandene Wasser wieder für die Bindung des Kohlendioxids genutzt wird.

2. Phase: $H_2CO_3 + 2NaOH \Rightarrow Na_2CO_3 + 2H_2O$
Kohlensäure und Natriumhydroxid ergeben ein Natriumcarbonatsalz. Bei dieser Reaktion entsteht Wasser.
Die dritte Phase ist gekennzeichnet durch eine Salzumbildung. Der Hauptbestandteil Calziumhydroxid reagiert mit dem Natriumhydroxid unter Bildung von Calziumcarbonat und Natriumhydroxid, das wiederum zur Neutralisation genutzt wird.
3. Phase: $Ca(OH)_2 + Na_2CO_3 \Rightarrow CaCO_3 + 2NaOH$
Das Bild rechts unten zeigt die Gesamtreaktion. Die Wirksamkeit dieser Reaktionen ist von verschiedenen Faktoren abhängig und ist bestimmend für die Standzeit des Kalkes. Im einzelnen sind dies vor allem die chemische Beschaffenheit, struktureller Aufbau des Granulates, Feuchtigkeitsgehalt und Temperatur. So haben Versuche gezeigt, dass sich die Standzeit bei Wassertemperaturen von einundzwanzig Grad Celsius gegenüber vier Grad Celsius halbieren kann. Auf Grund des Wassergehaltes sollte bei der Lagerung darauf geachtet werden, dass der Atemkalk keinem Frost ausgesetzt ist. Die Standzeit kann sich sonst

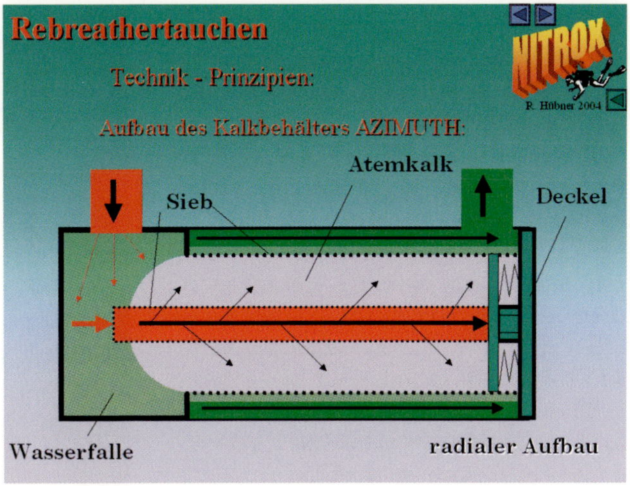

Radialer Aufbau des Kalkbehälters

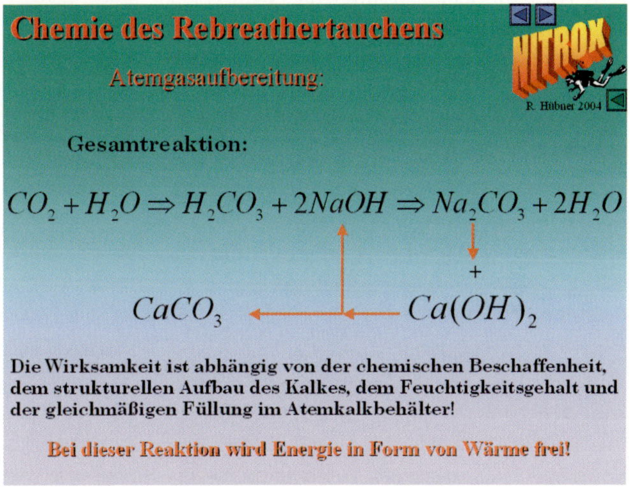

Gesamtreaktion der CO_2 Bindung

erheblich verringern. Auf keinen Fall darf nach einem Tauchgang der Kalk aus dem Behälter genommen werden, um ihn zu trocknen oder aufzubewahren mit der Absicht ihn anschließend wieder zu verwenden. Wichtig für eine optimale Kohlendioxidabsorbtion ist immer ein gewissenhaftes Befüllen des Kalkbehälters. Gute Verdichtung des Kalkes gewährleistet eine optimale Absorption, bei der Wärme freigesetzt wird. Wärme, die vor allem im Kaltwasser sehr angenehm ist und ein frühzeitiges Unterkühlen des Tauchers verhindert.

4.1.2.4 Der Einatembeutel (4):
Das gereinigte feuchtwarme Atemgas ist jetzt im Einatembeutel. Sauerstoff wurde bei der Atmung in Kohlendioxid umgewandelt und »verbraucht«. Der »Verlust« wird über die Konstantdosierung mit Zufuhr von Frischgas aus der Premixflasche ergänzt. Ein Anschlussstutzen für den Inflatorschlauch unterscheidet den Einatembeutel eindeutig vom Ausatembeutel. Beim schnellen Abtauchen kann über diese Verbindung der Beutel zusätzlich mit Hilfe des manuellen Bypasses befüllt werden. Auch der Einatembeutel hat eine große verschraubbare Öffnung, die das Reinigen und Trocknen erleichtert.

■ Einatembeutel

4.1.2.5 Die Dosierung:
Frischgas wird dem Kreislauf durch die Konstantdosierung **(10)** über den (Einatembeutel (4)) zugeführt. Sie hat die Aufgabe, stets eine konstante Gasmenge pro Zeiteinheit zu liefern, so dass der Taucher selbst bei großer körperlicher Anstrengung ausreichend Sauerstoff erhält. Der Flow errechnet sich aus dem maximal möglichen Sauerstoffbedarf des Tauchers und der Zusammensetzung des Atemgasgemisches. Dies wird später noch ausführlich gezeigt. Der Gasverbrauch und die Tauchzeit eines »SCR-Tauchers« sind, wie später ebenfalls gezeigt wird, unabhängig von seiner Tauchtiefe. Sie ergeben sich nur aus dem eingestellten Konstantflow, der je nach Nitroxgemisch vor jedem Tauchgang stufenlos am Dosierblock einzustellen ist. Die Tauchzeit wird beim **Azimuth** zusätzlich begrenzt durch das Gas für die Tarierung mit

Einstellen der Konstantdosierung vor jedem Tauchgang

dem integrierten Jacket. Das Tariersystem hängt an der ersten Stufe der Kreislaufflasche und ist nicht Bestandteil des Bailouts, wie zum Beispiel beim Dolphin. Häufiges Ausblasen der Maske und Spülen des Kreislaufes schränken zusätzlich die Tauchzeit ein, da in all diesen Fällen Atemgas aus dem Kreislauf ans Wasser abgegeben wird.

4.1.2.6 Der Dosierblock (10-12):

Er wird über die erste Stufe mit dem Mitteldruck versorgt. Und ist mit der stufenlos einstellbaren Konstantdosierung die wesentliche Besonderheit des Azimuth. Vor jedem Tauchgang ist die Dosierung mit dem Flowmeter auf das Gasgemisch der Flaschenfüllung einzustellen. Eine weitere Besonderheit des Azimuth ist das Bailout-System. Auch die Bailoutflasche ist beim Azimuth mit Nitrox gefüllt. Durch Umlegen des Hebels (11) an der Dosiereinheit hat der Taucher die Möglichkeit, das Notsystem dem Atemkreislauf zuzuschalten. Der Nitroxatemregler des Bailoutsystems bietet den Vorteil, dass nach einem Wechsel aufs offene System beim Austauchen alle Vorteile des Nitroxtauchens zu nutzen sind. Darüber hinaus bietet die Zuschaltmöglichkeit der Zweiten Flasche, in Verbindung mit dem manuellen Bypass, dem erfahrenen Nutzer die Möglichkeit eines einfach durchzuführenden Gaswechsels, auf den im Rahmen dieser Darstellung nicht näher eingegangen

Dosierblock

wird. Ein Gaswechsel ohne Sauerstoffmessgerät und speziellen Kurs birgt nicht zu unterschätzende Gefahren.

Die Bailout-Flasche ist ein Notsystem kein zusätzlicher Atemgasvorrat!

4.1.2.7 Die Atemschläuche:

Aus dem Einatembeutel strömt das Gas durch den Einatemschlauch zum Mundstück (Bild Seite 99). Vom Mundstück aus wird über den Ausatemschlauch, die mit Kohlendioxid angereicherte Luft an den Ausatembeutel abgegeben. In den beiden Atemschläuchen befinden sich die fest eingebauten Richtungsventile, die den Gasstrom in die richtige Richtung leiten. Diese Ventile sind unmittelbar am Mundstück angebracht. Ein Ausbau dieser Ventile zum besseren Trocknen der Atemschläuche ist beim Azimuth nicht möglich. Dies könnte unter Umständen zu hygienischen Problemen führen.

Wichtig beim Umgang mit Rebreathern ist die genaue Kenntnis des jeweiligen Gerätes. Jeder Rebreather hat seine spezifischen Besonderheiten, die in einem Spezialkurs zu erwerben sind. Erworbene Kenntnisse auf einem Dolphin oder Ray sind nicht direkt auf den Azimuth oder den Voyager übertragbar und umgekehrt. Der Benutzer muss sehr genau wissen, wie sein SCR montiert wird

Mundstück mit Atemschläuchen

und wie man ihn sicher benutzt. Erst dann wird er die Vorteile des Rebreathertauchens genießen und schätzen.

4.1.2.8 Vorteile eines Kreislauftauchgerätes SCR

- **Stille – da viel weniger Luftblasen entstehen**
- **längere Tauchzeit durch effiziente Gasnutzung**
- **kompaktes Tauchsystem**
- **physiologische Vorteile des Nitroxtauchens**
- **kein trockener Mund mehr, da die Luft angefeuchtet wird**
- **warme Einatemluft, daher geringerer Wärmeverlust (großer und nicht zu unterschätzender Vorteil gerade bei Kaltwassertauchgängen)**
- **Das Lungenvolumen hat durch die Atembeutel keinen Einfluss mehr auf die Tarierung (viele erfahrene Taucher haben anfangs Schwierigkeiten und müssen sich an das andere Tarieren gewöhnen) Auch erfahrene Taucher müssen intensiv im Schwimmbad üben!**
- **Die Tauchzeit ist unabhängig von der Tauchtiefe – sie ist nur abhängig von der Konstantdosierung.**

■ Bild oben: Tarierübung im flachen Schwimmbad

■ Bild linke Seite: Notfallübung: Schläuche mit Mundstück angeln

Ein gewissenhafter Zusammenbau und die gründlichen Kontrollen des Rebreathers vor jedem Tauchgang, liegen in eigener Verantwortung und sind ein entscheidendes Kriterium für die Sicherheit!

4.1.3 Funktionsprinzip eines geschlossenen Rebreathers CCR

Vor einigen Jahren hat AP. Valves, das englische Unternehmen aus Cornwall, mit dem »Inspiration« einen geschlossenen, elektronisch selbst mischenden Rebreather auf den Markt gebracht, dessen Gebrauch eine gründliche Ausbildung voraussetzt. Getaucht wird mit zwei Flaschen. Eine gefüllt mit reinem Sauerstoff, die zweite mit Pressluft, Heliox oder Trimix, dem sogenannten Diluent. Der Sauerstoffpartialdruck z.B. 1,3 bar (130 kPa) wird vor dem Tauchgang am Computer eingestellt. Pressluft und Sauer-

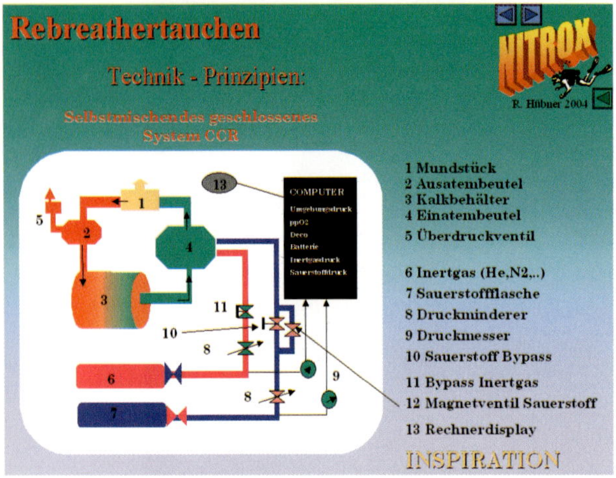

■ Funktionsprinzip des Inspiration

■ Beim Tauchen mit dem Inspiration ändert sich der Stickstoffgehalt des Atemgemisches mit der Tiefe

stoff werden beim Tauchen über zwei Computer (Master und Slave) so gemischt, dass der Sauerstoffpartialdruck in allen Tiefen konstant bleibt (siehe Tabelle).

Aus der Tabelle ist ersichtlich, dass sich nicht nur tiefenabhängig der Stickstoffanteil im Atemgas ändert, vielmehr wird bei der Dekompression in einer Tiefe von drei Metern reiner Sauerstoff geatmet, so dass der Taucher automatisch in den Genuss einer verkürzten Dekompressionszeit kommt. Mit dem Buddy Inspiration ergeben sich aus diesem Grund erheblich verlängerte Nullzeiten. Wird mit Luft die Tiefengrenze von fünfzig Metern überschritten, erhöht sich bei einem pO_2 von 1,3 bar (130 kPa) der Stickstoffanteil mit der Folge, dass sich dadurch die Dekompressionszeiten verlängern und die Gefahr der Stickstoffnarkose steigt. In der letzten Zeile der Tabelle ist diese Erhöhung erkennbar. So beträgt in einer Tiefe von fünfundfünfzig Metern der Stickstoffanteil

Tiefe	Druck	Sauerstoff-partialdruck Preßluft	Stickstoff-anteil in %	Sauerstoff-partialdruck geschlossenes System	Stickstoff-anteil in %
0	1,0	0,21	79	**0,7**	**30**
3	1,3	0,273	79	**1,3**	**0**
6	1,6	0,336	79	**1,3**	**19**
10	2,0	0,42	79	**1,3**	**35**
20	3,0	0,63	79	**1,3**	**57**
30	4,0	0,84	79	**1,3**	**68**
40	5,0	1,05	79	**1,3**	**74**
50	6,0	1,26	79	**1,3**	**79**
55	6,5	1,365	79	**1,3**	**80**

im Atemgas bereits 80%. Es ist mit dem Inspiration möglich, Tiefen aufzusuchen, ohne diese vorher fest zu planen. Bis zu Tiefen von vierzig oder maximal fünfzig Meter genießt der Taucher die gleichen Freiheiten wie mit einem Presslufttauchgerät.

Das besondere bei dieser Technik ist die Redundanz. Die beiden Computer überwachen nicht nur das System und regeln die Sauerstoff – Stickstoffmischung, sondern kontrollieren sich gegenseitig. Fällt ein Computer aus, so übernimmt in kurzer Zeit der zweite alle Funktionen. Etwas problematisch sind die Messzellen für die Sauerstoffmessung. AP. Valves hat aus diesem Grund drei Messzellen eingebaut. Die Genauigkeit liegt bei 0,05bar (5 kPa). Zeigt eine Zelle eine größere Abweichung, so wird sie bei der Berechnung vom Computer eliminiert. Die Zellen sind für einen Zeitraum von ein bis zwei Jahren ausgelegt. Da der eingestellte Sauerstoffpartialdruck über den gesamten Tauch-

■ Inspiration mit geöffneter Abdeckung und eingezeichnetem Gasstrom
Quelle: Archiv unterwasser

■ Inspiration Frontansicht. Deutlich erkennbar die beiden Computer Master und Slave zur Regelung des Sauerstoffteildrucks

gang konstant ist, ist darauf zu achten, dass bei 1,3 bar (130 kPa) pO_2, eine Tauchzeit von etwa drei Stunden nicht überschritten wird, da sonst die Gefahr einer Sauerstoffvergiftung des Zentralnervensystems besteht. Zur Erinnerung ist hier noch einmal ein Ausschnitt aus der ZNS O_2 Toxizitätstabelle dargestellt.

Sauerstoff-partial-druck	Zeitgrenzen pro Tauch-gang in min	Zeitgrenzen pro Tag in min
1,60	36	120
1,50	96	144
1,40	120	144
1,30	144	168
1,20	168	192
1,10	192	216

■ Ausschnitt aus der Tabelle für zulässige Sauerstoffexposition

Wird mit Heliox oder Trimix getaucht, sind mit diesem Rebreather Tieftauchgänge bis 100 Meter möglich. Hier ist aber Vorsicht geboten! Ein nicht zu unterschätzendes Problem bilden bei Tieftauchgängen die mitzuführenden Notsysteme. Sie müssen einen ausreichenden Gasvorrat beinhalten, so dass zu jedem Zeitpunkt ein sicheres Austauchen möglich ist. Ein technischer Defekt hätte sonst tödliche Folgen. Ohne redundante Gasgemische für Bottom Mix und Dekogase besteht bei einem Ausfall des Rebreathers Lebensgefahr.

Beim Abtauchen mit dem Inspiration lässt der Taucher über den Inflator das Inertgas (Diluent) in die Gegenlunge einströmen. Sauerstoff wird automatisch über Magnetventile zugemischt. Die Vorteile des Gerätes bestehen vor allem darin, dass es auch manuell bedienbar ist und die Gegenlunge einen Puffer hat, so dass beim Ausatmen nicht das gesamte Gas durch den Atemkalk gepresst wird. Dies verringert erheblich den Ausatemwiderstand und erhöht den Atemkomfort für den Taucher. Lange Tauchgänge sind problemlos und nicht ermüdend. Beim Auftauchen wird das sich ausdehnende Gas unter Umgehung des Systems, z.B. über die Nase ans Wasser abgeatmet. Auf diese Weise gelingt es, die Gasmischung wieder an den Umgebungsdruck anzupassen. Der wesentliche Vorteil und die Faszination eines CCR besteht aber in einem absolut ruhigen und blasenfreien Tauchen. Allerdings erfordert die Komplexität des Gerätes viel Übung und vor allem eine ausführliche und gewissenhafte Ausbildung. Zu viele tödliche Unfälle in der Vergangenheit zeigen, dass Fehler mit einem CCR möglich sind und fatale Folgen haben.

4.2 Dolphin und Ray – Rebreathertechnik von Dräger

Der Dolphin dürfte der zur Zeit weitverbreitetste Rebreather sein. Sein unkomplizierter Aufbau hat viele nationale und internationale Tauchbasen veranlasst, den Rebreather in ihr Ausbildungsprogramm zu integrieren. Hat der Taucher das System einmal verstanden, so erlangt er sehr schnell die notwendigen Fertigkeiten, sicher mit dem halbgeschlossenen System zu tauchen.

■ SCR Dolphin von Dräger

Der lungenautomatische Bypass vereinfacht zusätzlich die Handhabung. Immer dann, wenn Atemgas im System fehlt, dosiert der wie ein einfacher Atemregler aufgebaute Bypass Nitroxgas zu. Vor allem in der schnellen Abtauchphase erleichtert diese Technik dem Beginner die Handhabung. Ein Kolabieren der Gegenlunge mit daraus resultierender Blockierung der Einatmung ist ausgeschlossen. Beim Dolphin sind direkt am Mundstück die Richtungsventile angebracht und lassen sich zum Trocknen einfach herausnehmen. Dies verbessert zusätzlich das Trocknen der Faltenschläuche nach einem Gebrauch. Beim Azimuth sind die Ventile fest in die Atenschläuche integriert. Das Trocknen der Schläuche wird erschwert. Es sind oft Kleinigkeiten, die den Umgang mit dem Gerät erleichtern oder auch erschweren. Erst der praktische Umgang offenbart Gutes und Schlechtes.

4.2.1 Das Prinzip

Im Gegensatz zum Azimuth befindet sich rechts am Mundstück der Ausatemschlauch. Von hier aus gelangt die Ausatemluft in den kleinen, nur als Wasserfalle ausgelegten Ausatembeutel (Bild Seite 106). Prinzipiell benötigt ein Rebreather keinen Ausatembeutel. Bei den für den militärischen Einsatz konstruierten Geräten LAR ist der Ausatemschlauch direkt mit dem Kalkbehälter verbunden. Ein großer Ausatembeutel verbessert meist den Atemkomfort, da er als Puffer wirkt. Das Überdruckventil ist beim Dolphin fester Bestandteil des Ausatembeutels. Beim Einbau ist darauf zu achten, dass der Beutel mit dem Ventil richtig ins Gehäuse einrastet. Mit Überwurfmuttern werden Ein- und Ausatembeutel am Gehäuse fixiert. Das Überdruckventil ist wie bei einem Trockentauchanzug individuell einstellbar und dient beim SCR dazu, den Überschuss an Atemgas im Kreislauf ans Wasser abzugeben. Zusätzlich gleicht es beim Aufstieg die Volumenausdehnung aus. Vom Ausatembeutel gelangt das mit Kohlendioxid angereicherte Gas in den linear aufge-

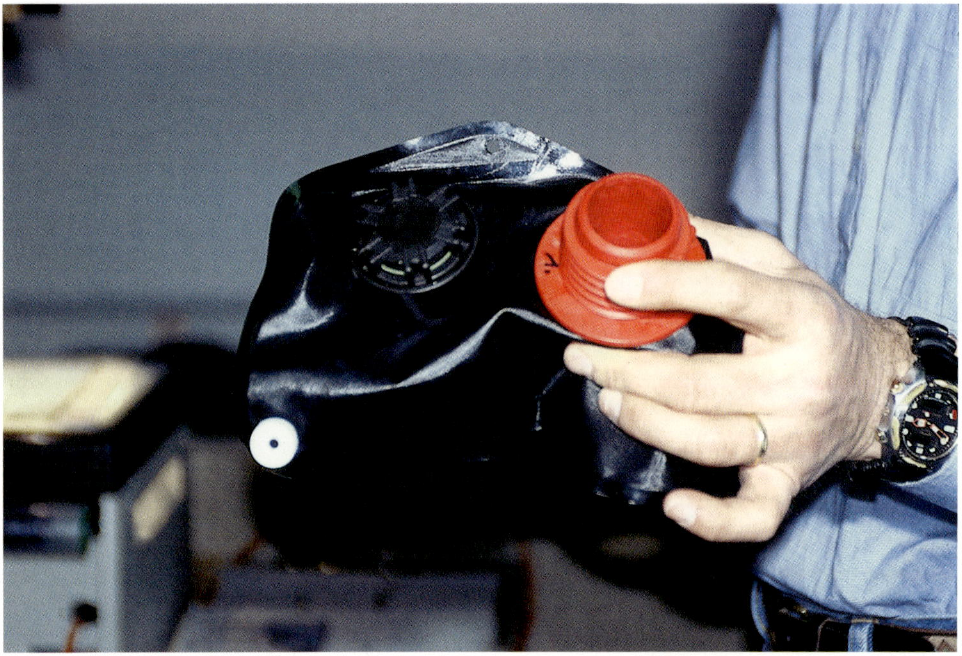

Ausatembeutel des Dolphin mit integriertem Ausatemventil. Der Beutel dient zusätzlich als Wasserfalle.

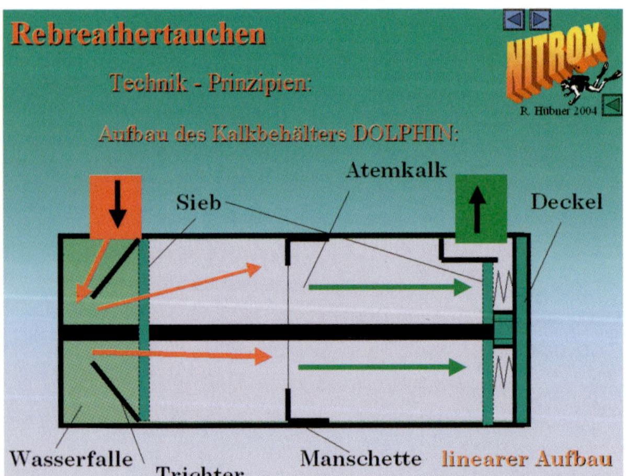

bauten Atemkalkbehälter aus Kunststoff. Um gefährlicher Kanalbildung vorzubeugen, ist nach der Hälfte der Kalkfüllung eine Gummimanschette einzulegen. Durch diese Maßnahme ist das Atemgas gezwungen, von der Wand weg in den Kalk zu strömen. Das von Kohlendioxid befreite Atemgas strömt nach dem Kalkbehälter in den voluminösen Einatembeutel. Der lungenautomatische Bypass mit den integrierten Dosierdüsen für die Gemische EAN 40, EAN 50 und EAN 60 wird

Schematische Darstellung des linear aufgebauten Atemkalkbehälters SCR Dolphin.

mittels Klickverschluss an den Einatembeutel angeschlossen. Die Dosiereinheit ist über den Mitteldruck an die Premixflasche angeschlossen. Von Zeit zu Zeit sind zur eigenen Sicherheit die Dosierdüsen mit einem Flussmesser zu überprüfen. Je nach Nitroxgemisch ist die richtige Düse zu wählen, in dem der Mitteldruckschlauch jeweils an die passende Düse am Dosierblock angeschraubt wird. Über den Einatemschlauch bekommt der Taucher das warme, feuchte und mit Frischgas aus der Dosierung angereicherte Gas zum Mundstück geliefert, wobei die Richtungsventile für den korrekten Gasstrom sorgen. Da die Gegenlunge den Rücken des Tauchers berührt, verspürt dieser stets das Heben und Senken der Atembeutel.

Für das autonome Bailout ist seitlich am Jacket eine Tasche vorgesehen, in die im Normalfall eine Pressluftflasche mit eigenem Atemregler gesteckt wird. Nachteil des Dolphin sind die undurchsichtigen schwarzen Atembeutel, die keinen Blick auf ihren inneren Zustand offenbaren. Gerade bei Leihgeräten im Ausland ist es dem Taucher nicht möglich, eventuelle Schimmel- oder Algenbildung zu erkennen. Er muss sich auf die Aussagen der Basis verlassen und muss hoffen, dass die Atembeutel und Schläuche regelmäßig und gewissenhaft desinfiziert

■ Dosiereinheit des Dolphin. Der Aufbau des lungenautomatischen Bypasses gleicht der zweiten Stufe eines Atemreglers.

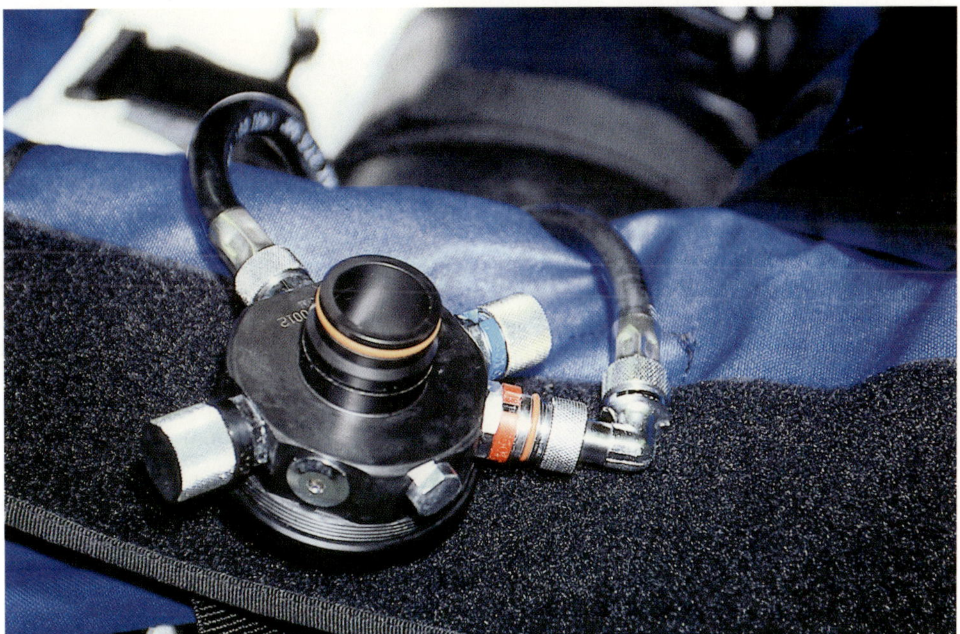

wurden. Bei dem Vorgängermodell »Atlantis« waren die Beutel noch in einem durchsichtigen Kunststoff gefertigt. Vorteil ist die Ablassschraube, die beim Trocknen gewährleistet, dass keine Restfeuchtigkeit im Beutel bleibt. Leider gilt diese Schraube als Fehlerquelle für einen undichten Kreislauf. Wurde beim Zusammenschrauben vergessen, die Öffnung zu schließen, besteht die Gefahr eines Wassereinbruches in den Kreislauf, zumal bei einem Unterdrucktest der Fehler oft nicht bemerkt wird. Beim Evakuieren verschließt sich die Öffnung, so dass keine Luft eindringen kann. Nur ein Überdrucktest offenbart den Fehler. Beim Überdrucktest ist das Überdruckventil zu verschließen. Über das Mundstück werden die Atembeutel aufgeblasen und im gefüllten Zustand mit einem Bleigewicht beschwert. Sind nach einiger Zeit die Beutel noch prall gefüllt, ist davon auszugehen, dass der Kreislauf dicht ist. Der anschließende Unterdrucktest bestätigt das Ergebnis. All diese Tests sind wesentlicher Bestandteil eines guten Rebreatherkurses und gewährleisten einen sicheren und problemlosen Tauchgang.

Prinzipiell ist das Ray eine reduzierte Version des Dolphin und wurde anfänglich nur mit einer Dosierdüse für ein Nitroxgemisch von EAN 50 ausgestattet. Damit war seine Tauchtiefe auf 22 Meter beschränkt. Auf ein zusätzliches Bailout wurde verzichtet. Damit der Taucher bei einem Wassereinbruch ins System sicher austauchen kann ist die Premixflasche mit einem zusätzlichen Nitroxregler versehen. Ein redundantes Austauchsystem besitzt das Ray nicht. Durch die geschickte Anordnung der Atembeutel im Jacket ist der Atemkomfort des Ray erstaunlich gut.

4.3 Voyager – ein neuer Rebreather made in Italy

Der neue CE - zertifizierte Rebreather stellt nicht nur eine mechanische Meisterleistung dar, sondern übertrifft an Vielseitigkeit und Atemkomfort viele seiner Konkurrenten. Das Besondere des Voyagers ist, dass je nach Zertifizierung der Taucher die Möglichkeit hat, den Voyager im SCR- oder im CCR - Modus zu tauchen. Möglich macht's der ausgeklügelte Dosierblock mit seinem exakt einstellbaren Flow. Nikola

■ Rückseite Voyager

■ Dosierblock Einatemseite (grün)
Voyager im SCR-Modus;

■ Dosierblock Ausatemseite (rot)
Voyager im CCR Modus)

Donda, selbst ein passionierter Höhlentaucher, wusste sehr genau, was er konstruieren wollte, als er sich an die Arbeit machte. Für ihn galt es, ein Tauchgerät zu entwickeln, dass auch bei lang ausgedehnten Höhlenexkursen zuverlässig arbeitet und nicht durch einen Ausfall einer aufwendigen Elektronik den Taucher in Lebensgefahr bringt. Das Problem musste also durch Mechanik lösbar sein. Grundlegend galt es, den individuellen Sauerstoffbedarf eines Tauchers durch eine konstante Dosierung stetig nachzuliefern. Da der Wert eines solchen Flows normalerweise zwischen 0,5 bis 1 Liter je Minute liegt, wird hierbei an die einstellbare Dosierung eine hohe Anforderung gestellt, zumal sich der Wert auch in unterschiedlichen Tiefen nicht ändern darf. Genau dieses Problem wurde mit der Dosiereinheit des Voyagers bravourös gelöst.

Sollte sich der Sauerstoffbedarf des Tauchers, zum Beispiel auf Grund einer höheren Belastung steigern, hat er sogar die Möglichkeit, die Dosierung unter Wasser nachzuregeln. Doch die Nutzung des Voyagers als geschlossenen Rebreather (CCR) setzt voraus, dass der Taucher einige Ausbildungsstufen erfolgreich durchlaufen hat. Die Ausbildungsphilosophie von Aquatek ist klar: Ohne gerätespezifische Ausbildung gibt es keinen Voyager! Die Ausbildung beginnt mit der ersten Userstufe. Hier erlernt

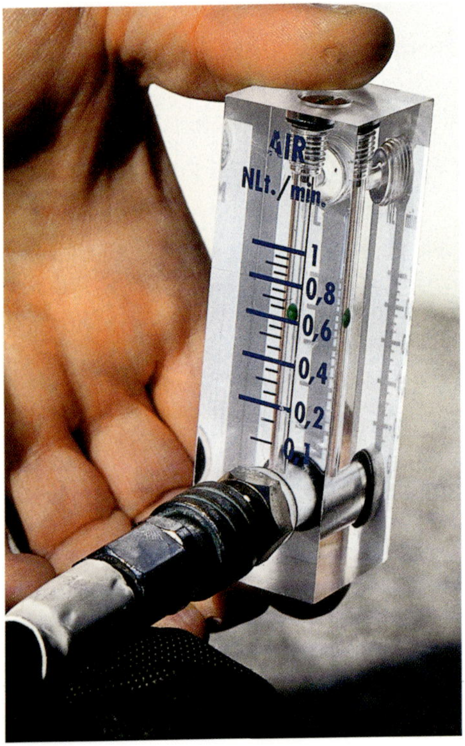

■ Bild oben: Dosierblock;
Bild unten: Flowmesser (Einstellwert 0,6l/min)

der Interessent die Grundlagen des Rebreathertauchens. Er nutzt den Voyager im halbgeschlossenen Modus. Der Dosierblock ist in diesem Fall an der linken Einatemseite angebracht. Von hier aus führt ein Schlauch direkt zum Einatembeutel, damit in der Abtauchphase stets Atemgas manuell zugeführt werden kann. Die richtige Dosierung ist über ein Ventil stufenlos einstellbar und errechnet sich aus dem Sauerstoffanteil des Premixes, dem maximalen Sauerstoffbedarf eines unter hoher Leistung stehenden Tauchers und dem minimalen Sauerstoffteildruck der unter ungünstigsten Bedingungen erreicht werden darf. Am linken Einatembeutel, der mit grünen Farbringen gekennzeichnet ist, ist in Kopfhöhe ein Adapter angebracht. Hier können alle zur Zeit erhältlichen Sauerstoffmonitore angeschlossen werden.

Am rechten Ausatembeutel ist das Überdruckventil eingeschraubt. Es erlaubt dem Taucher während des Tauchgangs den Ansprechdruck zu verstellen. Da sich das Ventil rechts auf Kopfhöhe befindet, ist es ein Leichtes, den richtigen Druck beim Tauchen zu finden. Die Bedienung entspricht der Einstellung des Überdruckventils eines Trockentauchanzugs. Mit etwas Übung findet selbst der Beginner schnell die passende Einstellung. Mit ihr ist der Taucher in der Lage, den Auftrieb des Voyagers an sein Blei anzupassen. Ist das Ventil geschlossen, vergrößert sich die Luftmenge in der Gegenlunge. Der Auftrieb steigt. Hat der Taucher weniger Blei, reduziert sich durch öffnen des Ventils die Gasmenge in der Gegenlunge. Der Auftrieb des Voyagers ist geringer. Bleibedarf und Tauchkomfort sind auf diese Weise optimierbar. Beim schnellen Abtauchen muss der Taucher die kollabierende Gegenlunge durch manuelles Zudosieren von Frischgas aus der Nitroxflasche ausgleichen. Der Voyager hat keinen lungenautomatischen Bypass und gleicht in der halbgeschlossenen Ausführung dem Prinzip des Azimuth.

In der zweiten Ausbildungsstufe lernt der Nutzer die Dosierung auch unter Wasser zu verstellen, um sie etwa wechselnden Gegebenheiten anzupassen. Diese Phase entspricht einer Vorstufe zum Mischgastauchen. Da beim Voyager die Möglichkeit gegeben ist, zusätzliche Gemische einfach an den Dosierblock anzuschließen, ist ein Gaswechsel leicht möglich. Nach dem Gaswechsel kann der Taucher die Dosierung unter Wasser der neuen Mischung anpassen. Dieses Verfahren ist nur mit einem Sauerstoffsensor möglich. Die dritte Ausbildungsstufe entspricht der ei-

■ Der Voyager erfordert auf Grund seiner Vielseitigkeit eine gründliche Ausbildung. Stufenweise wird der User in kleinen Gruppen von der SCR-Konfiguration bis hin zu CCR-Konfiguration geschult.

nes technischen Rebreathertauchers. Hier übt der Taucher den Gaswechsel mit drei Gemischen und kann mit der SCR – Konfiguration, unter Verwendung von TRIMIX Tiefen bis zu einhundert Meter betauchen.

In der vierten und letzten Ausbildungsstufe ist der Voyager als CCR konfiguriert. Die Mischung von Sauerstoff und Diluent (Luft, Nitrox, Heliox oder Trimix) erfolgt manuell. Die Sauerstoffdosierung ist so gelöst, dass sie in der CCR-Variante über einen konstanten Gasstrom den vom Taucher verbrauchten Sauerstoff permanent ersetzt. Der Flow entspricht dem individuellen Sauerstoffbedarf des Tauchers. Er liegt in der Regel zwischen 0,5 bis 0,8 Liter je Minute, kann aber in Ausnahmefällen auch darüber liegen. Jeder Taucher lernt in einem Kurs, seinen individuellen Sauerstoffbedarf zu ermitteln, um die Dosierung entsprechend einzustellen. Sollte sich der Sauerstoffbedarf während des Tauchgangs ändern, besteht für den Taucher immer die Möglichkeit, den Fluss zu ändern oder den Sauerstoffgehalt in seinem System manuell zu regulieren. Wie funktioniert das? Sinkt zum Beispiel in Folge einer hohen körperlichen Anstrengung der Sauerstoffanteil im Kreislauf, kann Sauerstoff manuell über den Bypass zugeführt werden. Damit die Tarierung nicht verloren geht, ist es sinnvoll, vor dem Zudosieren etwas Gas über die Nase abzugeben. Ist die Sauerstoffdosierung für den Tauchgang zu hoch eingestellt, so steigt der Sauerstoffanteil im System langsam an. Auch in diesem Fall gibt der Taucher nach einiger Zeit Gas über die Nase ans Wasser ab und füllt über den entsprechenden Bypass Diluent nach. Das notwendige Feingefühl dieser Prozeduren stellt sich nach einigen Tauchgängen schnell ein, so dass mit dem Voyager alle Tauchgänge in Sporttauchtiefe und Trimixtiefe möglich sind.

4.4 Gefahren beim Tauchen mit einem SCR

Das Problem der Rebreather besteht darin, dass eine leer geatmete Flasche sich nicht durch Erhöhung des Atemwiderstandes ankündigt. An Hand des Manometers muss der Taucher ständig seinen Flaschendruck überprüfen. Wird diese Kontrolle aus Nachlässigkeit unterlassen, besteht die Gefahr der Hypoxie. Fällt die Dosierung in Folge einer leeren Premixflasche aus, sinkt zwangsläufig bei jedem Atemzug der Sauerstoffgehalt im System solange, bis der Grenzwert von etwa 0,12 bar (12 kPa) unterschritten ist und der Taucher schlagartig sein Bewusstsein verliert. Ein Rebreathertaucher muss aus diesem Grund neue Kontrollmechanismen erlernen und verinnerlichen. Viele Zwischenfälle sind durch eine konzentrierte akustische Überwachung im Vorfeld auszuschließen. Beim halb geschlossenen System macht sich eine leere Flasche durch Ausfall des Konstantflows bemerkbar. Das gleichmäßig zischende Geräusch des konstanten Gasstroms ist beim Tauchen deutlich zu hören. Auch das fehlende Abblasegeräusch des Überdruckventils signalisiert eine leere Flasche. Wassereinbruch ins System kündigt sich durch gurgelnde Geräusche an. Die Funktion der Klappen im Mundstück oder in den Atemschläuchen, die den Luftstrom in die richtige Richtung leiten, ist ebenfalls hörbar. All diese Geräusche sind für jeden Rebreather spezifisch, so dass bei einem Wechsel, zum Beispiel vom Dolphin auf den Azimuth oder Voyager, erst nach einigen Tauchgängen das gerätespezifische Klangbild verinnerlicht ist und bei einer Veränderung als Warnsignal wirkt. Werden diese Geräusche beachtet, ist Rebreather-Tauchen ein sicheres Tauchen. Der halb geschlossene Rebreather arbeitet mit einem konstanten Gasstrom. Da größere Tiefen sauerstoffarme Gemische erfordern, ist normalerweise eine höhere Dosierung als bei flachen Tauchtiefen mit sauerstoffreichen Gemischen erforderlich. Je nach Gemisch und Tiefe muss der Taucher beim Dolphin die richtige Dosierdüse einbauen oder beim Azimuth und Voyager den Gasstrom an einem Nadelventil einstellen und überprüfen. Da aus der sogenannten Gegenlunge geatmet wird, reduziert sich je nach Anstrengung der Sauerstoffanteil im Atemkreislauf. Die Zusammensetzung des Atemgases ändert sich nach dem individuellen Sauerstoffbedarf des Tauchers. Sinkt der Sauerstoffanteil in Folge einer höheren Anstrengung, steigt zwangsläufig der Stickstoffanteil. Der Vorteil geringerer Stickstoffsättigung im Organismus schwindet. Bei einem Nitroxgemisch mit 50% Sauerstoff und einem Sauerstoffverbrauch von 1,5 Liter je Minute – dies entspricht einem Atemminutenvolumen von etwa 37,5 Liter bei Anstrengung – erhöht sich der Stickstoffanteil im Atembeutel auf 66%. Dies hat zwar den Vorteil, der Sauerstoffvergiftung des Zentralnervensystems bei hoher körperlicher Anstrengung entgegenzuwirken, erfordert aber deutlich längere Dekompressionszeiten, da der Inertgasanteil höher ist. Dekompressionsregeln beim Tauchen mit dem offenen Nitroxsystem sind aus diesem Grund nicht auf das Tauchen mit dem halb geschlossenen Rebreather übertragbar. Die folgende Tabelle zeigt das Verhalten der Nullzeiten beim Tauchen mit verschiedenen Systemen. Die Nullzeit fürs offene System wurde aus der Äquivalenten Tiefe ermittelt. (Grundlage DECO 2000 von Max Hahn)

Deutlich ist erkennbar, dass sich beim Tauchen mit einem halbgeschlossenen Rebreather die Nullzeit gegenüber dem offenen Nitroxsystem reduziert. Der Grund ist stets der geringere Sauerstoffanteil im System und damit ein höherer Stickstoffanteil als in der Premixflasche. Bei der Berechnung des Sauerstoffes im Kreislauf wurde ein minimaler Sauerstoffteildruck von 0,19 bar (19 kPa) und ein Sauerstoffbedarf von einem Liter je Minute zu Grunde gelegt. Dies entspricht einer mittleren Arbeitsleistung.

Gemisch	Sauerstoffanteil	Maximaltauchtiefe in Metern für PO_2=1,4bar	Dosierung für SCR in barl/min	Nullzeit / min SCR	Nullzeit / min offenes System	Nullzeit Luft / min
Nitrox 0	29%	38	20	10	12	10
NOAA I	32%	33	16	15	17	12
Nitrox D	33%	32,4	15	15	18	12
NOAA II	36%	28,9	12	23	25	15
Nitrox C	40%	25	9,6	31	45	19
50/50 (Safe Air)	50%	18	6,5	140	beliebig	45

4.5 Individueller Sauerstoffbedarf des Tauchers und Gaszusammensetzung im System

Leistung	Sauerstoffbedarf in l/min
Schlaf	0,3
Ruhe	0,5
Leichte Arbeit	0,9
Schwere Arbeit	2,0
Höchstleistung	3,0

Die Tabelle zeigt den unterschiedlichen Sauerstoffbedarf bei verschiedenen Aktivitäten. Für normales Tauchen kann man einen durchschnittlicher Sauerstoffbedarf von durchschnittlich einem Liter je Minute zugrunde legen.

Die tatsächlichen Veränderungen und Schwankungen des Sauerstoffanteils im Atemkreislauf sind aber nur mit einer direkten Sauerstoffmessung während eines Tauchgangs zu bestimmen.

Die grafische Darstellung zeigt ein praktisches Beispiel. Als Meßsystem kam der Aladin ZXO_2 mit Oxy2 zum Einsatz. Rechnung und Tabellenwerte sind immer nur gemittelte Schätzwerte. Erst der Einsatz von geeigneten Meßsystemen erhöht die Sicherheit des Rebreathertauchens, da zu jedem Zeitpunkt eine exakte Kontrolle der wesentlichen Tauchdaten gewährleistet ist. Diese Daten sind im Einzelnen: Gaszusammensetzung im System, der in der jeweiligen Tiefe herrschende Sauerstoffpartialdruck, ZNS O_2-Toxizität, Tauchtiefe und alle relevanten Dekompressionsdaten.

Die grafische Darstellung zeigt das Tauchgangsprofil, das mit EAN 47 getaucht wurde. Deutlich ist an der blauen Linie zu erkennen, dass bereits beim Abtauchen der Sauerstoffgehalt im System rasch von anfänglich 47% auf 37% absinkt. Das heißt, der Sauerstoffanteil im Kreislauf hat nur noch 78% des Sauerstoffgehaltes in der Premixflasche. Er hat sich auf Grund des persönlichen Sauerstoffbedarfs des Tauchers um etwa 20% reduziert. Dies ist normal. Nachdem in einer Tiefe von

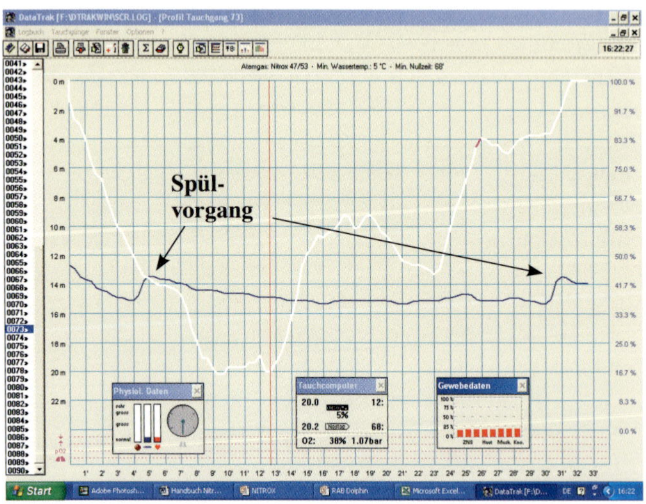

■ Nach dem Spülen steigt der Sauerstoffanteil im System deutlich an.

vierzehn Metern das System gespült wurde, stieg der Sauerstoffanteil wieder deutlich auf 44% an. Beim Spülen wird dreimal das eingeatmete Gas über die Nase ans Wasser abgeatmet. Nach einer Anstrengung, wie sie beim Tauchen gegen eine Strömung zu erwarten ist, ist das Spülen ebenfalls ein probates Mittel, den gesunkenen Sauerstoffanteil im System wieder zu normalisieren. Im weiteren Verlauf des dargestellten Tauchgangs pendelte der Sauerstoffgehalt im Atemkreislauf zwischen 37% und 38% und blieb so auf einem annähernd konstantem Wert. Um den Sauerstoffanteil vor dem Auftauchen wieder deutlich anzuheben, wurde das System in vier Meter Wassertiefe noch einmal gespült. Dieser Spülvorgang unmittelbar vor dem Auftauchen ist wichtig und muss von einem Rebreathertaucher unbedingt verinnerlicht werden. Sollte in Folge einer körperlichen Anstrengung der Sauerstoffanteil im Kreislauf erheblich gesunken sein, könnte in der Auftauchphase der Sauerstoffteildruck gefährlich absinken, so dass kurz vor Erreichen der Wasseroberfläche unter Umständen die Gefahr eines Sauerstoffmangels entstehen könnte.

Im Normalzustand verbraucht ein Taucher etwa 0,5 bis 0,8 Liter Sauerstoff pro Minute. Diese Werte entsprechen einem Atemminutenvolumen von 12 bis 20 Liter je Minute. Bei mäßiger Anstrengung liegt der reine Sauerstoffbedarf bei 1,0 bis 1,5 Liter, bei schwerer Belastung kann der Verbrauch auf 2,0 Liter und mehr je Minute steigen. Sehr gut trainierte Sportler mit einer hoher Sauerstoffverbrennung können für kurze Zeit Maximalwerte bis zu 3,0 Liter in der Minute erreichen. Die meisten Sporttaucher werden diesen hohen Wert nie erreichen. Messungen haben gezeigt, dass beim Tauchen mit Durchschnittswerten von 1,0 bis 1,25 Liter Sauerstoff in der Minute gerechnet werden kann. Dieser als normal angesehene Sauerstoffbedarf reduziert dann den Sauerstoffanteil im System auf etwa 80% der ursprünglichen Nitroxfüllung. Aus verständlichen Sicherheitsreserven muss aber die von einem Kreislauftauchgerät bereitgestellte Sauerstoffmenge, nach dem maximal möglichen Sauerstoffbedarf eines Tauchers dimensioniert sein. Dieser Maximalwert liegt, wie oben beschrieben, bei 2,5 bzw. 3,0 Liter Sauerstoff pro Minute.

Je höher die Anstrengung des Tauchers, um so größer ist sein Sauerstoffbedarf und um so niedriger wird der Sauerstoffanteil im Einatembeutel sein.

Würde bei großer körperlicher Anstrengung der Sauerstoffpartialdruck im Atemgas unter 0,16bar (16 kPa) absinken, bestünde die Gefahr der Hypoxie. Die Risikozone für Kreislaufgerätetaucher ist demnach die Wasseroberfläche und geringe Tiefen bei niedrigem Sauerstoffanteil im Premix oder zu schwach eingestellter Dosierung.

Da der Sauerstoffgehalt stark von der körperlichen Anstrengung des Tauchers abhängt und sich während eines Tauchgangs ständig verändern kann, ist zur genauen Bestimmung der Dekompressionsdaten und der ZNS O_2-Sättigung ein Tauchcomputer mit Sauerstoffsensor unerlässlich. Praxistests haben gezeigt, dass beim Umgang mit Tabellen der Rebreathertaucher näherungsweise mit einem Sauerstoffgehalt von 80% des Premixes rechnen kann.

O_2 Verbrauch unter Anstrengung in Litern pro Minute		O_2-Gehalt der Flasche		
		50%	40%	40%
		Dosierung in Litern pro Minute		
		6,6	9,6	6,6
hoch	2,5	20%	19%	3%
	2,0	28%	24%	14%
	1,75	32%	27%	18%
mittel	1,5	35%	29%	22%
	1,25	38%	31%	26%
	1,0	41%	33%	29%
niedrig	0,75	44%	35%	32%
	0,5	48%	37%	35%

Die Tabelle zeigt den Sauerstoffgehalt im Atemkreislauf in Abhängigkeit von Leistung und Konstantdosierung, wobei in der letzten Spalte eine zu niedrige Dosierung gewählt wurde. Normalerweise ist für EAN 40 eine Dosierung von 9,6 Liter je Minute erforderlich. Der gewählte Konstantflow von 6,6 Liter je Minute ist die Dosierung für EAN 50 und führt bei einem Sauerstoffgehalt von 40% zu einem massiven Absinken des Sauerstoffanteils bei großer körperlicher Anstrengung[43].

In der nun folgenden grafischen Darstellung der Tabellenwerte wird das Absinken des Sauerstoffanteils noch deutlicher. Der kritische Wert von 0,16bar (16 kPa) wird unter normobaren Bedingungen bei hohem Sauerstoffumsatz und falscher Dosierung deutlich unterschritten. Es besteht Lebensgefahr durch Sauerstoffmangel.

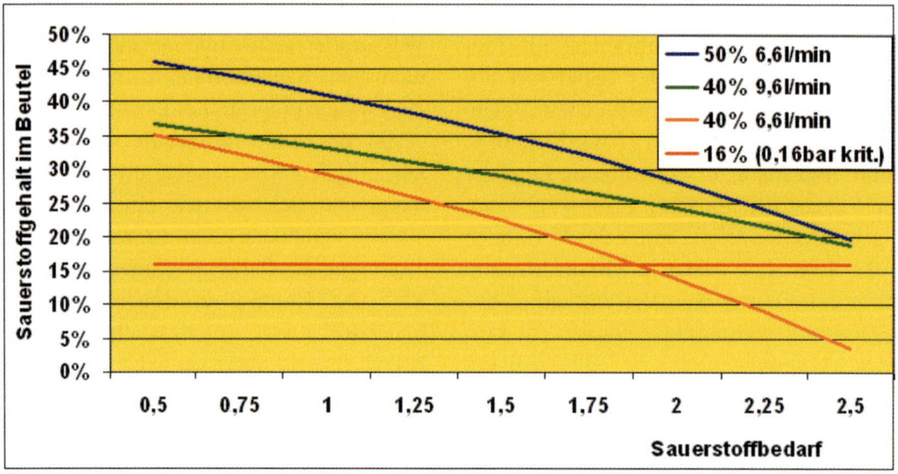

Vorstellbar ist ein Strömungstauchgang. Der Taucher musste gegen eine Strömung ankämpfen. Sein Sauerstoffbedarf ist hoch. Er liegt über 1,75 Liter pro Minute. Um die Tauchzeit zu verlängern und den Genuss des blasenfreien Tauchens zu erhöhen, wurde bei einem Nitroxgemisch mit 40% Sauerstoff, leichtsinnigerweise mit einer Dosierung von 6,6 Liter - statt der erforderlichen 9,6 Liter je Minute getaucht. In einer Tauchtiefe von zehn Meter stellt die zu schwache Dosierung kein Risiko dar, da der Sauerstoffpartialdruck noch weit über 0,16bar (16 kPa) liegt. Selbst bei sehr großer Anstrengung, bei der ein Sauerstoffumsatz von 2 Liter je Minute erreicht wird, sorgt in zehn Meter Wassertiefe ein Sauerstoffpartialdruck von 0,28 bar (28 kPa) problemlos für die notwendige Sauerstoffversorgung des Tauchers. Erst beim Auftauchen fällt der Sauerstoffteildruck dramatisch ab und sinkt an der Oberfläche unter den kritischen Grenzwert von 0,16 bar (16 kPa). Gefährliche Hypoxie mit plötzlicher Bewusstlosigkeit des Tauchers ist die Folge. Um diesem gefährlichen Sauerstoffmangel beim Auftauchen vorzubeugen, legen Taucher mit einem SCR, grundsätzlich vor dem Einleiten des Auftauchens, in einer Wassertiefe zwischen zehn und fünf Meter, einen Stopp ein. Nachdem sich die Atemfrequenz normalisiert hat, wird der Kreislauf gespült. Dabei steigt der Sauerstoffgehalt im System wieder an. Er normalisiert sich. Beim Spülen wird mindestens dreimal eingeatmet und durch Umgehen des Kreislaufes über die Nase ans Wasser abgeatmet.

4.6 Bestimmung der Konstantdosierung

Die Konstantdosierung errechnet sich aus dem maximal möglichen Sauerstoffbedarf eines unter größter körperlicher Anstrengung stehenden Tauchers, aus dem Sauerstoffgehalt des zum Einsatz kommenden Nitroxgemisches und dem minimal tolerierbaren Sauerstoffteildruck, der auch an der Wasseroberfläche nicht unterschritten werden darf, so dass in keiner Phase des Tauchgangs eine akute Gefahr einer Hypoxie zu befürchten ist. Das heißt, dass im ungünstigsten Fall die Konstantdosierung des SCR immer noch in der Lage ist, den vom Taucher verbrauchten Sauerstoff nachzuliefern.

$$V_s = \frac{VO_{2\max}(1 - AO_{2\min})}{fO_2 - AO_{2\min}}$$

VO_{2max} ist der maximale realistische Sauerstoffbedarf eines Tauchers mit 2,5l/min

AO_{2min} sei der minimale tolerierbare Sauerstoffteildruck. Er ist aus Sicherheitsgründen auf einen Wert von 0,19 bar (19 kPa) festgelegt.

fO_2 ist der Sauerstoffgehalt der eingesetzten Nitroxmischung

Beispiel: Es soll die Konstantdosierung für EAN 40 bestimmt werden.

$$V_s = \frac{VO_{2\max}(1 - AO_{2\min})}{fO_2 - AO_{2\min}}$$

$$V_s = \frac{2{,}5\,\frac{l}{\min} \cdot (1 - 0{,}19)}{0{,}4 - 0{,}19}$$

$$V_s = \frac{2{,}025\,\frac{l}{\min}}{0{,}21}$$

$$V_s = 9{,}6\,\frac{l}{\min}$$

Für ein Nitroxgemisch mit 40% Sauerstoff und 60% Stickstoff ist eine Dosierung von 9,6 Litern je Minute erforderlich. Die Tabellenwerte wurden auf diese Weise errechnet. Deutlich ist erkennbar, dass der notwendige Konstantflow von der eingesetzten Nitroxmischung abhängt.

EAN	Gemisch fO2	Dosierung in l/min
29	0,29	**20,3**
30	0,3	**18,4**
31	0,31	**16,9**
32	0,32	**15,6**
33	0,33	**14,5**
34	0,34	**13,5**
35	0,35	**12,7**
36	0,36	**11,9**
37	0,37	**11,3**
38	0,38	**10,7**
39	0,39	**10,1**
40	0,4	**9,6**
41	0,41	**9,2**
42	0,42	**8,8**
43	0,43	**8,4**
44	0,44	**8,1**
45	0,45	**7,8**
46	0,46	**7,5**
47	0,47	**7,2**
48	0,48	**7,0**
49	0,49	**6,8**
50	0,5	**6,5**

Je höher der Sauerstoffanteil im Nitroxgemisch, umso niedriger ist die notwendige Konstantdosierung.

Sauerstoffreiche Nitroxgemische werden oft als »**fette**« Gemische, sauerstoffarme Gasgemische als »**mager**« bezeichnet.

4.7 Rechnerische Bestimmung der Zusammensetzung des Atemgases im Einatembeutel

Zur Bestimmung der Dekompressionsdaten ist beim Tauchen mit einem halbgeschlossenen Rebreather die Zusammensetzung des Atemgases im System wichtig. Sie kann errechnet werden.

$$A_{O_2} = \frac{FO_2 \cdot V_s - V_{O_2}}{V_s - V_{O_2}}$$

$$A_{O_2} = \frac{0{,}4 \cdot 9{,}6l - 1l}{8{,}6l}$$

$$A_{O_2} = 0{,}33$$

Beispiel: Die konstante Dosierung bei EAN 40 ist 9,6 Liter je Minute. A_{O_2} sei der zu errechnende Sauerstoffanteil im Atembeutel, V_{O_2} ist jetzt der reale Sauerstoffbedarf des Tauchers in einer Minute. Er beträgt bei normalen Tauchbedingungen etwa 1 Liter.

In der Gegenlunge beträgt der Sauerstoffanteil nur noch dreiunddreißig Prozent, so dass sich ein Stickstoffanteil von siebenundsechzig Prozent einstellt. Mit diesem höheren Stickstoffanteil sind die Dekompressionsdaten aus der Tabelle zu bestimmen.

In Kapitel 3.5 wurde erklärt, wie mit Hilfe der Äquivalenten Lufttiefe die Dekompressionsdaten für Nitroxgemische zu bestimmen sind. Gleiches gilt selbstverständlich auch beim Tauchen mit Rebreathern, wenn Nitroxgemische zum Einsatz kommen. Allerdings mit einer wesentlichen Einschränkung. Wie bereits erklärt, gelangt bei einem Rebreather das ausgeatmete Gas in den Ausatembeutel und von dort in den Kalkbehälter, wird hier vom Kohlendioxid befreit und strömt mit dem Inertgas Stickstoff und dem unverbrauchten Anteil Sauerstoff wieder in den Einatembeutel. Hier wird es mit dem Konstantflow aus der Premixflasche gemischt. Somit befindet sich im Einatembeutel ein Gemisch aus sauerstoffreichem Premixgas und sauerstoffarmen Atemgas. Die Gasmischung hat im Einatembeutel immer einen niedrigeren Sauerstoffgehalt als das Nitroxgemisch in der Atemgasflasche.

Je höher die Anstrengung des Tauchers, um so größer ist sein Sauerstoffbedarf und um so niedriger wird der Sauerstoffanteil im Atemkreislauf sein. Der Stickstoffanteil steigt und bestimmt die Dekompressionsdaten.

Diesen höheren Stickstoffanteil in Abhängigkeit der körperlichen Leistung und dem damit verbundenen individuellen Sauerstoffbedarf des Tauchers gilt es zu bestimmen, will man das Prinzip der EAD zur Bestimmung der Dekompressionsdaten anwenden.

Für die oben beschriebene Situation ergab sich zum Beispiel für EAN 40 ein Sauerstoffanteil von 33% und somit ein Stickstoffanteil von 67% im Kreislauf. Wie ergibt sich aus diesen Daten die EAD für die maximale Tauchtiefe?

Da sich in der Nitroxflasche ein Gasgemisch mit 40% Sauerstoff befindet, errechnet sich hieraus die maximale Tauchtiefe MOD. Bei 1,4 bar (140 kPa) zulässigem Sauerstoffteildruck beträgt sie 25 Meter. Würde der Taucher mit diesem Gemisch im offenen System tauchen, müsste er seine Dekompressionsdaten mit Hilfe der EAD (Äquivalenten Lufttiefe) bestimmen. Für die MOD von 25 Meter könnte er in der Lufttabelle bei einer Tiefe von 17 Meter seine Daten ablesen. Dies gilt für das offene Nitroxtauchen. Nicht so beim Tauchen mit einem SCR. Hier gilt zwar die gleiche MOD, die Äquivalente Lufttiefe ist aber aus dem tatsächlichen Stickstoffgehalt im Atemkreislauf zu errechnen, der vom Sauerstoffbedarf und somit von der körperlichen Leistung des Tauchers abhängt. In dem angenommenen Beispiel ist, bedingt durch den persönlichen Sauerstoffbedarf des Tauchers, der Sauerstoffanteil von 40% auf 33% im Kreislauf abgesunken. Der Stickstoffanteil ist auf 67% gestiegen. Nach den bereits bekannten Rechenschritten gilt jetzt für den Druck in der äquivalenten Tiefe:

$$EAP = \frac{fN_2}{0{,}79} * p_T$$

$$EAP = \frac{0{,}67}{0{,}79} * 3{,}5bar$$

$$EAP = 2{,}96bar$$

Dieser äquivalente Druck entspricht einer Tauchtiefe von 20 Metern mit Luft als Atemgas. Nullzeit und Dekompressionszeiten muss der Rebreathertaucher aus der Lufttabelle für diese Tiefe entnehmen. Deutlich ist zu erkennen, dass beim Rebreathertauchen, je nach Anstrengung und dem damit verbundenen Sauerstoffbedarf, der Vorteil einer verlängerten Nullzeit schwindet.

Beim Tauchen mit einem SCR ergibt sich die MOD aus dem Sauerstoffgehalt der Nitroxfüllung in der Atemgasflasche.

Die EAD ergibt sich aus dem Stickstoffanteil im Atemkreislauf. Er ist stets höher als in der Atemgasflasche.

Der Stickstoffanteil ist abhängig vom persönlichen Sauerstoffbedarf des Tauchers.

4.8 Bestimmung der Tauchzeit beim Tauchen mit einem SCR

Für Rebreathertaucher ist es eine Selbstverständlichkeit, dass ihre Tauchzeit weder von der Tauchtiefe noch vom Atemminutenvolumen abhängt. Eine Tatsache, die vor allem erfahrenen Taucher mit dem offenen System, schwer zugänglich ist. Sparatmung oder Luft anhalten, mit dem Ziel, die Tauchzeit zu verlängern, ist mit einem Rebreather nicht mehr möglich. Bei gleicher Flaschengröße, gleichem Gemisch und damit identischer Konstantdosierung erwartet zwei Rebreathertaucher annähernd die gleiche Tauchzeit, unabhängig von ihrem unterschiedlichen Luftverbrauch, der sie beim Tauchen mit einem offenen System zwingt, zu unterschiedlichen Zeiten ihren Tauchgang zu beenden. Die Tauchzeit wird beim Tauchen mit einem SCR vor allem begrenzt durch die Konstantdosierung. Lediglich häufiges Ausblasen der Maske, wechseln der Tauchtiefe, spülen des Kreislaufes und beim Azimuth häufiges tarieren, wirken sich verkürzend auf die Tauchzeit aus, da in all diesen Fällen Atemgas aus dem Kreislauf abgegeben wird. So ist gerade beim Rebreathertauchen auf eine gute Passform der Tauchmaske zu achten. Schlecht sitzende Masken müssen immer wieder ausgeblasen werden. Die Tauchzeit kann sich dadurch erheblich verkürzen. Auch wechselnde Tauchtiefen wirken sich verkürzend auf die zu erwartende Tauchzeit aus. Am besten ist das Einhalten einer nahezu konstanten Tiefe. Jojo-Tauchen mit vielen Auf- und Abstiegen lösen vor allem beim schnellen Abtauchen die Betätigung des Bypasses bei den Rebreathern von Dräger aus, oder erzwingen beim Azimuth und Voyager ein manuelles Einströmen von Atemgas in das System. Beim Aufstieg dehnt sich nach dem Gesetz von Boyle-Mariotte das Atemgas im Kreislauf aus und entweicht über das sich öffnende Überdruckventil ans Wasser. Häufiger Tiefenwechsel kann auf diese Weise die Tauchzeit erheblich begrenzen. Bei bewusster Berücksichtigung dieser Kriterien können sich ungewöhnlich lange und tiefenunabhängige Tauchzeiten ergeben.

Beispiel:

Gegeben sei eine 4 Liter Flasche mit einem Druck von 200 bar (20 MPa). Es ist ein Flaschenvolumen, das üblicherweise bei semi closed Rebreathern zum Einsatz kommt. Für EAN 40 beträgt die korrekte Dosierung 9,6 Litern pro Minute. Sie wird entweder am Nadelventil eingestellt oder bei den Drägergeräten als feste Dosierdüse gewählt. Abzüglich 30bar Reservedruck steht dem Taucher eine Gasmenge von 170 bar* 4l = 680 barl zur Verfügung.

Die Tauchzeit errechnet sich jetzt einfach durch Division der Gasmenge durch den gewählten Konstantflow.

$$T = \frac{Gasmenge}{Dosierung}$$

$$T = \frac{680 barl}{9{,}6 \, {}^{barl}/_{\min}}$$

$$T = 70{,}8 \min$$

Unabhängig von der Tauchtiefe, deren Maximum der Sauerstoffgehalt auf 30 Meter begrenzt, kann mit der 4 Liter Premixflasche die Tauchzeit bis zu etwa 70 Minuten betragen, egal in welcher Tiefe sich der Taucher bewegt und unabhängig davon, ob er einen entspannten Tauchgang genießt oder mit gelegentlichen Anstrengungen zu rechnen hat. Die Zeit wird nur bestimmt durch die eingestellte Dosierung.

Gemisch	Dosierung l/min	Tauchzeit für 200 bar	Tauchzeit für 220 bar
32/68	15,6	43,6 min	56,4 min
40/60	9,6	70,8 min	91,6 min
50/50	6,6	103 min	133 min

In diesem Zusammenhang sind noch einige Besonderheiten zu erwähnen. Wird der Aufstieg zu schnell, kann der Taucher unter Umständen über die Nase ausatmen, um so das Gasvolumen im Rebreather zu reduzieren und damit den zu schnellen Aufstieg abzubremsen. Der Sicherheitsstopp in fünf oder drei Metern Wassertiefe ist auch bei einem Tauchgang mit Rebreather obligatorisch. Vor dem Auftauchen, meist am Ende des Sicherheitsstops wird das System gespült. Erst dann taucht der Taucher auf. An der Oberfläche wird zuerst das Mundstück geschlossen, bevor es aus dem Mund genommen wird, um etwa auf Schnorchelatmung zu wechseln. Um nicht unnütz Gas zu vergeuden, schließt der Taucher an der Oberfläche die Premixflasche. Das Flaschenventil muss aus diesem Grund gut zugänglich sein. Es dauert nicht lange, und der Gasstrom des Flows ist unterbunden. Mit dem Schnorchel oder dem offenen Bailoutsystem erreicht der Rebreathertaucher Ufer oder Schiff. Eine nicht zu unterschätzende Gefahr stellt in diesem Zusammenhang ein nochmaliges Abtauchen dar, um vielleicht den festsitzenden Anker zu lösen oder den über Bord gegangenen Bleigurt eines Tauchpartners zu bergen. Der komplette Atemkreislauf ist immer noch mit reichlich Atemgas gefüllt, so dass der Taucher beim Abtauchen nicht zwangsläufig bemerkt, wenn seine Premixflasche verschlossen ist. In einem solchen Fall fehlt der gleichmäßige Gasstrom, der normalerweise deutlich wahrzunehmen ist. Auch das Überdruckventil bleibt in dieser Situation geschlossen. Kein vertrautes Geräusch ist zu hören. Die ungewohnte Ruhe müsste den Taucher warnen. So unglaublich es auch scheint – einige tödliche Unfälle konnten auf diese Weise erklärt werden. Durch die fehlende Frischgaszufuhr sinkt der Sauerstoffteildruck mit jedem Atemzug im Kreislauf so lange, bis der Taucher schlagartig sein Bewusstsein verliert. Die Tragik nimmt dann unbarmherzig ihren irreversiblen Verlauf.

4.9 Wichtige Checks beim Rebreather-tauchen

4.9.1 Pre-dive Check

Zur Vorbereitung auf einen Tauchgang mit einem SCR ist eine gründliche Sichtkontrolle, verbunden mit einigen wichtigen Checks, unerlässlich. Werden die folgenden Punkte vernachlässigt oder gar missachtet, können bei einem Tauchgang lebensbedrohliche Komplikationen auftreten.
Folgende Punkte sind vor einem Tauchgang immer zu beachten:

- **Kontrolle des Gemisches in der Flasche mit einem geeigneten Sauerstoffmessgerät. Dabei muss vor der Messung unbedingt eine Kalibrierung vorgenommen werden**
- **Kontrolle des Flaschendruckes mit dem Druckmesser**
- **Füllen und Einbau des Atemkalkbehälters**
- **Sichtkontrolle der Atembeutel und Kontrolle der Verschraubung**
- **Kontrolle und einstellen der Konstantdosierung**
- **Einbau der Atembeutel**

■ Bailoutcheck

■ Kontrolle und Einstellung des Überdruckventils beim Azimuth

- **Montage der Atemschläuche und des Mundstückes**
- **Kontrolle auf Dichtheit durch Unterdruck**
- **Kontrolle im aufgeblasenen Zustand (Überdrucktest)**
- **Kontrolle der Funktion von Bailout-System, Tarierweste, Inflator und Überdruckventil**
- **gegebenenfalls Nassdichtigkeitsprüfung durchführen**
- **gegebenenfalls Einstellen des Computers auf den zu erwartenden Sauerstoffanteil im Einatembeutel**
- **Tauchgang berechnen**
- **Nur beim Azimuth: Einstellen und Kontrolle des Überdruckventils auf 14mbar ± 2mbar (siehe Abbildung)**

4.9.2 Dive-Check

Erst unmittelbar vor dem Abtauchen wird die Premixflasche geöffnet, die den Atemkreislauf mit dem nötigen Konstantflow versorgt. Das Mundstück wird in den Mund genommen und durch Öffnen des Drehwalzenschiebers der Atemkreislauf hergestellt. Um den Organismus an den Sauerstoffgehalt der Nitroxmischung anzupassen, ist vor dem Abtauchen der Atemkreislauf dreimal zu spülen. Bailoutsystem und Füllzustand der Nitroxflaschen sind kurz vor dem Tauchgang noch einmal zu überprüfen. Erst jetzt kann der Abstieg beginnen. Kurz nach dem Abtauchen, in einer Tiefe von drei bis fünf Metern, erfolgt der wichtige Partnercheck, der den Rebreather auf eventuelle Undichtigkeiten checkt. Bei kontinuierlich austretenden Gasblasen (»Blasenschnur«) ist der Tauchgang sofort abzubrechen. Erst wenn an der Wasseroberfläche die Ursache gefunden und behoben wurde, kann der Tauchgang durchgeführt werden.

Alle Dive Checks in der Zusammenfassung:

- **Briefing mit dem Partner und Partnercheck an der Wasseroberfläche**
- **Gasversorgung für Bailout und Kreislauf an der Wasseroberfläche öffnen**
- **System spülen (3x einatmen durch das Mundstück und ausatmen durch die Nase)**

■ Wichtig sind die Checks kurz vor dem Abtauchen

- **Abtauchen und Kontrolle auf Leckagen durch den Tauchpartner unter Wasser**
- **Kontrolle der Flaschendrücke, der Tiefe und Zeit während des gesamten Tauchganges**
- **Maximale Tauchtiefe (MOD) niemals überschreiten**
- **Sicherheitsstop am Ende des Tauchganges**
- **Vor dem Auftauchen in drei bis fünf Metern Tiefe System spülen**
- **An der Oberfläche nicht aus dem System atmen – Gefahr der Hypoxie!**

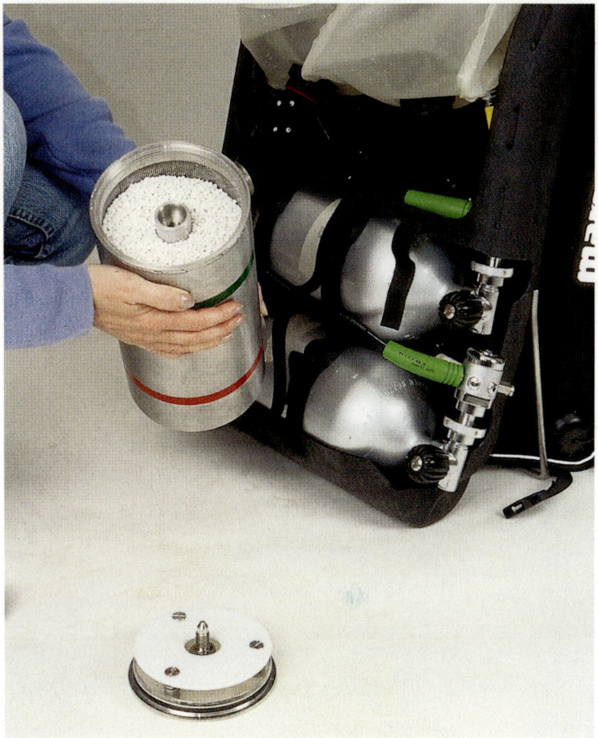

Kontrolle des Atemkalks

4.9.3 Post-dive Check

Rebreathertauchen erfordert mehr Vorbereitung und auch eine gewissenhafte Nachbereitung. Es sind nicht nur vor- und während eines Tauchgangs wichtige Punkte zu kontrollieren und zu verinnerlichen. Auch nach einem Tauchgang ist der Rebreather stets sachgerecht zu zerlegen, zu reinigen und vor allem an einem geeigneten Ort zu trocknen, so dass sich in den Atembeuteln und Faltenschläuchen weder Pilze noch Mikroorganismen ansiedeln können.

Stets durchzuführen sind nach einem Tauchgang:

- **Zerlegen des Rebreathers**
- **Kontrolle der Atembeutel auf eingedrungenes Wasser und Kalklösung**
- **Kontrolle des Atemkalkes. Bei Feuchtigkeit: Atemkalk wechseln! Nur wenn der Kalk trocken ist, kann er für einen zweiten Tauchgang am selben Tag verwendet werden; sonst entleeren des Kalkbehälters – anschließend gut spülen und wenn möglich mit Druckluft trocknen**
- **Reinigen mit klarem Süßwasser oder evtl. Desinfizieren von Mundstück, Atemschläuchen und Atembeutel**
- **gegebenenfalls Entkalken des Behälters mit Zitronensäure (handelsüblicher Entkalker)**
- **Trocknen aller Gerätebestandteile**
- **Füllen der Nitrox- und Bailout-Flasche**

Kapitel 5

Technik

Der Traum autark zu tauchen

Kapitel 5
Technik

5.1 Der Traum vom autarken Tauchgerät

Schon Aristoteles hat sich vor mehr als zweitausenddreihundert Jahren den Kopf darüber zerbrochen, ob es dem Menschen jemals möglich sein wird, sich mit Hilfe technischer Erfindungen die Unterwasserwelt zu erschließen. Auch Leonardo da Vinci oder Giovanni Alfonso Borelli entwickelten Theorien und skizzierten mögliche Apparaturen. Doch erst im 18. Jahrhundert gelang es, erste brauchbare Tauchgeräte zu entwickeln. So verschaffte der deutsche Werkzeugmacher Augustus Siebe 1819 der Unterwassertechnik die ersten praktikablen Impulse, die sich prinzipiell bis heute in der Berufstaucherei erhalten haben. Siebes geniale Erfindung basierte auf dem damals schon bekannten Prinzip der Taucherglocke und bestand aus einer Lederjacke, die mit einem Metallhelm verbunden war. Von der Oberfläche aus wurde über einen elastisch biegsamen Schlauch Luft in den Helm gepumpt. Nachteil dieser daraus weiter entwickelten Technik war stets die Verbindung mit der Oberfläche und die daraus resultierende Einengung des Wirkungskreises. Zu jener Zeit entwickelte sich aus der Praxis heraus ein Wunsch. »Der Taucher musste autark werden.«

■ Historisches Helmtauchgerät von Siebe Gorman

Es waren die Franzosen, die sich bei der Entwicklung autonomer Drucklufttauchgeräte verdient machten. Waren es Anfangs nur sogenannte Spülgeräte, bei denen ein konstanter Gasstrom, ähnlich wie bei den Helmtauchgeräten, den Taucher mit dem notwendigen Atemgas versorgte, so erkannte man damals sehr schnell, dass durch diese Technik die verfügbare Tauchzeit erheblich eingeschränkt war. Doch erst 1942, einhundertdreiundzwanzig Jahre nach der Erfindung von Siebe, wurde das »Spülgerät« Le Prieurs von George Commeinhes in ein Tauchgerät modifiziert, das mit einem Atemregler ausgestattet war, der den Taucher nicht wie bisher mit einem konstanten Gasstrom versorgte, sondern die Atemluft, je nach Bedarf und Tiefe, automatisch regelte. Leider konnte Commeinhes keinen wirtschaftlichen Nutzen aus seiner genialen Erfindung gewinnen, da er 1944 im Krieg sein Leben verlor. So war es dem damaligen Marineoffizier Jacques Yves Cousteau in Verbindung mit dem Ingenieur Émile Gagnan vergönnt, das Tauchsystem der Gegenwart zu erfinden und zu perfektionieren. Die beiden entwickelten ein druckregulierendes Ventil, das die Aufgabe hatte, komprimierte Luft aus einem mitgeführten Stahlzylinder auf Umgebungsdruck zu reduzieren. Der moderne Atemregler war geboren[44].

5.2 Atemregler für sauerstoffangereicherte Atemgase

Am Prinzip des von Cousteau und Gagnan erfundenen Atemreglers hat sich bis heute nichts geändert. Weiterentwicklungen, Verbesserungen, aber auch Fehlentwicklungen haben zu den technisch hochwertigen und mit hohem Atemkomfort ausgestatteten Atemreglern geführt, die heute auf dem Markt sind. Allen Prinzipien gemein ist, dass sie den hohen Flaschendruck von 200 bar (20 MPa) oder 300 bar (30 MPa) in der ersten Stufe auf einen Mitteldruck reduzieren, der acht bis zwölf Bar über dem Umgebungsdruck liegt, und über einen flexiblen und stabilen Schlauch die zweite Stufe mit Atemgas versorgen. Diese vermindert den Mitteldruck auf Umgebungsdruck in der Tauchtiefe. Atemregler für sauerstoffangereicherte Atemgasgemische unterscheiden sich von den Atemreglern für Luft prinzipiell nicht. Einzig und allein in den spezifischen Anforderungen, die durch die Gefährlichkeit des Sauerstoffs bedingt ist, ergeben sich Unterschiede.

■ Nitroxtauglicher Atemregler

Regeln soll es eine europäische Norm (DIN EN), die bisher nur als Entwurf vorliegt. Demnach müssen Atemregler für Atemgase mit mehr als 21% Sauerstoff den gleichen Anforderungen genügen, als würden sie für die Atmung von 100% Sauerstoff eingesetzt, und müssen deutlich mit der Aufschrift Nitrox gekennzeichnet sein. Absolute Sauerstoffreinheit und Sauerstofftauglichkeit sind demnach Grundvoraussetzung für einen Nitrox-Atemregler. Auf Grund der schon immer gültigen Forderung, Nitroxgase wie reinen Sauerstoff zu behandeln, haben sich in den vergangenen Jahren Sauerstoffgewinde für den Anschluss der Atemregler an die Nitroxflaschen durchgesetzt. Seit Januar 2001 ist die Gewindeverbindung europaweit in der DIN EN 144-3 als Entwurf fixiert. Es kann davon ausgegangen werden, dass in den kommenden Jahren dieser Entwurf als europäische Norm endgültig verabschiedet wird. Die neue Norm ist dem bekannten DIN-Anschluss für Pressluft nachempfunden und unterscheidet sich zur Gewindeverbindung für Pressluft nur durch einen größeren Durchmesser und eine sauerstofftaugliche O-Ringdichtung, die niemals mit Silicon zu fetten ist. Der entscheidende Vorteil der neuen Norm, auf die man sich einigen konnte, ist das Innengewinde an der Tauchflasche[45]. Beschädigungen durch Stöße, vor allem bei Transport und in den Füllstationen, wie sie bei den Sauerstoffanschlüssen möglich waren, sind durch diese Lösung weitgehend auszuschließen. Schließlich hat sich die DIN-Gewindeverbindung für Pressluft jahrzehntelang im harten Praxiseinsatz bewährt.

5.2.1 Prinzipien – die Kolbensteuerung: In den meisten Fällen ist die erste Stufe eines kolbengesteuerten Atemreglers einfach aufgebaut. Wasser dringt ins Innere ein und wirkt direkt auf den Steuerkolben. Das Vereisungsrisiko bei tiefen Tauchgängen und kaltem Wasser ist bei dieser Technik höher. Je tiefer getaucht wird, umso größer ist die Luftmenge, die je Atemzug durch Ventile und Bohrungen eines Atemreglers strömt. Dabei dehnt sich das Atemgas aus. Es expandiert. Thermodynamisch bedeutet dies, dass mit der Änderung des Volumens eine Änderung der inneren Energie des Gases einher geht, die sich bei der Expansion durch eine Temperaturabsenkung bemerkbar macht. Dieser Effekt kann bei hoher Atemfrequenz und niedriger Umgebungstemperatur, wie man sie bei Tauchgängen in heimischen Gewässern vorfindet, zu Vereisungen in der ersten Stufe führen. Der Atemregler verliert seine Funktion und wird voraussichtlich auf »Durchzug« stellen. Er bläst ab. Mit Siliconfüllung wurde in der Vergangenheit versucht, dieses Risiko zu reduzieren. Der höhere Wartungsaufwand und Probleme mit dem Mitteldruck veranlassten die Hersteller, das Silicon wieder aus den ersten Stufen zu nehmen. Für Nitroxatemregler könnte beim Einsatz hoher Sauerstoffanteile im Atemgas eine Siliconfüllung gefährliche Folgen nach sich ziehen. Normale Fette oder Silicon in Verbindung mit Sauerstoff führen zu einer nicht zu unterschätzenden Explosionsgefahr. In jedem Nitroxkurs wird auf diese Problematik hingewiesen.

5.2.2 Prinzipien – die Membransteuerung:

Die Membrane dichtet die Stufe komplett ab. Somit ist konstruktiv gewährleistet, dass kein Wasser eindringen kann. Das Vereisungsrisiko der ersten Stufe ist daher minimal. Ein weiterer erheblicher Vorteil der membrangesteuerten Atemregler besteht in der Möglichkeit, den Mitteldruck präzise einzustellen. Der Wartungsaufwand ist bei beiden Systemen etwa gleich, wobei Reparaturkosten beim kolbengesteuerten Konkurrenten eher höher ausfallen.
Erhältlich sind beide Prinzipien mit kompensierter erster Stufe. Solange der Flaschendruck über dem eingestellten Mitteldruck liegt, bleibt er bei der Kompensation unabhängig vom Fülldruck konstant. Nicht so bei den Reglern ohne Kompensation. Hier steigt beim membrangesteuerten Atemregler der Mitteldruck am Ende des Luftvorrates an. Ein unangenehmes Abblasen der zweiten Stufe könnte die Folge sein. Bei kolbengesteuerten Stufen sinkt am Ende eines Tauchgangs der Mitteldruck. Der Atemwiderstand wird größer.

5.2.3.1 Ausstattung der Atemregler (Erste Stufe)

Je nach Einsatz gibt es Pflicht- und Kürausstattungen. Auf die Anzahl der möglichen Niederdruck- und Hochdruckabgänge ist beim Kauf unbedingt zu achten. So sollte die erste Stufe mindestens drei Mitteldruckabgänge haben. Es muss in der Regel nicht nur eine zweite Stufe mit Luft versorgt werden. Auch Octopus, Inflator für das Jacket und eventuell auch der Trockentauchanzug brauchen ihre Gasverbindung. Für die Anzahl der Hochdruckabgänge gilt ähnliches. Der moderne, sicherheitsbewusste Taucher mit luftintegriertem schlauchlosen Decocomputer sollte sich nicht nur auf das elektronische Display verlassen. Redundante schlauchgebundene Information über den Füllzustand der Flasche erfordern auf alle Fälle einen zusätzlichen Hochdruckabgang.

5.2.3.2 Ausstattung (Zweite Stufe)

Die zweiten Stufen verschiedener Fabrikate unterscheiden sich mit wenigen Ausnahmen nur unwesentlich. Oft ist der einzige Unterschied der verstellbare Atemwiderstand. Die Feder, die den Kipphebel hält, wird mit einem Drehknopf von außen unterschiedlich vorgespannt. Je stärker die Federkraft der Abwärtsbewegung des Kipphebels entgegenwirkt, umso größer wird der Atemwiderstand. Bei geringer Federkraft reduziert sich der Atemwiderstand deutlich. Ist die zweite Stufe mit Bypass ausgestattet, ergibt sich ein zusätzlicher Vereisungsschutz. Die Luft aus dem Mitteldruckschlauch expandiert nicht direkt am Einlassventil, sondern im Inneren des Bypassrohres und kühlt es ab. Die Entspannungskälte wirkt durch diese Maßnahme nicht direkt auf die beweglichen Teile der zweiten Stufe. Diese sinnvolle Maßnahme beugt einer Blockierung durch Vereisung vor. Ist die zweite Stufe zum Zweck einer Gewichtsreduzierung aus Kunststoff ausgelegt, so wirken Metalleinlagen als zusätzlicher Vereisungsschutz. Selbst bei Eistauchgängen liegt die Umgebungstemperatur über der Temperatur des sich expandierenden Atemgases. Da Kunststoff ein sehr schlechter Wärmeleiter ist, übernehmen die Metallstreifen den vereisungshemmenden Wärmetransport vom Wasser ins kalte Innere des Atemreglers. Metalle leiten die Wärme etwa dreihundert mal besser als Kunststoffe, so dass für kalte Gewässer ein Regler aus Metall sicher dem aus Kunststoff vorzuziehen ist.

5.2.3.3 Fazit und praktische Tips

Ob kolben- oder membrangesteuert, kompensiert oder mit Bypass ausgestattet, zweite Stufe aus Metall oder Kunststoff, ist vielfach von Einsatz und Tauchgebiet abhängig. Taucher, die vor allem in kalten Gewässern tauchen, sollten daher auf Vereisungsschutz achten. Ist aber Feuchtigkeit in der Flasche, versagt auch der beste Automat. Generell ist zu berücksichtigen, dass der Atemregler einen stark beanspruchten, aber lebenswichtigen Bestandteil der Ausrüstung darstellt und auch so zu behandeln ist. Es sind meist nicht die konstruktiven Unterschiede, die für die zuverlässige Funktion des wichtigsten Ausrüstungsgegenstandes verantwortlich sind. Ein Atemregler kann nur so gut sein, wie sein Wartungszustand!

Diese Erkenntnis ist zu vielen tauchenden Zeitgenossen noch nicht durchgedrungen. Grund für die lebensgefährliche Ignoranz ist die hohe Qualität aller auf dem Markt befindlichen Regler. Totalausfälle sind eher selten, obwohl viele Regler, schenkt man den Serviceleuten Glauben, in einem desolaten Zustand sind. In der Technik gibt es bekanntlich zwei ungeschriebene Gesetze:»Alles was ge-

■ Nitroxtauglicher Atemregler mit Aufschrift Nitrox. Der gelb-grüne Regler ist dabei als Oktupus ausgelegt und dient der Partnerhilfe.

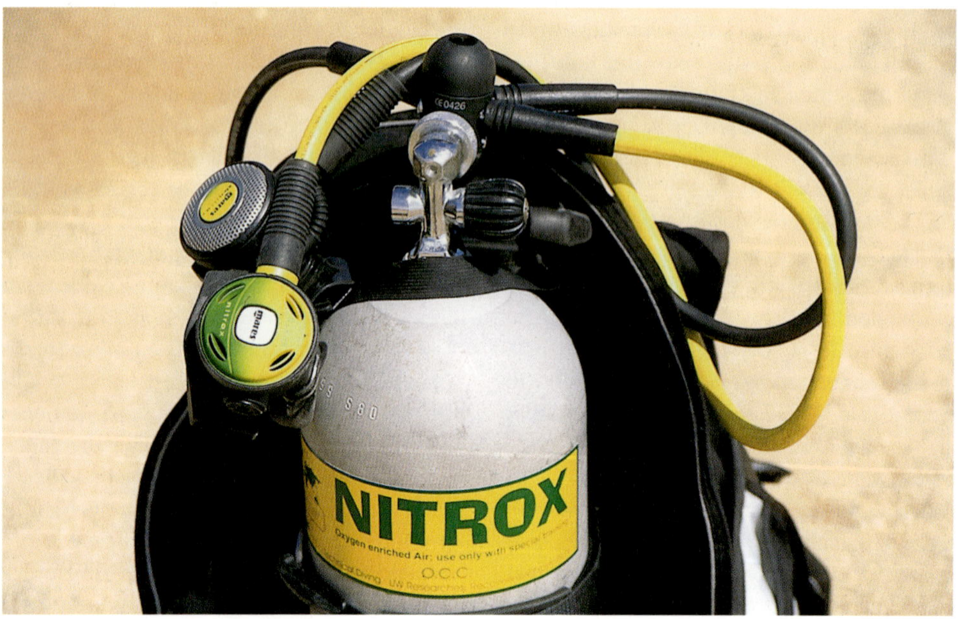

schehen kann, wird passieren!« und »Es gibt nichts, was nicht irgendwann geschieht«! Auch unwahrscheinliche Totalausfälle sind möglich! In diesem Sinne ist die beste Kaufempfehlung ein Tauchshop des Vertrauens mit eigener Werkstatt. Hier kann der gekaufte Atemregler in regelmäßigen Abständen, am besten in einem Jahreszyklus, gewartet und repariert werden. Konstruktive Veränderungen oder Nachrüstungen lassen sich so vielfach kostengünstig an den Reglern vornehmen, so dass der technische Zustand immer auf höchstem Niveau ist. Der Kunde hat immer einen geeigneten Ansprechpartner, individuelle Beratung und genießt den Vorteil kurzer Ausfallzeiten, da der Atemregler zur Reparatur oder Wartung nicht einzuschicken ist. Der Einsatz von Titan scheidet leider für Nitrox völlig aus, da sich das leichte Metall nicht mit sauerstoffangereicherten Atemgasen verträgt. Der Trend vieler Hersteller ist eindeutig erkennbar. Gerade Komfort und Gewichtsreduzierung durch Einsatz neuer Materialien, gepaart mit geschickter Reduzierung der Größe, führte in den letzten Jahren zu Reglern, deren zweite Stufe angenehm zu tragen ist, so dass auch nach längeren Tauchzeiten die Kiefermuskulatur nicht übermüdet. Leider hat der Nitroxtaucher noch nicht die große Auswahl an geeigneten Atemreglern. Meist haben die Hersteller gerade mal einen geeigneten Regler in ihrem Sortiment, so dass der Käufer, will er vergleichen, meist nur zwischen verschiedenen Fabrikaten wählen kann. Das Tauchen mit Nitrox hat erst in jüngster Zeit einen gewissen Zulauf erfahren. Bürokratische Regelungen erschweren dabei die Verbreitung im europäischen Raum. In den USA und vielen anderen Staaten hat sich eine Regel

■ Gerätekonfiguration für Nitrox, wobei der Taucher für seine Dekompression reinen Sauerstoff mitführt.

durchgesetzt, die besagt, dass für Atemgemische bis vierzig Prozent Sauerstoff alle Regler für Luft gefahrlos einsetzbar sind, soweit sie sauerstofftauglich sind. Somit sind in den meisten Tauchgebieten spezielle Nitroxatemregler nicht erforderlich. Ist aber die Entscheidung für einen separaten Regler für sauerstoffangereicherte Gemische gefallen, ist unbedingt darauf zu achten, dass die Sauerstoffreinheit weiterhin gewährleistet bleibt. Gut verpackt transportiert, wird verhindert, dass Textilfasern und Fette den Regler verunreinigen.

Das Bild auf Seite 133 zeigt eine Gerätekonfiguration für Nitrox, wobei der Taucher für seine Dekompression reinen Sauerstoff mitführt. Dieser Atemregler muss für den Gebrauch von reinem Sauerstoff ausgelegt sein.

Vor allem beim Einsatz von reinem Sauerstoff oder hoch angereicherten Decogasen ist auf peinliche Reinheit zu achten. Zusammen mit einem Luftregler verpackt, besteht immer die Gefahr, dass der sauerstoffreine Regler mit Silicon verunreinigt wird. Dies dürfte vor allem der Grund dafür sein, dass nicht viele Hersteller Regler in ihrem Sortiment haben, die für hohe Sauerstoffanteile geeignet sind. Meistens wird vom Hersteller nur eine Garantie bis maximal vierzig Prozent Sauerstoff gewährleistet. Also beim Kauf unbedingt darauf achten. Ein fahrlässiges »wird schon gut gehen« kann unter Umständen mit einer lebensgefährlichen Explosion enden. Mit reinem Sauerstoff oder hoch angereicherten Gemischen ist leider nicht nur beim Tauchen äußerste Vorsicht geboten. Das leidliche Problem könnte schnell und unbürokratisch gelöst werden, würden alle Hersteller beim Bau der Atemregler sauerstofftaugliche Materialien einsetzen. Besondere Vorsicht ist daher geboten, wenn der Manometer oder Sender vom Atemregler für Luft auf den Nitroxregler geschraubt wird. Der Hochdruckabgang erfordert, dass die Gewinde zu entfetten sind und normale O-Ringe durch Vitondichtungen getauscht werden. Vor allem dann, wenn die O-Ringe, wie üblich, mit Silicon gefettet waren und Nitroxgemische mit hohen Sauerstoffanteilen zum Einsatz kommen. Hier besteht echte Explosions- und Lebensgefahr.

5.2.3.4 Oktopus und Westenautomaten

Lebenswichtige Sicherheitssysteme werden in der Technik stets redundant ausgelegt. Dies bedeutet, dass sie mindestens zweifach vorhanden sind. Wenn eines der beiden Systeme ausfällt, ist das andere immer noch funktionsfähig, so dass das Gesamtsystem brauchbar bleibt. Ein Zweitautomat, Oktopus oder Westenautomat erfüllt diese redundante Funktion, so dass bei einem Ausfall des Atemreglers noch sicher und gefahrlos ausgetaucht werden kann.

Der Westenautomat ist bezüglich funktionsfähiger Redundanz ein Kompromiss mit wenig Vorteilen. Die kleinen kompakten Automaten werden am Inflatorschlauch des Jackets angeschlossen und sind stets griffbereit und leicht. Sie benötigen keinen zusätzlichen Luftschlauch, und sind für erste Stufen mit wenig Mitteldruckabgängen die geeignete Wahl. Doch fällt die erste Stufe aus, bekommt auch der Westenautomat keine Luft mehr. Auch sind sie nur bedingt als alternative Gasversorgung für den Partner geeignet. Der Faltenschlauch des Jackets ist hierfür zu kurz. In einer Notsituation empfiehlt sich, dem Partner den eigenen Automat zu reichen und selbst aus dem Notsystem zu atmen. Die kleinen Westenautomaten sind darüber hinaus relativ störanfällig, neigen zum »Wasserziehen« und sind wartungsbedürftig. Für ihren relativ hohen Preis bekommt man oft schon einen Zweitautomat. Sauerstofftauglichkeit oder gar Reinheit ist bei dieser Variante nicht gewährleistet.

Der Oktopus ist eine zusätzliche zweite Stufe, die mit einem überlangen Schlauch an die erste Hochdruckstufe anzuschließen ist. Üblicherweise sind Schlauch und zweite Stufe eines Oktopusautomaten durch Signalfarbe – meist gelb – gekennzeichnet. Die Erfahrung hat gezeigt, dass bei kürzeren Schläuchen als einen Meter die Bewegungsfreiheit für zwei Taucher erheblich eingeschränkt ist. Weit verbreitet ist bei den Oktopusautomaten die beidseitige Anschlussmöglichkeit des Mitteldruckschlauches. Jede gewünschte Schlauchführung ist so gewährleistet. Wichtig vor allem für die Partnerhilfe. Viele Zweitautomaten sind so angeordnet, dass sie zur eigenen Luftversorgung dienen. In einem Notfall, wo Partnerhilfe gefordert ist, bekommt dieser den ersehnten Automat meist falsch in den Mund. Der Blasenabweiser liegt dann oben und der gestresste Partner wird kräftig Wasser schlucken. Für Tauchgänge in warmen tropischen Gewässern ist ein Oktopus meist ausreichend, da glücklicherweise die erste Stufe selten ausfällt. In kalten Gewässern kann ein Oktopus katastrophale Folgen haben. Problem ist vielfach die Vereisung der ersten Stufe. Partnerhilfe ist gefordert. Mit Oktopus atmen zwei Taucher aus einer ersten Stufe, so dass auch für diesen Atemregler Vereisung droht, da in einer Gefahrensituation, auf Grund von aufkommenden Stress, die Atemfrequenz beider Taucher steigen wird. Der daraus resultierende hohe Luftdurchsatz kann in kurzer Zeit zur Vereisung des Atemreglers führen.

Ein völlig getrennter Zweitautomat ist aus diesem Grund die beste Lösung, vor allem bei Tauchgängen in kaltem Wasser. Die zusätzliche erste Stufe darf dann auch etwas sparsamer ausgelegt sein. Sie hat in der Regel weniger Mitteldruckabgänge. Ein sicherheitsbewusster Taucher wird sich aber nicht nur auf zwei separate Automaten verlassen. Er wird darüber hinaus durch zwei getrennte Ventile die Redundanz seines Atemsystems erhöhen. Bläst jetzt ein Automat ab, kann er ein Ventil absperren und ist in der Lage, ohne Luftverlust den Tauchgang mit seinem zweiten unabhängigen System zu beenden. In diesem Zusammenhang sei darauf hingewiesen, dass Kugelventile für den Einsatz von Nitrox völlig ungeeignet sind. Bei dieser Bauart wird der Gasstrom schlagartig feigegeben. Hierbei kommt es zu gefährlichen Druckstößen, die bei sauerstoffangereicherten Atemgasen unter Umständen zu Selbstentzündung führen können.

Fazit: Echte Sicherheit bieten nur zwei voneinander unabhängige Systeme. Oktopus oder Westenautomat sind bestenfalls ausreichende Kompromisslösungen, wobei der Oktopus größere Vorteile gegenüber dem Westenautomat bietet. Für Tropentaucher, die Gewicht und Platz in ihrem Reisegepäck einsparen möchten, ist der Westenautomat die einzige und damit beste Alternative, denn es ist eine zusätzliche Luftversorgung, auf die kein Taucher verzichten darf. Da in tropischen Tauchgebieten meist nur Nitroxgemische bis maximal vierzig Prozent Sauerstoff erhältlich sind,

■ Mehr Zeit zum Beobachten und Genießen mit Nitrox

kann der für sauerstoffangereicherte Gasgemische ungeeignete Westenautomat unter Umständen eingesetzt werden.

5.3 Tauchanzüge

Was hat Nitroxtauchen mit der Wahl eines geeigneten Kälteschutzes zu tun, wird sich der Leser an dieser Stelle zu Recht fragen. Bei der Wahl des Tauchanzuges scheint es doch egal zu sein, mit welchem Gas getaucht wird. Der Kälteschutz spielt aber gerade beim Tauchen mit Nitrox eine wesentliche Rolle, so dass der richtige Tauchanzug ein wichtiger Mosaikstein für das sichere Tauchen mit sauerstoffangereicherten Gemischen darstellt. Der Leser hat in den vorausgegangenen Kapiteln erfahren, dass Nitroxatemgase die Tauchzeit erheblich verlängern können. Der geeignete Kälteschutz hat die Aufgabe, den Taucher vor Unterkühlung zu schützen und gewährleistet, dass am Ende eines langen Nitroxtauchgangs die Stickstoffentsättigung beim Auftauchen und Dekomprimieren noch zufriedenstellend funktioniert. Aus einem unterkühlten Organismus kann der Stickstoff in der Dekompressionsphase nur langsam entweichen. »Je wärmer umso besser!« ist aber auch nicht die richtige Lösung. Wärmestau und Wasserverlust durch übermäßiges Schwitzen sind ebenso gefährlich, so dass für jedes Gewässer ein geeigneter Kälteschutz erforderlich wird. Aus diesen Gründen sollen die folgenden Betrachtungen nützliche Entscheidungshilfen bei der Wahl eines Tauchanzuges sein.

■ Normaler Nasstauchanzug vorne Halbtrocken mit Trockenreißverschluss hinten

5.3.1 Tropen-, Naß oder Halbtrocken?

Freundliche Farben und pfiffige Schnitte machen die Wahl oft schwer. Materialstärke und Art des Kälteschutzes sollten sich aber in erster Linie an den Tauchgewohnheiten orientieren.

■ Tropenanzug

■ Shorty

Da sich der Taucher im Medium Wasser bewegt, spielen die Konvektion und Wärmeleitung eine erhebliche Rolle. Durch das vorbeistreichende Wasser (Konvektion) wird dem ungeschützten Taucher erheblich Wärme entzogen, so dass es selbst in tropischen Gewässern nach relativ kurzer Zeit zur Unterkühlung kommt. Aufgabe der Tauchanzüge ist es, Wärmeverlust vor allem durch Konvektion zu unterbinden oder sie so weit als möglich einzuschränken.

Beim Kauf ist daher unbedingt auf ausreichenden Schutz der kälteempfindlichen Problemzonen zu achten. Es sind dies vor allem der Kopf, der Nackenbereich, der Bauch, die Leistenregion und der Rücken im Bereich der Nieren. Auch Handgelenke, Hände, Knöchel und Füße gelten als besonders empfindsam. Dies zeigt bereits die erhebliche Einschränkung eines Shortys mit halblangen Armen und Beinen.

Wird ausschließlich im Süßwasser getaucht, ist die Entscheidung für einen Trockentauchanzug oder »Halbtrockenen« nicht falsch. Der Wärmeverlust ist bei den »Halbtrockenen« durch Bein und Armmanschetten nahezu unterbunden. Um die Auskühlung von Hand und Fußgelenken zu reduzieren, sind die Manschetten meist doppelt, so dass man Füßlinge und Handschuhe einklemmen kann. Eine Überziehweste, die zusätzlich über dem Overall getragen wird, verbessert im Bereich des Rückgrates und der Nieren den Kälteschutz. Eine angesetzte Kopfhaube bietet darüber hinaus für den empfindlichen Nackenbereich ausreichende Wärme. Der klassische Nasstauchanzug, als Long John mit Jacke und reichlich Reißverschlüssen zum besseren Einstieg an Armen und Beinen, eignet sich für ausgedehnte Nitroxtauchgänge nur bedingt in gemäßigten Zonen wie Mittelmeer, Rotes Meer und im Sommer für die kanarischen Inseln.

Fazit: Beim Kauf eines Tauchanzuges ist stets auf perfekte Passform zu achten. Er darf nicht zu eng, sollte aber auf keinen Fall zu weit geschnitten sein. Ein schlecht sitzender, vor allem zu weiter Tauchanzug wird durch den mit Konvektion verbundenen Wärmeverlust nie den erwünschten Schutz vor Unterkühlung bieten. Vor allem sollte man für eine Anprobe genügend Zeit mitbringen und sich vor dem Kauf für Tropen-Nass oder Halbtrocken entschieden haben. Steht man am Ende vor der Frage »Mode« oder »Passform« - ist stets der perfekte Sitz die geeignete Wahl. Wird kein Anzug mit perfekter Passform gefunden, sind Kompromisse eine schlechte Lösung, die man früher oder später bereut. Der Aufpreis für eine Maßanfertigung macht sich dann auf alle Fälle bezahlt.

5.3.2 »Trocken oder Nass?«

5.3.2.1 Halbtrocken-Anzüge mit Trockenzip

Diese Art von Kälteschutz hat sich in der Taucherszene als echte Alternative zu den Trockentauchanzügen etabliert. Vor allem Kaltwassertaucher schätzen diese neue Generation von Tauchanzügen, da sie sich wie ein Nassanzug tauchen und nahezu die Wärmeisolation eines »Trockis« bieten und dies bei vergleichsweise geringen Anschaffungskosten.

■ Halbtrocken mit Trockenzip. Geheimnis der besseren Isolation ist der gasdichte Reißverschluss, der meist quer über dem Rücken verläuft.

Die Hersteller haben sich mit dieser Variante an den Wünschen der Taucher orientiert. Normalerweise erfolgt der größte Wasseraustausch bei den Nasstauchanzügen durch die Reißverschlüsse. Nicht so bei den »Neuen«. Geheimnis der besseren Isolation ist der gasdichte Reißverschluss, der meist quer über dem Rücken verläuft (siehe rechter Taucher mit »isotherm« von mares auf der Abbildung Seite 139). Mit den nahezu dichten Manschetten an Armen, Beinen und Hals dringt das Wasser nur langsam in den Anzug ein. Der Wasserfilm zwischen Anzug und Haut erwärmt sich rasch durch die körpereigene Wärme und bildet eine gute Isolation. Ist genügend Wasser für den erforderlichen Druckausgleich eingedrungen, findet kaum mehr Wasseraustausch mit der Umgebung statt. Von großem Vorteil sind dabei noch Doppelmanschetten, zwischen die sich Handschuhstulpen und Füßlingschäfte einlegen lassen. Obwohl der einzige Wasseraustausch über die Manschetten erfolgt, dürfen diese auf keinen Fall absolut dicht sitzen, da sonst durch den fehlenden Druckausgleich und dem damit verbundenen Unterdruck im Anzug die Gefahr eines Hautbarotraumas besteht.

Passform: Durch den minimalen Wasseraustausch, der nur über die Manschetten erfolgt, ist die Passform dieser Anzüge nicht mehr von ausschlaggebender Bedeutung. Er kann etwas lockerer sitzen, so dass bei Eistauchgängen noch ein Gilet oder Shorty aus Neopren darunter getragen, zusätzliche Wärmeisolation bietet. Sitzt der Anzug nicht so eng, ist ein leichteres An- und Ausziehen ein zusätzliches Plus gegenüber den halbtrockenen Vorgängern. Zur besseren Wärmeisolation des empfindlichen Nackenbereichs werden die meisten Anzüge mit angesetzter Kopfhaube geliefert. Bei manchen Modellen ist die Kopfhaube abnehmbar, so dass der Anzug auch in wärmeren Gewässern gute Dienste leisten soll. Die Wahl sollte dabei wohl überlegt sein, da in diesem Fall nur noch eingeschränkter Wärmeschutz für den empfindlichen Nacken besteht.

Material: Die Overalls werden aus Neopren mit Stärken von etwa sieben Millimetern gefertigt. Innenkaschierungen erhöhen den Tragekomfort. Die gasdichten Reißverschlüsse sind wie bei den Trockentauchanzügen pflegebedürftig und reagieren empfindlich auf Knickbeanspruchung. Für eine lange Lebensdauer ist regelmäßiges fetten ein Muss. Im Tauchgepäck verstaut reagiert der Reißverschluss sehr empfindlich auf Knickbeanspruchung. Ein Austausch wird teuer.

Fazit: Wer leidenschaftlich gerne in kalten Gewässern taucht, sich aber mit den gewöhnungsbedürftigen Trockentauchanzügen nicht anfreunden kann und den Wasserkontakt nicht missen möchte, ist mit einem Halbtrockenen mit wasserdichtem Reißverschluss bestens beraten. Bei Verwendung von Nitrox bietet der Halbtrockene mit gasdichtem Reißverschluss einen zusätzlichen Vorteil gegenüber einem Trockentauchanzug. Zum Druckausgleich ist kein Atemgas nötig.

5.3.2.2 »Extra dry« Trockentauchanzüge

Sind die richtige Entscheidung für Ganzjahrestaucher, die es auch unter Eis behaglich warm haben wollen und bei jedem Wetter in die Fluten steigen.

Nur Kopf und Hände sind in der Regel bei einem Trockentauchanzug dem Wasser ausgesetzt, wobei integrierte Handschuhe bei einigen Modellen oder auch nachrüstbare

■ Tauchgänge in der kalten Jahreszeit erfordern einen guten Kälteschutz

Trockentauchhandschuhe selbst die empfindlichen Hände trocken halten. Der notwendige Druckausgleich im Anzug wird durch Luft oder ein anderes Gas hergestellt. Beim Abtauchen wird über den Inflator Gas in den Anzug geblasen. Dies dient zum Druckausgleich im Anzug, wobei der Innendruck dem Umgebungsdruck angepasst wird. Mit der Luft im Anzug tariert sich der Taucher aus und schützt sich durch die zusätzliche Wärmeisolation gegen das kalte Wasser. Beim Auftauchen wird

■ CHECK UP SYSTEM für trockene, warme Hände auch im kalten Wasser

das sich nach dem Gesetz von Boyle Mariotte ausdehnende Gas im Anzug über ein Ventil ins Wasser abgeblasen. Nicht zu unterschätzen ist hierbei die Gefahr durch sauerstoffangereicherte Atemgasgemische. Da unter einem Trockentauchanzug meist funktionelle Kunstfasern als wirksamer Kälteschutz zum Einsatz kommen, besteht bei hohen Sauerstoffanteilen im Atemgas eine hohe Entzündungsgefahr bei Funkenbildung. Sei es statische Aufladung oder fliegende Glut eines rauchenden Zeitgenossen, die beim Öffnen des Reißverschlusses zufällig in den Anzug fällt. Bei höheren Sauerstoffanteilen im Atemgas ist aus diesem Grund eine Zusatzflasche mit Luft für die Tarierung des Trockentauchanzuges empfehlenswert (siehe Abbildung). Diese versehen mit Atemregler ergibt ein zusätzliches redundantes Bailoutsystem und erhöht die Sicherheit des Tauchgangs.

Gasart	Wärmeleitfähigkeit in W/m•K
Argon	0,00162
Stickstoff	0,00241
Sauerstoff	0,00243
Helium	0,01484

Die Tabelle zeigt die Wärmeleitfähigkeit verschiedener Gase[46]. Die Verwendung von Argon zur Tarierung des Trockentauchanzuges wird vor allem beim technischen Tauchen auf Grund der schlechteren Wärmeleitfähigkeit des Edelgases praktiziert. Der positive Effekt ist aber umstritten. Der Vorteil einer Tarierung mit einem atembaren Gas und dem damit verbundenen zusätzlichen Notsystem dürfte den Wärmeeffekt mehr als kompensieren.

■ Taucher mit Zusatzflasche zum Belüften des Trockentauchanzugs

5.3.2.3 Nylonhüllen oder Membrananzüge
Sie sind pflegeleicht und nahezu unverwüstlich. Ihre Wärmeisolationsfähigkeit ist aber gering, so dass gut wärmende Unterzieher getragen werden müssen. Je nach Jahreszeit kann sich der »Neptunjünger« variabel mit Jogginganzug oder sehr gut wärmendem Unterzieher den jeweiligen Wassertemperaturen anpassen. Dick verpackt im kalten Wasser wird aber die Beweglichkeit erheblich eingeschränkt. Längere Schnorchelstrecken können beschwerlich werden. Dünne funktionale, aber dennoch fantastisch wärmende Unterzieher verbessern erheblich den Tauch- und Schwimmkomfort. Da das Material des Tauchanzugs nicht dehnbar ist, sind die Anzüge großzügig geschnitten und werden mittels innen angebrachter Hosenträger oder Schrittgurte in Form gebracht. Der Schnitt erleichtert zwar das An- und Ausziehen, hat aber den Nachteil, dass sich mehr Luft im Anzug »verstecken« kann. Luftundurchlässig beschichtete Unterzieher unterstützen diesen negativen Effekt. Der Taucher braucht mehr Blei.

5.3.2.4 Neoprenanzüge
Sie sind deutlich wärmer, da das Material auch ohne Unterzieher eine hohe Isolationswirkung besitzt. Das Unterzeug kann selbst bei Eistauchgängen erheblich dünner ausfallen. Durch den passgenauen Schnitt ist normalerweise weniger Blei nötig. Neopren ist im allgemeinen empfindlicher als die Kunststoffhüllen. Eine Alternative ist daher Crash- oder Kompressed-Neopren. Das komprimierte Material ist deutlich wiederstandsfähiger und bietet den Vorteil, dass Auftrieb und Wärmeisolationsfähigkeit mit zunehmender Tiefe kaum abnehmen. Zu-

■ Membrantrockentauchanzug

■ Reißverschlussverlauf ermöglicht eigenständiges Öffnen und Schließen

sätzliche Kevlarbeschichtungen an stark beanspruchten Stellen wie Laufsohle, Knie und Ellbogen erhöhen die Lebenserwartung.
Reißverschlüsse sind bei den Trockentauchanzügen meist quer über dem Rücken angebracht und erfordern zum Öffnen und Schließen den Tauchpartner.
Diagonal über den Körper angebrachte oder von Hüfte über Hals bis zur Brust verlaufende Reißverschlüsse (siehe Abbildung oben) ermöglichen zwar das Öffnen und Schließen auch ohne Partner sind aber wesentlich

■ Reißverschlussverlauf erfordert Partnerhilfe

arctic 300 FE von Aqualung mit Reißverschluss quer vorne

teurer. Ständige Beanspruchung durch den Bleigurt erhöht die Gefahr einer Beschädigung und der damit verbundenen kostspieligen Reparatur. Hier wurde beim arctic 300 FE von Aqualung (siehe Bild oben) ein optimaler Kompromiss gefunden. Der Reißverschluss ist vorne angebracht und ermöglicht das selbstständige Anziehen. Ist der Taucher im Anzug, kann er selbst bequem den Reißverschluss schließen, legt die Enden wie einen Latz um den Körper und fixiert sie mit dem Klettverschluss (Bild rechts). Der Anzug ist aus Crash - Neopren gefertigt.
Eine weitere Besonderheit bietet der Trockentauchanzug des italienischen Herstellers Aqua3. Der Reißverschluss verläuft bei diesem Anzug aus Kompressed-Neopren diagonal an der Vorderseite des Körpers (Seite 146, rechtes Bild). Durch die geschickte Führung ist es dem Taucher möglich, sich selbst und ohne fremde Hilfe anzuziehen und auch wieder auszuziehen. Der empfindliche gasdichte Reißverschluss wird zusätzlich ge-

schützt durch zwei farbige Kunststoffstreifen die von einem zweiten Reißverschluss verschlossen werden. Zum leichteren Anziehen ist das obere Teil des Anzuges etwas länger geschnitten. An der Taille umgelegt und durch einen Schrittgurt fixiert, hat der Anzug die richtige Passform. Gummibänder an den Beinen führen dazu, dass der Anzug eng anliegt aber dennoch eine große Bewegungsfreiheit bietet (Bild links). Absolut positiv sind bei diesem Trockentauchanzug die festen Schnürschuhe mit Vibransohle, die

■ Trockentauchanzug des italienischen Herstellers Aqua3. Der Reißverschluss verläuft bei diesem Anzug diagonal an der Vorderseite

■ Gummibänder an den Beinen führen dazu, dass der Anzug eng anliegt aber dennoch eine große Bewegungsfreiheit bietet

■ Schnürschuhe mit Vibransohle sorgen für optimalen Halt und Rutschfestigkeit und schonen das Neopren

nicht nur für optimalen Halt und Rutschfestigkeit sorgen, sondern darüber hinaus auch den Anzug vor einer Leckage schützen. Sei es durch Glas oder andere spitze Gegenstände, die oft achtlos ins Wasser geworfen werden.

Pflege ist bei allen »Trockis« unumgänglich. Ab und zu ist in regelmäßigen Abständen der Reißverschluß von außen mit Paraffin oder Wachsstift zu schmieren. Zur Erhaltung der Geschmeidigkeit und für eine längere Haltbarkeit ist stets Talkum auf den Manschetten kein Luxus.

Manschetten gibt es aus Latex oder Neopren. Da allergische Reaktionen auf Latex zunehmen, ist bei Sensibilität Vorsicht geboten. Latexmanschetten sind meist zu eng und sind individuell anzupassen. Der passgerechte Zuschnitt ist besser dem Händler zu überlassen, da falsch abgeschnittene Manschetten sehr leicht einreißen und nicht richtig abdichten. Wurde zum Beispiel zuviel von den konisch verlaufenden Manschetten abgeschnitten, helfen nur noch neue. Sind die Manschetten zu eng, wird es vor allem am Hals unangenehm. Luftnot und Durchblutungsstörungen sind bei zu enger Halsmanschette nicht ungefährlich. Eine Halsmanschette hat dann die richtige Weite, wenn der Umfang der Öffnung etwa fünfzehn bis zwanzig Prozent kleiner ist als der gemessene Halsumfang. Gleiches gilt auch für die Armmanschetten aus Latex. Neoprenmanschetten sind wesentlich angenehmer. Leider sind sie empfindlicher und teurer. Weiterhin ist zu beachten, dass Manschetten aus Neopren erst dann dichten, wenn sie nach innen eingeschlagen sind. Das glatte Neopren muss auf der Haut aufliegen. Damit die Luft im Anzug die Manschetten nicht ungewollt umklappt, sind sie so weit wie möglich einzuschlagen.

Fazit: Die hohe Investition eines »Trockenen« zahlt sich nach jahrelangen Tauchgängen in kalten Gewässern aus. Die eigene Gesundheit wird es danken. Viele Kaltwassertauchgänge hinterlassen sonst ihre Spuren. Auch beim Tauchen mit Trockentauchanzügen ist der Bestimmung der präzisen Bleimenge die notwendige Zeit im Flachwasser zu widmen. Ein Zuviel an Blei birgt die Gefahr, dass an der Halsmanschette ein erheblicher Druck entstehen kann, der unter Umständen die Blutzirkulation einschränkt. Zu viel Luft im Anzug kann zusätzlich dazu führen, dass sie schlagartig über die Halsmanschette entweicht. In diesem Fall verliert der Taucher sofort seinen Auftrieb und sinkt. Aus diesem Grund sollten Trockentauchanzüge nur in Verbindung mit einem Jacket getaucht werden. Das Tarieren beider Systeme, Jacket und Trockentauchanzug, ist vor den ersten Freiwassertauchgängen unbedingt unter Aufsicht eines erfahrenen Tauchlehrers zu üben. Auch hierbei sollte man sich gebührend Zeit lassen. Hat der Taucher zu wenig Blei, kann er sich am Ende des Tauchgangs nicht mehr auf der Tiefe für den gebotenen Sicherheitsstopp halten. Durch den Gasverbrauch ist die gesamte Abtriebskraft geringer geworden. Die Auftriebskraft überwiegt. Da viele Trockentauchanzüge mit einem Reißverschluss ausgestattet sind, der quer über den Rücken verläuft, ist beim An- und Ausziehen unbedingt Partnerhilfe gefordert. Um Beschädigungen an Manschetten, Reißverschluss und Ventilen vorzubeugen, ist die Partnerhilfe auch beim Anlegen des Tauchgerätes nützlich und erspart auf Dauer teure Reparaturkosten. Vor der Anschaffung eines teuren Trockentauchanzugs ist empfehlenswert, erst einmal einen Kurs zu belegen. Hierbei wird der Taucher mit allen Tricks und Kniffs vertraut gemacht und kann sich anschließend besser beim Kauf beraten lassen. Fehler werden so vielfach vermieden. Beim Tauchen mit sauerstoffangereicherten Atemgasen sollte die Tarierung des Anzuges mit Luft erfolgen.

5.4 Nitrox Tauchcomputer

Für Presslufttaucher hat der kleine »elektronische Denker« schon lange die Dekompressionstabellen abgelöst, so dass es bei vielen Freizeittauchern fraglich ist, ob sie den sicheren Umgang mit ihrer Dekompressionstabelle noch beherrschen. Da die Elektronik heute in allen nur denkbaren Bereichen als ein selbstverständlicher Begleiter akzeptiert wird, ist eine Kontrolle oder ein kritisches Hinterfragen eher selten geworden. Der Anzeige des elektronischen Tauchbegleiters wird im Regelfall »blind« vertraut. Da die auf dem Markt befindlichen Tauchcomputer sehr zuverlässig sind, ist für viele die Kontrolle mit einer Tabelle eher lästig, so dass, wenn überhaupt, nur zu Beginn einer Tauchkarriere die Tabelle als nützlich akzeptiert wird. Meist erfolgt sehr schnell die Ablösung durch den bequemen und sicheren Tauchcomputer. Gerade bei Tauchgängen mit unterschiedlichen Verweildauern in verschiedenen Tiefen oder Tauchgängen mit wechselnden Tiefenprofilen ist der elektronische Begleiter neben dem »Wheel« von PADI die einzig akzeptable Lösung, will man nicht unnötig lange Dekompressionszei-

■ Der Autor beim Computertest mit SCR Azimuth

ten in Kauf nehmen. Normalerweise ist ein mit Tabelle geplanter Tauchgang konservativer und daher sicherer als ein Tauchgang mit Computer, der vor allem die Gefahr birgt, dass sich der Taucher häufiger an der Grenze der Nullzeit bewegt und unter Umständen auch bei einem Nullzeittauchgang Symptome einer Dekompressionskrankheit erleidet. Dennoch ist der elektronische Begleiter heute nicht mehr wegzudenken und hat die Sporttaucherei in den vergangenen Jahren nicht nur bereichert, sondern zweifelsfrei zur Verbesserung der Sicherheit beigetragen, da mit dieser Errungenschaft Schätzungen und die damit verbundenen Fehler der Vergangenheit angehören.

Vor einem Tauchgang, während des Tauchens und selbstverständlich auch nach einem Tauchgang versorgen die elektronischen Tauchbegleiter ihren Besitzer mit wichtigen und interessanten Informationen.

Doch jedes elektronische Gerät kann ausfallen. Was dann? Tauchen ohne redundante Systeme birgt stets die Gefahr, Dekompressionsprobleme zu bekommen. Mit Uhr, einem zusätzlichen Tiefenmesser und einer Dekompressionstabelle kann die Anzeige eines Tauchcomputers stets kontrolliert werden und der Taucher kann bei Ausfall seines Tauchcomputers immer sicher austauchen.

Die wesentlichen Funktionsprinzipien, Unterschiede zwischen einzelnen Modellen und die Vorzüge der Nitroxcomputer sollen im Mittelpunkt der folgenden Betrachtungen stehen.

5.4.1 Das Funktionsprinzip

In einem Tauchcomputer befindet sich eine elektronische Uhr und ein elektrisches Meßsystem zur Bestimmung der Tauchtiefe und der Umgebungstemperatur. Neben diesen

■ Wichtige Ein- und Ausgabeeinheiten eines Tauchcomputers. Input sind Messwerte und manuelle Eingaben. Output sind aktuelle Messwerte des Tauchgangs, akustische Warnungen und Ausgaben an einen PC.

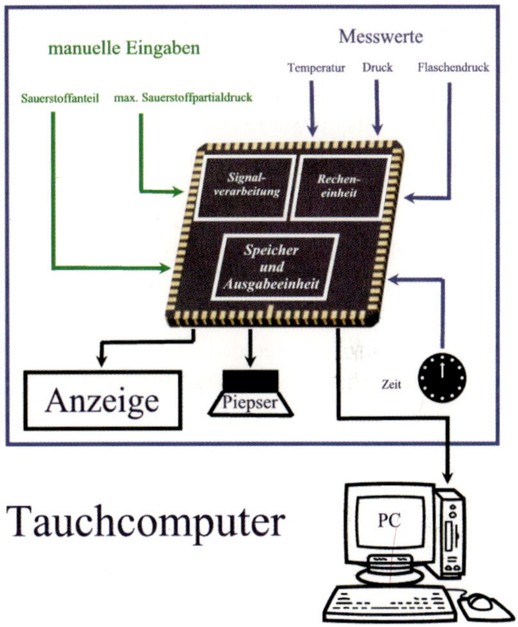

notwendigen Systemen gibt es noch zusätzliche Sensoren für den Flaschendruck bei luftintegrierten Rechnern und ein Empfangsteil bei schlauchloser luftintegrierter Bauweise. Das Herz eines jeden Tauchcomputers ist sein Rechenchip mit Speicher, der die Auswertung der Messdaten realisiert. Hier gilt es mit Hilfe von Modellen die Vorgänge im Organismus eines Tauchers so gut und sicher wie nur möglich zu simulieren, um sie anschließend in einer übersichtlichen und einfachen Form auf einem gut ablesbaren Display darzustellen. Zu diesem Zweck wird, wie in 3.3 ausführlich dargestellt, der menschliche Organismus durch verschiedene Kompartemente mit unterschiedlichen Gewebehalbsättigungszeiten nachgebildet. Für die einzelnen Gewebemodelle errechnet der Computer die jeweiligen Sättigungs- oder Entsättigungszustände, fasst sie zusammen und ermittelt geeignete Auftauchvorschriften mit Aufstiegsgeschwindigkeit und notwendige Haltestufen wie Sicherheits- und Dekompressionsstopps. Für den Nitroxtaucher steht eine weitere wichtige Anzeige zur Verfügung. Die Sauerstofftoxizität CNS O_2%, die sich aus Zeit, Tiefe, und Gemischzusammensetzung und bei luftintegrierten Rechnern zusätzlich noch aus der körperlichen Leistung errechnet. Aus den Luftverbrauchsdaten ist es möglich, die körperliche Leistung und Anstrengung eines Tauchers abzuschätzen. Die körperliche Leistung des Tauchers hat neben der Auswirkung auf die Sauerstofftoxizität auch erhebliche Auswirkungen auf die Stickstoffsättigung. Nur luftintegrierte Tauchcomputer können diese Einflussfaktoren berücksichtigen und ihr Rechenprogramm den jeweiligen Bedingungen anpassen. Da für die Mechanismen der Sättigung und Entsättigung Druck und Temperatur maßgebend sind, gehören Druck- und Temperatursensoren zum Standard eines jeden Tauchcomputers. Auch wenn einige Modelle die Wassertemperatur während des Tauchgangs nicht anzeigen, berücksichtigen sie dennoch die Wassertemperatur zur Bestimmung der Austauchdaten. Bei einigen Tauchcomputern von uwatec ist es erst nach dem Überspielen der Daten auf einen PC möglich, die minimale Temperatur des Tauchgangs auszulesen. Andere Rechner, wie zum Beispiel der Archimede von Cressi-sub, cobra von SUUNTO oder der M1 von mares, bieten die Möglichkeit, die Temperatur direkt abzulesen. Doch keiner der Rechner ist in der Lage, den Kälteschutz des Tauchers zu berücksichtigen. Die Durchblutung, vor allem der Haut, ist sehr stark temperatur- und auch leistungsabhängig. Die Durchblutungsänderung auf Grund wechselnder Wassertemperaturen und Tätigkeiten kann jedoch die Halbwertszeiten von Haut und Muskelkompartemente erheblich beeinflussen. Die Abkühlung der Haut und der darunter liegenden Muskelgewebe kann ein Rechenmodell nur unabhängig von der Wahl des Kälteschutzes, an Hand der Wassertemperatur und der Tauchzeit, errechnen. Der Tauchcomputer unterscheidet nicht, ob ein Taucher mit normalem Nasstauchanzug oder einem gut isolierenden Trockentauchanzug taucht. Rechner, die den Kälteeinfluss berücksichtigen, verkürzen daher im Kaltwasser unabhängig vom gewählten Tauchanzug die Nullzeiten oder verlängern notwendige Dekompressionszeiten. Bei der luftintegrierten Bauweise wirkt sich ein höherer Luftverbrauch ebenfalls auf die Berechnung aus. Nullzeiten werden verkürzt. Dekompressionszeiten verlängert. In einem Modell mit verschiedenen biologischen Halbwertszeiten, basierend auf den Rechenmodellen von Haldane und der im Lauf zunehmender Erfahrungen aus der Tauchpraxis modifizierten Berechnungen, ist es möglich, den jeweiligen Entsättigungs- und Sättigungszustand der Gewebe zu ermitteln. Dies geschieht im Prozessor der Tauchcomputer. Neue Rechenmodelle berücksichtigen in ihrem Algorithmus nicht nur die Lösung von Gasen im Organismus, sondern simulieren darüber hinaus die Entstehung der Mikroblasenbildung, um das Dekompressionsrisiko für den Taucher weitgehend zu minimieren. Ziel dieser Modelle ist es, Wiederholungstauchgänge und Tauchgänge mit ungünstigen Tauchprofilen sicherer zu kontrollieren, um dem Taucher hierbei die für ihn günstige Austauchvorschrift an die Hand zu geben. Ungünstige Tauchprofile sind in diesem Zusammenhang kurz aufeinanderfolgende Tauchgänge mit geringer Oberflächenpause, Jo Jo Tauchgänge und Wiederholungstauchgänge, die tiefer als der vorhergegangene sind. Der Taucher muss sich aber stets bewusst sein, dass alle Berechnungen nur auf Modellen basieren. Die tatsächlichen Vorgänge im Körper eines Tauchers sind nicht berechenbar. Die Rechner von uwatec berücksichtigen bei ihren Berechnungen acht Kompartemente mit einer Halbwertszeit von minimal 5 Minuten bis maximal 640 Minuten (ZH L8). In den gleichen Zeitgrenzen rechnen mit neun Kompartementen der Archimede von cressi-sub und der SURVEYOR NITROX von mares. Auch der cobra und VITEC von SUUNTO berücksichtigen neun Gewebemodelle, jedoch mit Halbsättigungszeiten von minimal 2,5 Minuten bis zu maximalen 240 Minuten für die Sättigung. Für die Entsättigung rechnen sie mit längeren Zeiten. mares hat mit dem neuen M1 die Gewebesimulation mit 11 Kompartementen noch weiter verfeinert. Dies zeigt, dass die Hersteller zum einen die Sicherheit der Sporttaucher sehr ernst nehmen und zum anderen, dem Wunsch nach nitroxtauglichen Rechnern vermehrt nachkommen. Wichtig für einen nitroxtauglichen Tauchcomputer ist die Einstellmöglichkeit des Sauerstoffanteils im Atemgas und die Einstellung des maximal tolerierbaren Sauerstoffpartialdrucks in den geforderten Grenzen von 1,4 bar (140 kPa) bis 1,6 bar (160 kPa). Beim Aladin von uwatec ist diese wichtige Einstellung des maximalen Sauerstoffteildruckes in den Grenzen von 1,2 bar (120 kPa) bis 1,95 bar (195 kPa) nur mit Hilfe eines PC möglich, der über ein separates Interface mit dem Tauchcomputer zu verbinden ist. Doch wer hat in seinem Tauchurlaub immer ein Notebook dabei. uwatec zwingt den Nutzer mit dieser Maßnahme, sich vorher Gedanken zu machen, welcher Sauerstoffteildruck akzeptabel ist. Allerdings erscheint mir die Möglichkeit, den tolerierten Sauerstoffpartialdruck bis 1,95 bar (195 kPa) zu erhöhen, sehr gewagt, da er 1,6 bar (160 kPa) aus bereits beschriebenen Sicherheitsgründen auf keinen Fall überschreiten darf. Bei den Rechnern von SUUNTO und mares lässt sich unmittelbar vor einem Tauchgang mit wenigen Tastendrücken der maximale Sauerstoffpartialdruck PO_2 in den Grenzen von 1,2 bar (120 kPa) bis 1,6 bar (160 kPa) einstellen. Der ARCHIMEDE von cressi sub ermöglicht dem Taucher noch größere Sicherheiten, indem er die Einstellung eines PO_2 bis minimal 1,0 bar (100 kPa) zulässt.

An dieser Stelle wieder Theorie für den speziell interessierten Leser.

Es soll die Frage geklärt werden, was in den Tauchcomputern geschieht und wie sie die Haltestufen für die Sicherheits- und Dekompressionsstops ermitteln können. Die tiefste Haltestufe wird im Fachjargon »Ceiling« genannt. Es ist die englische Bezeichnung für Decke und beschreibt sehr anschaulich die Situation, in der sich ein dekompressionspflichtiger Taucher befindet. Auch wenn sich keine sichtbare Decke, aus zum Beispiel Eis oder Fels über ihm befindet und den Weg zur Wasseroberfläche versperrt, muss er

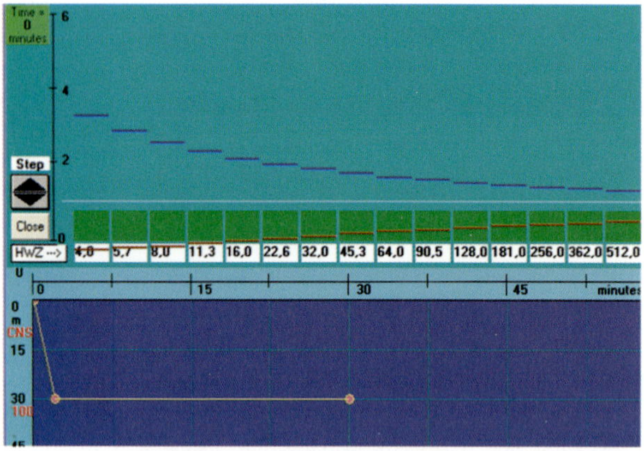

■ Bild 1: Tauchgang mit Luft. Zustand vor dem Tauchgang

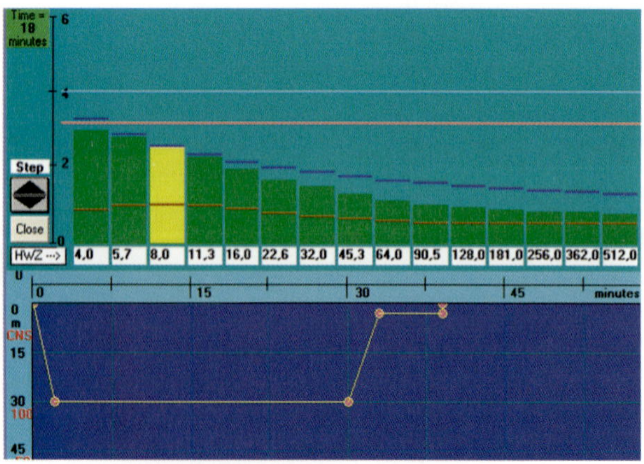

■ Bild 2: Tauchgang mit Luft, Situation nach 18 Minuten. Gewebemodell mit einer Halbwertszeit von 8 min hat die tolerierbare Überspannung, bezogen auf die Wasseroberfläche bereits erreicht

sich peinlich genau an den gebotenen Sicherheitsstopps (Ceiling) orientieren, um nicht Gefahr zu laufen, Dekompressionsprobleme zu bekommen. Es gibt Nullzeiten, weil jedes Gewebe eine bestimmte Stickstoffübersättigung tolerieren kann. Wird allerdings bei einer Druckentlastung die Toleranzgrenze überschritten, ist das Ausperlen von Stickstoffblasen unvermeidbar. An Hand von Simulationen mit dem Lehrprogramm DOPE von Bernd Aspacher wird im folgenden versucht, die Vorgänge in einem Tauchcomputer zu veranschaulichen. In diesem Zusammenhang sei darauf hingewiesen, dass die grafische Darstellung der Stickstoffsättigung und CNS-Toxizität ein sinnvolles und nützliches Plus mancher Tauchcomputer ist. Grafische Anzeigen sind gegenüber reinen Zahlenwerten oft hilfreicher, vor allem für das Verstehen und die Veranschaulichung der recht komplexen Sättigungszustände im Körper. Die geplanten Tauchgänge sollen in eine Tiefe von 30 Metern führen, wobei ein maximaler Sauerstoffteildruck von 1,4 bar (140 kPa) für Nitroxtauchgänge nicht überschritten wird. Die erste Simulation erfolgt mit Luft als Atemgas, der zweite Tauchgang mit dem Best Mix für diese Tiefe. In diesem Fall sind im Atemgas 35% Sauerstoff und 65% Stickstoff. In beiden Fällen soll die Tauchzeit, bestehend aus Abstieg und Grundzeit, 30 Minuten betragen. Es wird an dieser Stelle darauf hingewiesen, dass das Programm DOPE nicht konzipiert wurde, tatsächliche Tauchgänge zu berechnen. Es dient lediglich zur Simulation und Schulung. Die hiermit ermittelten Austauchvorschriften dürfen nach Angabe des Herstellers nicht in reale Tauchgänge umgesetzt werden.

Bild 1 zeigt den Zustand vor dem Tauchgang. Alle Gewebe sind in diesem Fall mit Stickstoff gesättigt. Erkennbar daran, dass alle grünen Balken die gleiche Höhe haben. Unter jedem Balken steht die Halbsättigungszeit für das jeweilige Kompartement. Die waagerechte hellblaue Linie stellt den jeweiligen Umgebungsdruck dar. An der Oberfläche beträgt er 1 bar (100 kPa). Die mögliche tolerierbare Überspannung der einzelnen Gewebe (bezogen auf den Umgebungsdruck an der Oberfläche) ist an den abgestuften blauen Linien erkennbar (siehe auch grafische Darstellung in 3.6 »Tolerierbarer Gewebesättigungsdruck in Abhängigkeit der Halbsättigungszeit«). Gewebe mit kurzen Halbsättigungszeiten erlauben demnach eine höhere Stickstoffüberspannung als Gewebe mit langen Halbsättigungszeiten. Im unteren Teil der grafischen Darstellung ist bereits das gewünschte Tauchprofil erkennbar. Bild 2 zeigt die Situation nach 18 Minuten. Der Umgebungsdruck beträgt 4 bar (400 kPa), es ist die hellblaue Linie. Die schnellen Gewebe sind bereits alle stark gesättigt, wobei das Gewebemodell mit einer Halbwertszeit von 8 min die tolerierbare Überspannung, bezogen auf die Wasseroberfläche, bereits erreicht hat (gelber Balken).

In Bild 3 ist die Situation am Ende der Grundzeit dargestellt. Fünf Gewebe sind gegenüber der Wasseroberfläche kritisch übersättigt (gelbe Balken). Ihre Sättigungszustände haben die dunkelblauen waagerechten Linien überschritten. Ein direkter Aufstieg zur Wasseroberfläche würde in dieser Situation Dekompressionskomplikationen (DCS) verursachen. Es ist ein dekompressionspflichtiger Tauchgang. Das Gewebe mit dem höchsten minimal tolerierbaren Umgebungsdruck, der durch die schwarzen waagerechten Balken im Histogramm dargestellt ist, legt die Dekompressionsstufe (Ceiling) fest. Es ist das Gewebe mit einer Halbsättigungszeit von 11,3 Minuten. Die

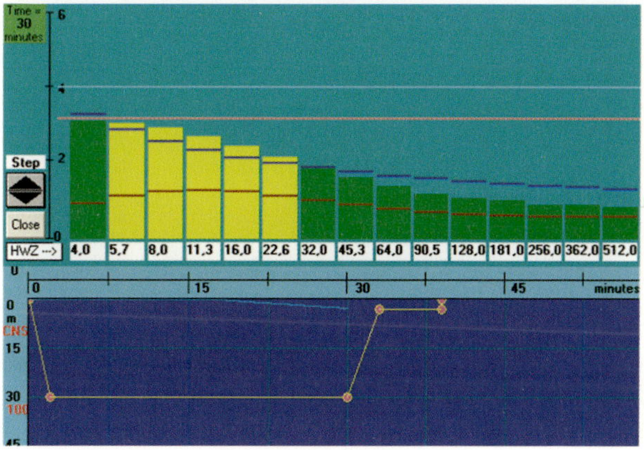

■ Bild 3: 30 min, Ende der Grundzeit. Fünf Gewebe sind gegenüber der Wasseroberfläche kritisch übersättigt (gelbe Balken)

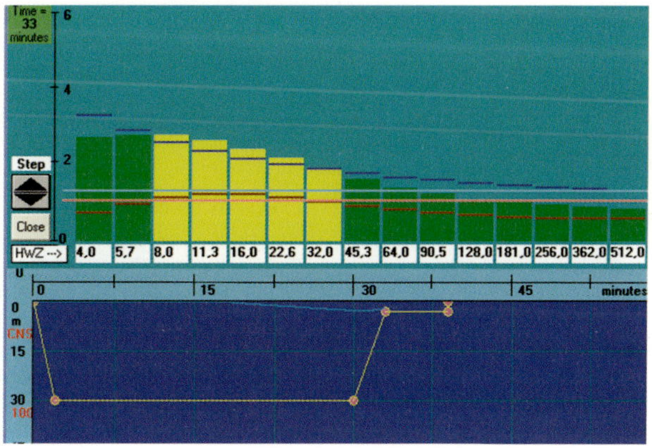

■ Bild 4: 33 min. Es hat der Aufstieg begonnen

Dekoceiling ist im unteren Teil der Darstellung durch die hellblaue Linie gekennzeichnet. Ein Aufstieg ist jetzt nur bis zur Dekoceiling möglich oder einer Tiefe, die durch drei teilbar ist und tiefer liegt als der errechnete Wert. Für das konkrete Beispiel ergibt sich ein Stopp auf drei Meter Wassertiefe, da die Differenz zwischen dem Stickstoffteildruck im übersättigtem Gewebe und dem tolerierbaren Sättigungsdruck zwischen 0 und 0,3bar (30 kPa) liegt. Bei einer Differenz größer als 0,3 bar wäre bei stufenweiser Dekompression der Stopp in 6 Metern Wassertiefe zu realisieren.

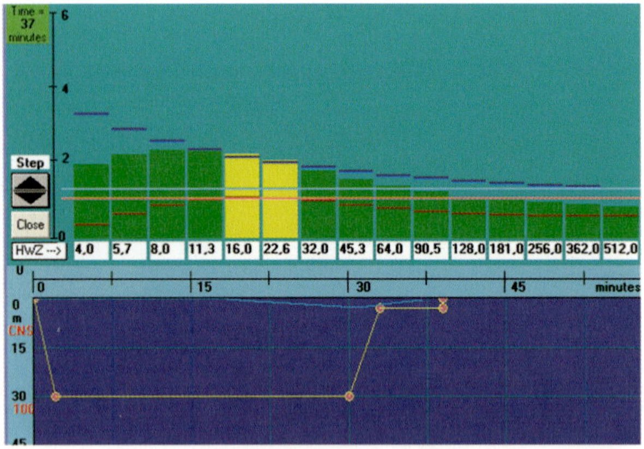

■ Bild 5: 37 min. Nach vier Minuten auf der Dekompressionsstufe sind bereits drei von den urspünglich fünf Geweben unter den kritischen Druck gesunken

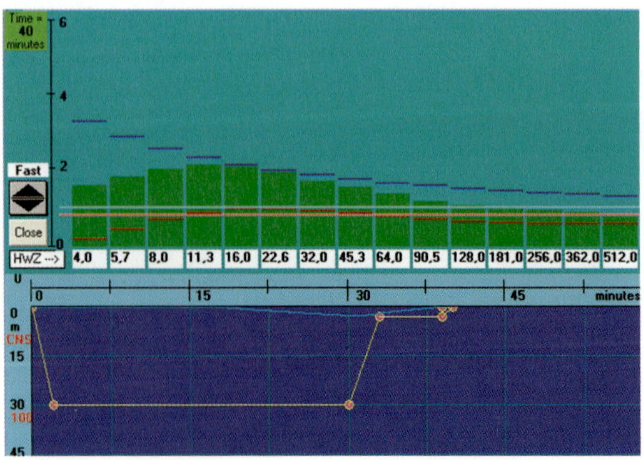

■ Bild 6: Nach vierzig Minuten kann der Taucher gefahrlos zur Oberfläche auftauchen

Im Bild 4 hat der Aufstieg begonnen. Der Umgebungsdruck sinkt bis zur Decostufe von drei Metern. Der Umgebungsdruck (waagerechte hellblaue Linie) liegt auf der Haltestufe über dem minimal tolerierbaren Druck der kritisch gesättigten Gewebe. Durch Verweilen auf der Decostufe entsättigen sich die Gewebe, bis sie alle unter den kritischen Oberflächenwert gefallen sind.

Nach vier Minuten (Bild 5) auf der Dekompressionsstufe sind bereits drei von den ursprünglich fünf Geweben unter den kritischen Druck gesunken und so für einen direkten Aufstieg entsättigt. Da immer noch zwei Gewebe kritisch übersättigt sind, muss der Taucher so lange auf der Dekompressionsstufe warten, bis auch für diese Gewebe der Stickstoffpartialdruck unter dem kritischen Wert liegt.

(Bild 6) Nach vierzig Minuten ist dieser Zustand erreicht. In allen Geweben herrscht nun ein Stickstoffpartialdruck der niedriger ist als der maximal tolerierbare. Jetzt kann der Taucher gefahrlos zur Oberfläche auftauchen. Nach etwa 49 Stunden ist der Taucher entsättigt, so dass alle Gewebe wieder den Stickstoffpartialdruck aufweisen wie vor dem Tauchgang. Alle Tauchgänge, die innerhalb dieser Zeit erfolgen gelten als Wiederholtauchgänge, da vor allem die Kompartemente mit langen Halbwertszeiten noch mit Reststickstoff belastet sind.

Das gleiche Tauchprofil gilt es nun mit EAN 35 zu simulieren. Vor dem Tauchgang muss der nitroxtaugliche Rechner auf das Nitroxgemisch eingestellt werden. Der Ausgangszustand entspricht wieder dem Bild 1 für den Tauchgang mit Pressluft, da der Organismus des Tauchers wieder mit 0,79 bar (79 kPa) pN_2 gesättigt ist.

(Bild 2 EAN 35) Nach dreißigminütiger Tauchzeit ist zu Beginn des Aufstiegs keines der Gewebe in einem Bereich kritischer Übersättigung. Der geringere Stickstoffanteil im Nitroxgemisch macht es möglich, dass dieser Tauchgang ein Nullzeittauchgang ist. Der Taucher könnte unter Einhaltung der Aufstiegsgeschwindigkeit direkt zur Oberfläche auftauchen. Nach dem obligatorischen Sicherheitsstopp von drei Minuten auf fünf Meter beträgt die Entsättigungszeit 48,6 Stunden.

Mit Luft als Atemgas wäre bei der dargestellten Simulation ein Dekompressionsstopp von 6 Minuten auf einer Tiefe von 3 Metern nötig gewesen. Wie lange kann mit dem Best-Mix EAN 35 in dreißig Meter getaucht werden, so dass die gleiche Dekompressionszeit von 6 Minuten nötig wird. In welcher Tiefe ist die Dekompression zu absolvieren? Diese Fragen gilt es ebenfalls mit Hilfe der Simulation zu klären.

In der grafischen Darstellung (Bild 3 EAN 35) ist die Verlängerung der Nullzeit gegenüber Luft erkennbar. Erst nach 35 Minuten Grundzeit wird der Tauchgang dekompressionspflichtig. Mit Luft als Atemgas hatte bereits nach 18 Minuten das Gewebemodell mit 8 Minuten Halbwertszeit die kriti-

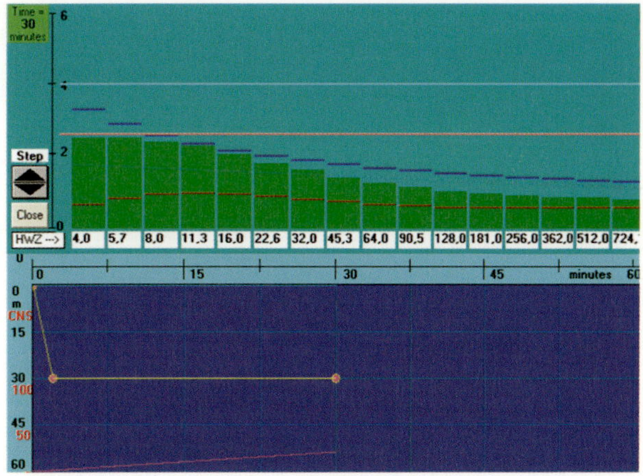

■ Bild 2 EAN 35: Nach dreißigminütiger Tauchzeit ist zu Beginn des Aufstiegs keines der Gewebe in einem Bereich kritischer Übersättigung

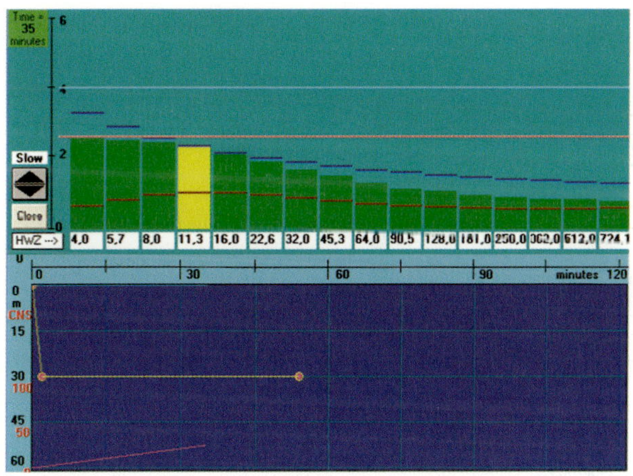

■ Bild 3 EAN 35: Erst nach 35 Minuten Grundzeit wird der Tauchgang dekompressionspflichtig

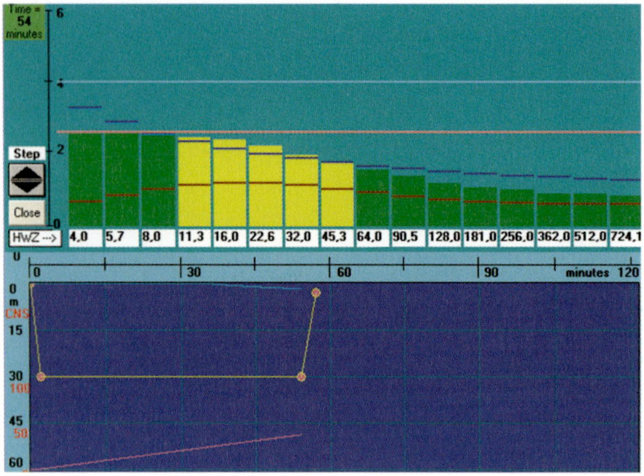

■ Bild 4 EAN 35: Sechsminütiger Dekompressionsstopp auf 3 m notwendig

sche Sättigung erreicht und damit die Nullzeit beendet. Der geringere Stickstoffanteil von Nitrox 35 ist der Grund, dass bei diesem Tauchgang Gewebe mit längeren Halbwertszeiten zuerst ihre kritische Sättigung erfahren. Es ist das Gewebe mit 11,3 Minuten Halbwertszeit. Die Grundzeit wurde annähernd verdoppelt. Ab jetzt steigt der Deco-Ceiling langsam an und bestimmt genau wie bei den Tauchgängen mit Luft die Dekompressionstiefe, die bei stufenweiser Dekompression auch mit Nitrox durch drei teilbar sein muss. Die Dekompressionstiefen von 3m, 6m, 9m u.s.w. sind somit auch bei Nitroxtauchgängen einzuhalten und müssen nicht, wie oft fälschlich angenommen, umgerechnet werden. Die Übersättigung in den Geweben bestimmt die Tiefe der Dekompression, nicht der Stickstoffpartialdruck, der auf der Dekompressionstiefe in der Lunge herrscht. Im Gegenteil, ein geringerer Stickstoffteildruck in der Lunge hat bei der Dekompression einen zusätzlichen Vorteil. Der Stickstoff kann schneller aus dem Organismus austreten. Diese Diffusionsgeschwindigkeit wird maximal, wenn die Dekompression mit reinem Sauerstoff durchgeführt wird.

(Bild 4 EAN 35) Die errechnete Deco-Ceiling fordert wie beim ersten Tauchgang mit Luft, einen sechsminütigen Dekompressionsstopp. Nach dieser Zeit sind alle Gewebemodelle unter dem kritisch tolerierbaren Stickstoffteildruck, so dass der Taucher zur Oberfläche aufsteigen kann. Der Entsättigungszustand entspricht am Ende der Abbildung (Bild 6 Seite 154). Da sich die Tauchzeit wesentlich verlängert hat, sie konnte mit dem Best Mix annähernd verdoppelt werden, haben vor allem langsame Gewebe einen höheren Sättigungsgrad erreicht. Folge ist, dass erst 49,5 Stunden nach dem Tauchgang der Organismus wieder entsättigt ist. Der CNS O_2-Wert beträgt unmittelbar nach dem Aufstieg 38% und liegt damit weit unter dem kritischen Wert von 80%. Der Anstieg des CNS O_2-Wertes ist im unteren Teil der grafischen Darstellung des Simulationsprogramms durch die rote Linie dargestellt.

Lange Tauchgänge und Wiederholungstauchgänge mit Nitrox können den Sättigungszustand langsamer Gewebe erhöhen. Die Zeit für die Entsättigung verlängert sich.

5.4.2 Eigenschaften einiger Tauchcomputer

Die folgende Darstellung erhebt keinen Anspruch auf Vollständigkeit, da sich die Produktpalette der Hersteller ständig verändert und mir nicht alle zur Zeit auf dem Markt erhältlichen Tauchcomputer zur Verfügung standen. Es sollen mit dieser Auswahl nur Prinzipien dargestellt werden. Kennt man die Möglichkeiten, ist bei einem Kauf eines Tauchcomputers schnell festzustellen, welche nützlichen Bedienelemente der Rechner hat, beziehungsweise welche sinnvollen Möglichkeiten fehlen.

5.4.2.1 M1 von Mares

Mit dem M1 hat mares versucht viele Ansprüche des Sporttauchens abzudecken. Der Anwender hat die Wahl zwischen Luft- oder Nitroxmodus, oder er nutzt den Rechner beim Frei- oder Gerätetauchen als »Bottom-Timer« mit Anzeige der Tauchtiefe und der Tauchzeit in Minuten und Sekunden. Der M1 hat ein anspruchvolles Design und ist ausgestattet mit Beleuchtung, kratzfestem Mineralglas und austauschbaren Alkaline - Batterien. Die Bedienung erfolgt über mechanische Drucktasten, so dass ein ungewolltes Einschalten des Rechners im Tauchgepäck über korrosionsanfällige Nasskontakte ausgeschlossen ist. Der Rechner wird entweder vor dem Tauchgang per Tastendruck aktiviert oder er schaltet sich automatisch per Drucksensor ein. Neu ist die Benutzerführung per Tasten, die in beide Richtungen (bidirektional) erfolgen kann. Der Anwender kann schneller zwischen den einzelnen Modi wählen, Speicher abrufen, planen, simulieren oder die verschiedenen

■ M1 von Mares

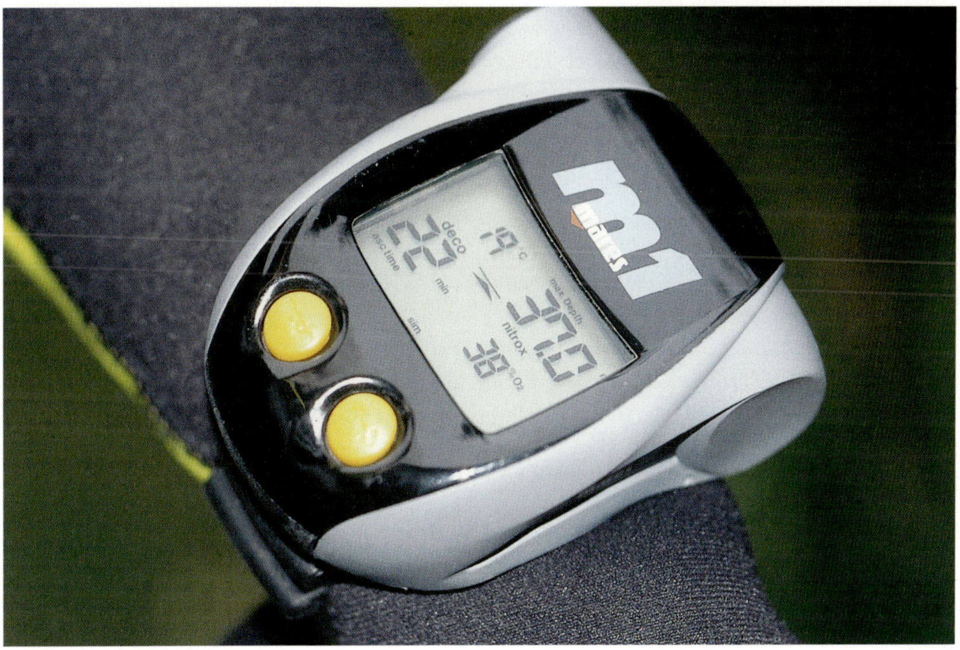

Parameter einstellen. Der interne Speicher des M1 hat für 50 Tauchgänge Platz, die alle im 20 Sekunden-Profil gespeichert sind.
Mit dem Simulationsmodus kann sich der Besitzer des M1 vor den ersten Tauchgängen mit allen Tauchfunktionen vertraut machen. Bei der Simulation läuft die Zeit in fünffacher Geschwindigkeit ab, so dass zwölf Sekunden Simulation einer realen Tauchzeit von einer Minute entsprechen. Der M1 ermöglicht es, neben Tauchgängen mit Luft als Atemgas auch alle Nitroxtauchgänge bis zu EAN50, sowie Wiederholungstauchgänge zu simulieren. Vor einem Tauchgang ist die Programmierung des prozentualen O_2 -Anteils im Nitroxgemisch - in den Grenzen zwischen 21% und 50% - in 1- % Schritten- möglich. Der PPO_2 max. kann für jeden Tauchgang zwischen 1,2 und 1,6 bar eingestellt werden. Über die optionale Infrarotschnittstelle zu einem PC ist es möglich, vergleichende statistische Auswertung der Tauchgänge vorzunehmen, Filter für bestimmte Tauchgangsarten zu wählen, Zeitzoneneinstellungen vorzunehmen und es besteht die Möglichkeit dem Tauchgang ein Foto zuzuordnen. Da der M1 über keine automatische Höhenanpassung verfügt, ist die entsprechenden Höhenstufe vor einem Bergseetauchgang manuell zu wählen. Der Speicher liefert die Gesamtzahl der Tauchgänge, den tiefsten Tauchgang, die niedrigste unter Wasser gemessene Temperatur und die Gesamtdauer aller Tauchgänge. Die Displaybeleuchtung ist kurzzeitig oder als Dauerbeleuchtung über die Tasten zu aktivieren. Das Batteriefach des M1 ist wasserdicht und hat lediglich eine elektrische Verbindung zum Computer. Selbst wenn das Fach voll läuft, ist nach sorgfältigem Trocknen und Batterieaustausch der M1 wieder funktionsfähig.

5.4.2.2 Archimede von Cressi sub

Auch bei diesem sehr einfach zu bedienenden Rechner hat der Anwender die Wahl zwischen Luft- oder Nitroxmodus. Der Archimede verfügt über eine Beleuchtung, die mit Knopfdruck aktiviert wird und sich nach etwa fünf Sekunden von selbst wieder ausschaltet. Die Bedienung erfolgt über drei mechanische Drucktasten. Der Rechner hat zusätzlich zwei Nasskontakte und schaltet im Wasser automatisch in den Tauchmodus um. Der Nutzer kann an der Wasseroberfläche, mit Hilfe der drei Tasten, schnell zwischen den einzelnen Möglichkeiten wählen. Er kann Speicher abrufen, planen, simulieren oder die verschiedenen Parameter einstellen. Der interne Speicher des Archimede hat für 60 Tauchgänge Platz. Die Information der einzelnen Tauchgänge, die in einem Zeitintervall von 30 Sekunden im Rechner abgespeichert werden, sind sehr umfangreich, so dass die abrufbare Anzeige in drei Teilen erfolgt. Im ersten Teil der Anzeige werden Datum, Tauchgangsnummer, Maximaltiefe, Warnmeldungen und als Balkendiagramm die Stickstoffsättigung und Sauerstofftoxizität bei Nitroxtauchgängen angezeigt. In der zweiten Anzeige erscheint die genaue Zeit für Tauchgangbeginn und -ende. Bei Nitroxtauchgängen wird der Sauerstoffanteil in Prozent angezeigt und es erscheint der Wert der durchschnittlichen Tauchtiefe. In der dritten Darstellung sind die Temperatur auf der maximalen Tiefe und das Oberflächenintervall zum vorausgegangenen Tauchgang in Stunden und Minuten abrufbar. Bei Verleih des Rechners können über eine Resettaste an der Rückseite des Rechners alle Daten gelöscht werden. Besonders hervorzuheben ist, dass der Rechner bei allen Tauchgängen

Archimede von Cressi sub

Tiefenbereich von 95m bis 20m erfolgt die Warnung bei Überschreitung von 17 m/min, im Tiefenbereich von 20m bis 6m dürfen 13 m/min nicht überschritten werden und von 6m bis zur Oberfläche erfolgt die Warnung, wenn eine Geschwindigkeit von 8,5 m/min erreicht wird. Ein zusätzliches Plus bietet der Archimede: Drei Minuten vor Ende der Nullzeit warnt er den Taucher mit einem akustischen Signal, während das Display sechs Sekunden lang blinkt, die ersten drei Sekunden mit Beleuchtung. Gerade wenn der Taucher durch eine interessante Beobachtung, durch Fotografieren oder Filmen abgelenkt ist, kann diese Warnung hilfreich sein, möchte man die Grenzen der Nullzeit nicht überschreiten.

Der Archimede ist ständig in einem aktiven Modus und kann unter Umständen als Uhr verwendet werden. An der Wasseroberfläche zeigt er permanent die aktuelle Uhrzeit, den Tag und das Datum an. In diesem Zustand überprüft der Rechner alle zehn Minuten den aktuellen Luftdruck und passt sein Rechenmodell gegebenenfalls an die geänderten Luftdruckbedingungen an. Der

den Taucher in fünf Meter Tiefe zu einem Sicherheitsstop von zwei Minuten zwingt. Wird dieser Stopp ignoriert, erscheint im Logbuchmodus der Alarm »SLOW«.

Beim Aufstieg hat der Archimede einen Geschwindigkeitsindikator, der den Taucher in drei Segmenten vor zu schnellem Aufstieg warnt. Wenn beim Aufstieg die maximale Geschwindigkeit überschritten wird, erscheinen drei volle Segmente auf dem Display. Ein akustischer Alarm sowie ein blinkendes S L O W warnen den Taucher. Diese Warnung ist beim Archimede sinnvollerweise tiefenabhängig. In einem

Tauchcomputer adaptiert sich bis zu einer Bergseehöhe von 6000 Metern. In diesem Fall werden drei Berge als optisches Symbol auf dem Display sichtbar. Unmittelbar vor einem Tauchgang können mit den drei Tasten wichtige Tauchgangsparameter eingestellt werden. Es sind dies im Einzelnen: Sicherheitsfaktor, maximaler Sauerstoffpartialdruck in den Grenzen von 1,0 bis 1,6 bar, Luft oder Nitroxtauchgang. Bei Nitrox sind Werte von 22% bis 50% möglich, wobei die Abstufung in Schritten von einem Prozent erfolgt. Bei der Einstellung des Sauerstoffanteils zeigt der Archimede direkt die MOD an. Beim Erreichen dieser Tiefe – in der Simulation oder bei einem realen Tauchgang ertönt ein Warnsignal und das Display blinkt für drei Sekunden.

Der Simulationsmodus des Archimede ermöglicht es, beliebige Tauchprofile für Luft und Nitrox realitätsnah durchzuspielen. Die Simulationsgeschwindigkeit ist sechs mal höher als normal. So entsprechen zehn Sekunden in der Simulation einer Minute in der Wirklichkeit. Ein einstündiger Tauchgang ist nach zehnminütiger Simulation beendet, wobei auch alle Warnsignale realitätsgetreu ertönen.

Eine Besonderheit ist, dass der Sauerstoffanteil fO2 nicht während der ersten zehn Minuten nach einem Tauchgang geändert werden kann. Nach Ablauf der zehn Minuten stellt sich der Archimede selbst auf einen Sicherheitswert von 99% Sauerstoffgehalt ein. Dieser Wert bleibt so lange gespeichert, bis er vom Nutzer neu eingestellt wird. Ein Tauchen mit falschem Sauerstoffanteil wird durch diese Maßnahme unterbunden, da der Rechner bei Überschreitung des eingestellten pO2 den Taucher sofort warnt. Dies erfolgt spätestens in einer Wassertiefe von sechs Metern.

5.4.2.3 cobra von Suunto

Mit dem cobra hat der Taucher die Wahl zwischen Luft- oder Nitroxmodus zu wechseln, oder er nutzt den Rechner als Tiefenmesser. In diesem Modus kann der Rechner zum Beispiel zum Tauchen mit TRIMIX genutzt werden, allerdings mit der Einschränkung, dass es innerhalb der nächsten 48 Stunden nicht möglich ist, in einen anderen Modus zu wechseln. Der Tauchcomputer der finnischen Firma Suunto ist luftintegriert und muss mit dem Hochdruckschlauch der ersten Stufe verbunden werden. Über den aktuellen Luftverbrauch des Tauchers ist es mit dem entsprechenden Algorithmus möglich, auf die körperliche Aktivität des unter Belastung stehenden Tauchers zu schließen und das Rechenmodell zur Bestimmung der Null- und Dekompressionszeiten anzupassen. Es berücksichtigt die geringere Durchblutung von Haut- und Muskelgeweben und den pulmonalen rechts- links Shunt am Ende eines Tauchgangs, so dass mit längeren Entsättigungszeiten der Gewebe gerechnet wird. Die Sättigungszeiten sind kürzer und betragen für die 9 Kompartemente 2,5, 5, 10, 20, 40, 80, 120, 240 und 480 Minuten. Der cobra ermöglicht es seinem Nutzer, während des Tauchgangs Memo-Zeichen zu setzen. Beim Ansehen des Tauchgangprofils erscheint dann an entsprechender Stelle das Zeichen als blinkendes Logbuch. Beim Übertragen der Tauchgänge auf einen PC erinnern diese Markierungen an Besonderheiten des Tauchgangs. Der Flaschendruck und die berechnete Restluftzeit geben zusätzliche Sicherheit. Die fortschreitende Stickstoffsät-

■ cobra von Suunto

tigung wird neben der digitalen Ziffernanzeige zusätzlich durch eine Balkenanzeige anschaulich dargestellt. Der gelbe Bereich zeigt dabei an, dass die Grenzen der Nullzeit in zehn bis fünf Minuten erreicht sind. Im roten Bereich ist die Nullzeit abgelaufen und der Tauchgang ist dekompressionspflichtig. In diesem Fall wird die Austauchzeit angezeigt und in der Anzeige für die maximale Tiefe erscheint das Wort »Ceiling« (Deko-Stufe) mit der entsprechenden Tiefenanzeige. Im Nitroxmodus bleibt der eingestellte Sauerstoffanteil zwei Stunden gespeichert; danach kehrt der Rechner zur Sicherheit automatisch in seine Grundeinstellung mit 21% Sauerstoff zurück. Der prozentuale Sauerstoffanteil ist vor einem Tauchgang zwischen 22% und 50% in 1- % - Schritten einstellbar. Beim Einstellen des Sauerstoffanteils zeigt der cobra direkt die MOD an. Er ist abhängig vom verwendeten PO_2, der zwischen den Werten 1,2 und 1,6 bar einstellbar ist. An Stelle der Anzeige für die CNS O2 Sättigung hat der cobra eine grafisch Balkenanzeige für den Sauerstoffgrenzbereich OLF (Oxygen Limit Fraction). Es ist eine Kombination aus CNS O2%– Werten und Sauerstofftoleranzwerten OTU. Beide Bereiche finden so Berücksichtigung. Der Sauerstoffgrenzbereich wird mit 11 Segmenten symbolisiert, jedes entspricht 10%. Der höhere begrenzende Wert aus beiden CNS O2% und OTU kommt zur Anzeige. Erreicht der OTU – Wert den CNS O2% Wert, beginnt das unterste Segment der Anzeige zu blinken. Der cobra verfügt ebenfalls über einen Tauchgangsplanungssimulator. Diese Simulationen eignen sich gut, um den Computer und dessen Anzeige realitätsgetreu kennen zu lernen und ermöglicht es, beliebige Tauchprofile für Luft und Nitrox durchzuspielen. Die Simulationsgeschwindigkeit ist viermal höher als normal.

Bergseetauchgänge bedürfen der Höhenanpassung. Diese Anpassung erfolgt in den Bereichen 0-300 Meter, 300 - 1500 Meter und 1500 - 3000 Meter und ist manuell vorzunehmen. Eine automatische Höhenanpassung erfolgt nicht.

5.4.2.4 Nitroxtauchcomputer von Oceanic

Es sind dies der »VERSA PRO« und »DATAPLUS 2« ohne Berücksichtigung des Luftverbrauchs und der »DATA MAX PRO PLUS« als luftintegrierter Rechner, der über den Hochdruckschlauch an die erste Stufe des Atemreglers anzuschließen ist. Die Besonderheit des »DATA MAX PRO PLUS« liegt in der großen und übersichtlichen Anzeige. Der Taucher hat die Möglichkeit auszuwählen, welche Informationen in seinem Hauptdisplay und auf Knopfdruck in den übrigen abrufbaren Displays erscheinen. Als zusätzliche Besonderheit errechnen die Computer die verbleibende Tauchzeit aus den kritischen Werten für Luftverbrauch, Dekompressionslimits und der Sauerstofftoxizität bei Nitroxtauchgängen. Das Display hat neben der Hintergrundbeleuchtung »OceanGlo™« zusätzlich das »SmartGlo™« welches sich nur bei schlechten Lichtverhältnissen aktivieren lässt.

Im Normalfall sind beim »DATA MAX PRO PLUS« zwei Displays abrufbar. Auf dem Hauptdisplay sind dann folgende Werte ablesbar: Tauchtiefe, Maximaltiefe, Tauchzeit, verbleibende Tauchzeit, Balkendiagramm für die Sauerstofftoxizität, Balkendiagramm für die Stickstoffsättigung, grafische Anzeige für die Aufstiegsgeschwindigkeit und Fla-

■ Versa Pro von Oceanic
Quelle: Archiv Seemann Sub

schendruck. Auf dem zweiten Display erhält der Taucher Informationen über: Temperatur, PO2, Tageszeit und den Flaschendruck.
Bei Aktivierung des alternativen Displays sind folgende Informationen auf drei Displays verteilt.
Hauptdisplay: Flaschendruck, Tauchtiefe, verbleibende Tauchzeit, Balkendiagramm für den Luftverbrauch, Balkendiagramm für die Gewebesättigung, Balkendiagramm für die verbleibende Tauchzeit, grafische Anzeige für die Aufstiegsgeschwindigkeit.
Zweites Display: Temperatur, Tageszeit, PO2, Flaschendruck.

■ Data Max Pro Plus von Oceanic mit Konsole
Quelle: Archiv Seemann Sub

Alternatives Display: Flaschendruck, maximale Tiefe, Tauchzeit.
Alle Rechner von Oceanic sind für 22% bis 50% Sauerstoffgehalt einstellbar.

5.4.2.5 Aeris und 500 AI von Seemann Sub
Der 500 AI ist ein luftintegrierter Rechner, der über den Hochdruckschlauch mit der ersten Stufe zu verbinden ist. Der Nutzer hat die Wahl zwischen Luft- und Nitroxmodus. Über zwei Tasten ist es möglich die vielseitigen Funktionen des 500 AI anzuwählen. Die rechte Taste dient hierbei der Auswahl, mit der linken Taste ist es möglich weiterzublättern.

Mit der rechten Taste wird bei einem Tauchgang das Backlight aktiviert, so dass die angezeigten Daten auf dem großen Display noch besser abzulesen sind. Alle aktuellen Informationen werden numerisch und grafisch dargestellt. Balkendiagramme für Stickstoffsättigung und Sauerstofftoxizität sowie Aufstiegsgeschwindigkeit und Atemgasvorrat zeigen dem Taucher schnell, ob er sich in einer Normal-, Grenz- oder Alarmzone befindet.

■ 500 AI von Seemann Sub
Quelle: Archiv Seemann Sub

■ Der Aeris 750 GT
Quelle: Archiv Seemann Sub

■ Sender für Aris 750 GT
Quelle: Archiv Seemann Sub

Drückt der Taucher unter Wasser die linke Taste, erscheinen auf dem rechten Display Umgebungstemperatur, Uhrzeit und Datum. Der Aeris 750 GT ist ein schlauchloser luftintegrierter Tauchcomputer mit Funkverbindung zur ersten Stufe des Atemreglers. Der Sender wird an den Hochdruckabgang geschraubt, so dass der Hochdruckschlauch entfallen kann. Die weiteren Funktionen entsprechen im Wesentlichen den Beschreibungen des 500AI. Ein Interface ermöglicht das Überspielen der Logbuchdaten auf den PC. (Bild rechts unten)
Die ersten zehn Minuten nach einem Tauchgang sind ein Übergangsmodus. In dieser Zeit werden angezeigt: Nummer des Tauchgangs, Dauer der Oberflächenpause, Flaschendruck als digitale Anzeige und als Balkendiagramm die Stickstoff- und Sauerstofftoxizitätsgrafik zeigen die aktuelle Sättigung bzw. Anreicherung. Wird innerhalb des Übergangsmodus abgetaucht, wird die

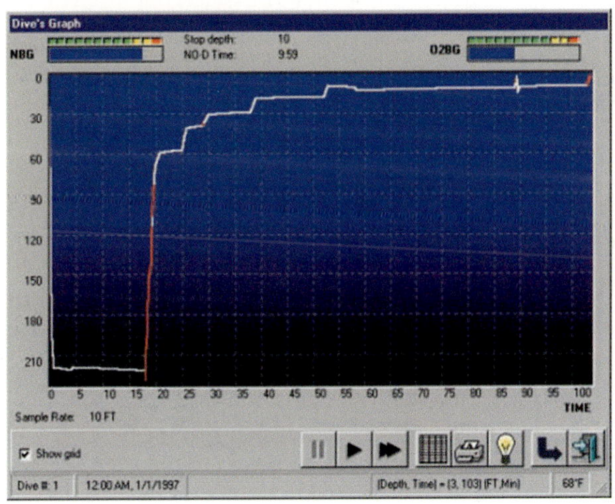

■ Tauchprofil am Computer nach Überspielung der Daten. *Quelle: Archiv Seemann Sub*

folgende Zeit unter Wasser als Weiterführung des vorherigen Tauchgangs berechnet. Nach dem Übergangsmodus sind wieder alle Funktionen abrufbar.
Der Sauerstoffanteil im Nitroxmodus kann von 22% bis 50% eingestellt werden. Die Abstufung erfolgt in Schritten von einem Prozent. Hierbei zeigt der 500AI die Maximaltiefe bezüglich 1,6bar PO_2 an. Erreicht der Taucher bei seinem Tauchgang einen PO_2 von 1,4 bar, ertönt ein doppelter Warnton und der aktuelle Sauerstoffpartialdruck erscheint auf dem Display solange, bis er wieder unter 1,4 bar gesunken ist. Der Sauerstoffpartialdruck wird bis zu 5 bar vom Rechner angezeigt. Erreicht der Taucher die Obergrenze von 1,6 bar, ertönt wieder ein doppelter Alarmton, danach piept der 500AI kontinuierlich einmal pro Sekunde, wobei das Segment des Sauerstoffgrafen, der PO_2-Wert und das PO_2-Symbol ständig blinken.
Der Rechner erlaubt zusätzliche individuelle Einstellungen. So besteht die Möglichkeit, dass die fO_2- Werte nach einem Tauchgang unverändert bleiben. Bei dieser Einstellung besteht die Gefahr, dass bei einem Folgetauchgang mit Luft oder einem anderen Nitroxgemisch übersehen wird, den Rechner umzuprogrammieren. Besser ist die zweite Möglichkeit, bei der nach jedem Tauchgang der Rechner auf 50% Sauerstoffanteil springt. Der Taucher ist dann gezwungen, den Rechner nach jedem Tauchgang neu einzustellen. Der Rechner ermöglicht darüber hinaus, Tiefengrenzen im Bereich von 10 Meter bis 97,5 Meter festzulegen und bietet als zusätzliches Hilfsmittel die Programmierung eines Umkehralarms bei einem Flaschendruck von 68,5 bis 206,5 bar. Die Schrittgröße beträgt hierbei 17 bar und hilft zusätzlich bei der Planung und Führung von Tauchgängen.
Bergseetauchgänge bedürfen keiner Höhenanpassung da der Rechner über eine automatische Höhenanpassung bis 4267 Meter verfügt.
Die Stromversorgung erfolgt mit 3V Lithium Knopfzelle CR 2032 ,die jährlich gewechselt werden sollte. Diesen Wechsel kann der Nutzer selbst vornehmen.

5.4.2.6 smart von uwatec / scubapro

Mit der Smartgeneration hat uwatec auf die neuen Erkenntnisse im Bereich der Dekompressionsforschung reagiert. Es sind dies die Rechner »smart pro« und »smart pro com«, wobei der »smart pro com« als luftintegrierter Rechner auch die Gasdaten über eine Schlauchverbindung in die Berechnungen mit einbezieht. Veränderte Bedingungen bei Belastung des Tauchers können so bei Sättigung und Entsättigung in das adaptive Rechenmodell einfließen. Nach einer Studie von DAN und uwatec hat sich eindeutig gezeigt, dass durch »Deep Stops« siehe 3.4.1 die gefährliche Mikroblasenbildung bis über 60% reduziert werden kann. Der »smart« berechnet abhängig von der Sicherheitsstufe, die der Taucher eingestellt hat, das Blasenaufkommen und zeigt gegebenenfalls einen Tiefenstopp an. Der Taucher kann in diesem Zusammenhang aus fünf Sicherheitsstufen wählen. Diese zusätzlichen Sicherheitsstopps sind nicht zwingend. Es sind Empfehlungen, die das Aufkommen von Mikroblasen erheblich einschränken soll. Ignoriert der Taucher bei seinem Aufstieg den empfohlenen Sicherheitsstopp, hat dies keinerlei Auswirkungen, da keine akuten DCS Symptome hiermit verbunden sind. Der »smart« schal-

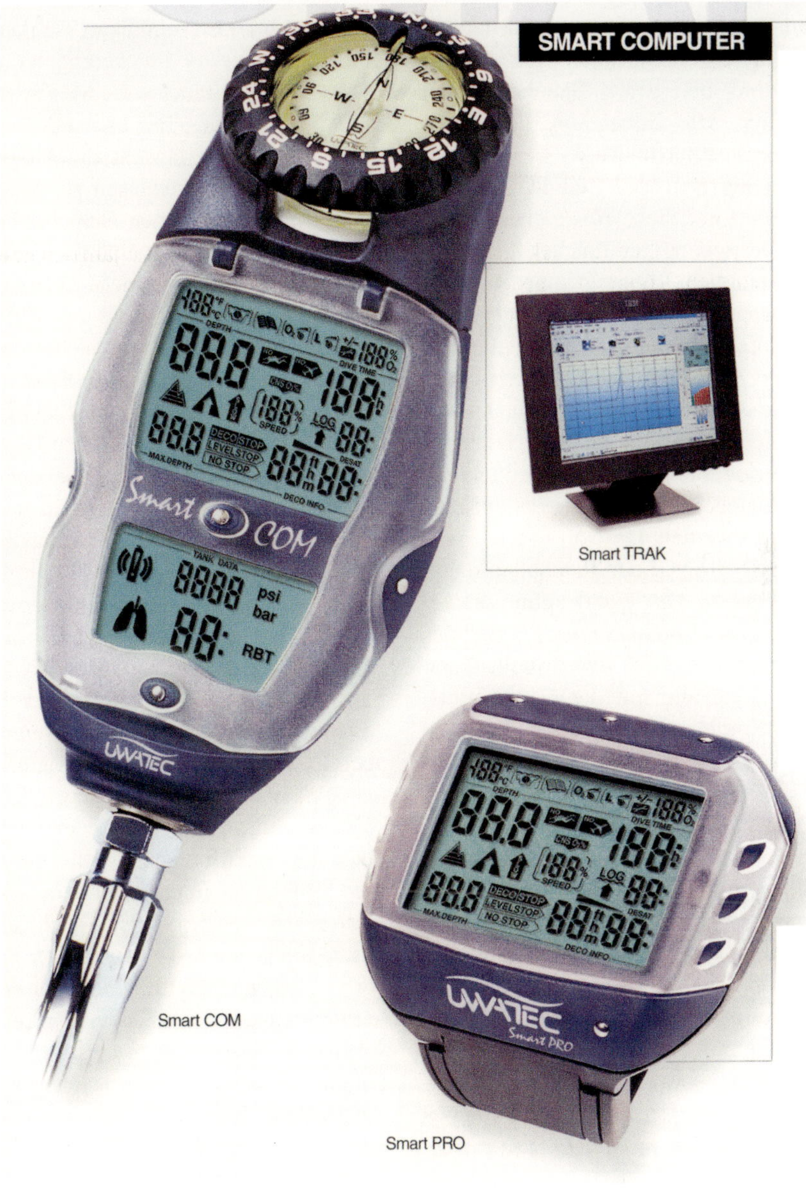

■ Smart Computer von uwatec

Quelle: Archiv scubapro

tet aber automatisch auf die nächst niedrigere Sicherheitsstufe herunter. Alle »Smartrechner« sind bis 100% Sauerstoffanteil nitroxtauglich. Die Einstellung des maximalen Sauerstoffpartialdrucks ist nur mittels enthaltener Software und PC möglich und verhindert auf diese Weise ein unbeabsichtigtes Verstellen. Der Taucher sollte sich generell Gedanken darüber machen, welchen maximalen Sauerstoffpartialdruck er bei seinen Tauchgängen tolerieren möchte. Empfehlung ist 1,4 bar bei allen Tauchgängen. Wurde ein höherer Sauerstoffanteil als 21% eingegeben, so kann dieser nach der gewünschten Zeit, die über den PC mittels der Software eingegeben wurde, wieder auf 21% zurückgesetzt werden. Die Software »smarttrak« zum Übertragen der Tauchgangsdaten wird mitgeliefert. Die Übertragung erfolgt mit der Infrarotschnittstelle des PC und des Tauchcomputers. Am PC ist es möglich, den gesamten Tauchgang mit der Gewebesättigung der 8 Kompartemente und dem Mikroblasenaufkommen zu visualisieren. Da die Messwerte alle vier Sekunden gespeichert werden, ist nahezu eine lückenlose Tauchgangsanalyse möglich, so dass Fehler deutlich sichtbar sind. Diese Möglichkeit vertieft die theoretischen Kenntnisse des interessierten Tauchers und verbessert die Lehrerfolge in der Ausbildung.

Der »smart« enthält eine automatische Höhenanpassung mit Anzeige der Höhenstufen bis 4000 Meter und passt sein Rechenmodell an die geänderten Luftdruckbedingungen an.

5.4.2.7 VYTEC von SUUNTO

Mit diesem Tauchcomputer führt Suunto die Linie innovativer Technik fort. So ist mit dem VYTEC ein neuer schlauchloser und luftintegrierter Tauchcomputer auf dem Markt, der dem Taucher die Möglichkeit bietet, während eines Tauchgangs Gaswechsel vorzunehmen. Es besteht die Möglichkeit, mit bis zu drei Nitroxgasen zu tauchen, die der Computer in seinen Berechnungen berücksichtigt. Hierzu ist eine genaue Planung und Programmierung des VYTEC vor dem Tauchgang unerlässlich. Beim Auftauchen fordert der VYTEC den Taucher dann auf, das Gas zu wechseln, sobald die PO_2- Grenze erreicht ist, die vor dem Tauchgang für das jeweilige Gemisch zwischen 1,2 bar - 1,6 bar eingestellt wurde. Da der Sender des luftintegrierten Rechners nur an einer Flasche montiert sein kann, sind Verbrauchsberechnungen nur für Mix1 möglich. Die Dekompressionsgemische sind vor jedem Tauchgang zu errechnen und zu dimensionieren. Obwohl dies bereits in den Bereich des technischen Tauchens geht, berechnet der VYTEC keine Trimixtauchgänge, eignet sich aber als Tiefenmesser bis 150 Meter. Wurde der VYTEC im Tiefenmessermodus eingesetzt, ist es erst nach 48 Stunden möglich, in einen anderen Modus zu wechseln.

Der Simulationsmodus ermöglicht es dem Nutzer, sich vor den ersten Tauchgängen intensiv mit seinem elektronischen Begleiter vertraut zu machen und die neuen Funktionen zu testen. Bei der Tauchgangssimulation werden alle Daten und Warnsignale, wie bei einem richtigen Tauchgang angezeigt und ausgegeben. Bei der Simulation verstreicht die Zeit in vierfacher Geschwindigkeit. Auf Grund der vielen Möglichkeiten ist es ratsam, sich reichlich Zeit zu nehmen, bevor der Rechner in der Praxis eingesetzt wird. Hierzu ein Beispiel, das die neuen Funkti-

■ Vytec von Suunto

onen demonstrieren soll. Vorstellbar wäre zum Beispiel ein längerer Dekompressionstauchgang mit Luft als Mix1 in eine Tauchtiefe von 50 Meter, wobei erst nach 22 Minuten der Aufstieg eingeleitet wird. Bei der Tauchgangssimulation mit Luft ergab sich eine Gesamttauchzeit von 81 Minuten. Für einen maximalen Sauerstoffpartialdruck von 1,4 bar könnte beim Aufstieg in einer Wassertiefe von achtzehn Metern auf EAN 50 und auf dem drei Meter Dekostopp auf reinen Sauerstoff gewechselt werden. Die Dekompressionszeit und das Aufkommen von Mikroblasen würden sich mit diesem Verfahren wesentlich reduzieren. Nach Eingabe der beiden zusätzlichen Gase in die Simulation, ergab sich für diesen Tauchgang eine Tauchzeit von 57 Minuten. Die nötige Dekompressionszeit wurde durch die beiden Gaswechsel um 24 Minuten reduziert. Ein weiteres Novum ist die Dekompressionsbereichsanzeige mit Pfeil nach oben oder unten. Beide Pfeile auf dem Display neben der Tiefenanzeige »Ceiling« zeigen an, dass sich der Taucher genau im Dekompressionsbereich befindet. Neu ist, dass der Taucher nicht wie bisher feste Stufen einhalten muss, sondern kontinuierlich über variable

Tiefenbereiche zur Oberfläche geführt wird. Leider hat die finnische Firma auf eine automatische Höhenadaption verzichtet. Vielmehr ist vor einem Tauchgang in Bergseehöhe eine entsprechende Anpassung zwischen drei Höhenbereichen manuell vorzunehmen. Der Rechner ist für Tauchgänge im Salzwasser kalibriert, so dass er im Süsswasser etwas niedrigere Tiefenwerte anzeigt. Der Fehler liegt etwa bei drei Prozent und ist somit zu vernachlässigen. So ergibt sich in einer Wassertiefe von zehn Metern ein Messfehler von dreißig Zentimeter und in drei Meter Wassertiefe ein Fehler von etwa neun Zentimeter.

Mögliche Betriebsmodi und Voreinstellungen in der Übersicht:

- Pressluft - Nitrox - Tiefenmesser
- Schlauchlose Luftintegration Ein/Aus
- Alarm für Restluft in der Flasche
- Wahl der Maßeinheit - metrisch / imperial
- Alarm für Maximaltiefe
- Alarm für Tauchzeit
- Einstellung der Hintergrundbeleuchtung
- Uhr, Kalender, täglicher Alarm
- Sauerstoffanteil in % in den Grenzen von 22% bis 99% in Schritten von 1%
- Sauerstoffpartialdruck zwischen 1,2bar bis 1,6bar
- Manuelle Höhenanpassung in den Stufen von 0-300m, 300-1500m und 1500-3000m
- Persönliche Sicherheitsanpassung
- Aufzeichnungsrate für das Tauchprofil (10, 20, 30 oder 60 Sekunden)
- Programmierung von bis zu drei Gasgemischen

5.4.2.8 VR3 von OMS

Der VR3 ist ein Tauchcomputer, der den Gerätetaucher auf allen seinen Aktivitäten begleiten kann. Er ist einsetzbar bei Tauchgängen mit Luft, Nitrox, Trimix und Heliox und eignet sich darüber hinaus zum Tauchen mit halbgeschlossenen und geschlossenen Rebreathern.

Je nach Ausbildungsstand holt sich der Besitzer mit seiner PIN-Nummer das entsprechende Upgrade über das Internet. Durch dieses System ist der VR3 namentlich einem Benutzer zugeordnet, so dass eine Verwechslung des Rechners ausgeschlossen ist. Auch bei Verbesserungen bleibt der Nutzer durch die Upgrademöglichkeit übers Internet, stets auf dem neuesten Stand. Der VR3 beinhaltet die Proplanner Software, so dass die Planung komplexer Trimixtauchgänge ohne PC möglich ist. Über die menügesteuerte Programmierung ergibt sich die Möglichkeit, zwischen festen Dekompressionsstufen oder variabler Dekompression zu wählen. Mit den beiden Druckschalter können auch während eines Tauchgangs neue Gasgemische programmiert werden. Bei Fehlern wird der Taucher von seinem Rechner nicht im Stich gelassen. Vielmehr sucht das Programm nach einer alternativen Möglichkeit. Nach dem Tauchen sind die Daten über die Infrarotschnittstelle auf einen PC übertragbar. Für eine schnelle Analyse kann der Tauchgang direkt auf dem Display des Rechners, als grafisches Tauchprofil angesehen und begutachtet werden. Die Displaytechnik, die bei Mobiltelefonen zum Einsatz kommt und stets verbessert wird, macht es möglich. Es ist ein Rechner der vor allem fürs technische Tauchen mit Gaswechseln konstruiert wur-

■ VR3 von OMS

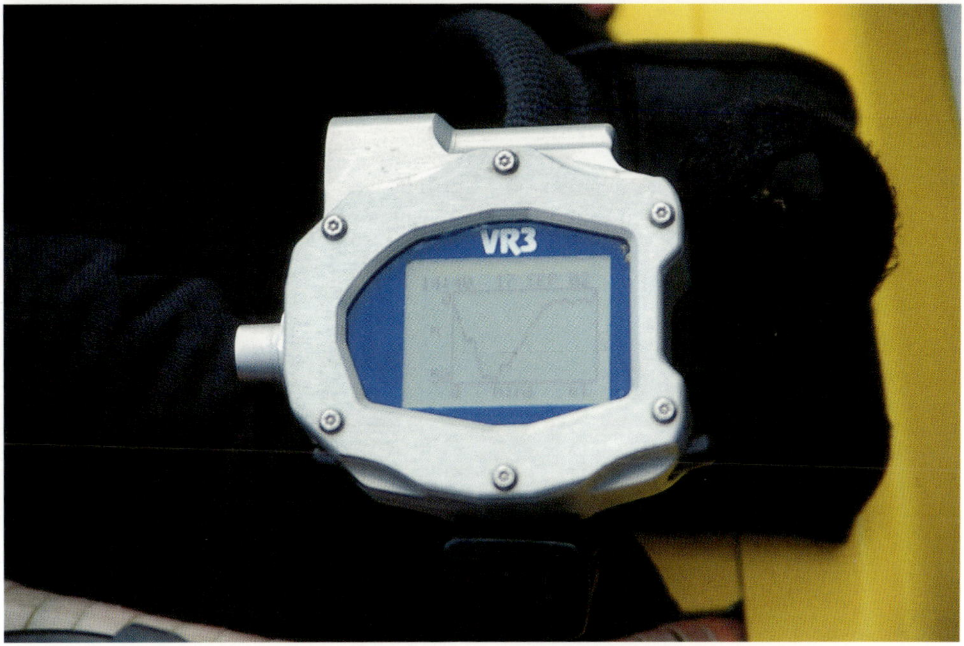

de. Auch Nitroxtaucher oder Taucher, die nur mit Luft tauchen, können von den integrierten Möglichkeiten profitieren. In die Verlegenheit, Gaswechsel oder einen tiefen Trimixtauchgang einfach einmal ausprobieren zu wollen, kommt man mit diesem Rechner nicht. Erst nach Zertifizierung einer der anerkannten Ausbildungsorganisationen erhält der Nutzer seine persönliche Freischaltung.
Der VR3 berücksichtigt in seinem Rechenmodell 12 Kompartemente und rechnet nach einem Modell, das auch die Bildung und den Abbau von Mikroblasen berücksichtigt. Es basiert auf dem Bühlmannmodell ZHL16.

Der Tauchgangsprofilspeicher speichert in der Standarteinstellung 22 Stunden. Hierbei erfolgt die Erfassung der Messwerte alle 10 Sekunden. Die Erfassung der Messwerte (Sampling rate) ist frei wählbar in den Grenzen von 1 bis 300 Sekunden. Das interne Logbuch hat ein Fassungsvermögen von 100 Tauchgängen, zählt aber bis zu 56000 Tauchgänge. Mit dem Tauchkalender sind Eingaben und Alarmmeldungen abrufbar. Die kabellose Übertragung von Luftdruckdaten im offenen System und Sauerstoffmessdaten für CCR und SCR, sind bereits Realität. Der Rechner verfügt über eine automatische Höhenanpassung.

■ Nur wenige Tauchcomputer ermöglichen das Tauchen mit SCR und CCR.

Die Elektronik ist in einem robusten Metallgehäuse aus spezieller Aluminiumlegierung untergebracht und das Display ist durch kratzfestes Mineralglas geschützt.
Seine Einsatztiefe ist auf 300m begrenzt.
Alle Warnmeldungen erfolgen über die blinkende Displaybeleuchtung und durch ein entsprechendes Symbol. Eine akustische Warnung ist für diesen Rechner in Planung.
Beim VR3 wird nicht, wie bei anderen Tauchcomputern der maximale Sauerstoffpartialdruck eingestellt. Nach Eingabe der Maximaltiefe MOD zeigt der Rechner den maximalen PO_2 für das Gasgemisch an. Durch Reduzierung der MOD sinkt auf diese Weise auch der Sauerstoffteildruck, bis er den gewünschten Maximalwert hat. Die grafische Darstellung des Tauchgangs als Profil ist auch beim Tauchen abrufbar. Dies macht die Menüsteuerung möglich, die viele zusätzliche Möglichkeiten auch unter Wasser bietet. So sind für lange Dekompressionspausen einige Computerspiele abrufbar. Der Rechner kann bis zu 99 Dekompressionsstufen errechnen. Geänderte oder neue grafische Darstellungen sind jederzeit übers Internet zu ergänzen. Die maximale Grundzeit darf 999 Minuten nicht überschreiten. Selbst für dies extreme Grundzeit werden alle notwendigen Dekompressionsstopps errechnet und beim Tauchen als Liste mit Zeit und Tiefe angezeigt.

5.4.2.9 Aladin Air Z O_2 von uwatec / scubapro

Dieser Tauchcomputer ist schlauchlos und luftintegriert. Über einen Sender am Hochdruckabgang der ersten Stufe des Atemreglers wird der Flaschendruck zum Empfänger am Handgelenk des Tauchers übertragen. Aus diesen Daten ermittelt der Algorithmus die Belastung des Tauchers und errechnet aus dem Verbrauch und dem aktuellen Fülldruck die noch verbleibende Resttauchzeit inklusive der Aufstiegszeit und der notwendigen Dekompressionspausen. Der Firma uwatec ist es erstmals gelungen, mit dem »Aladin Air Z O_2« in Kombination mit einem Sauerstoffsensor »Oxy2« den Rebreathertaucher zu bedienen. Der »Oxy2« wird direkt an einem halbgeschlossenen Rebreather zwischen Einatembeutel und Einatemschlauch platziert und misst dort direkt die Sauerstoffkonzentration im Atemkreislauf. Wie in 4.4 bis 4.6 dargestellt, ist der Sauerstoffgehalt im Atemkreislauf stark von der körperlichen Leistung abhängig und kann erheblich während eines Tauchgangs variieren. Damit verbunden ist ein sich ändernder Stickstoffanteil im Atemgas des Rebreathertauchers. Die Dekompressionsberechnungen für das offene System können somit nicht für das Kreislauftauchen mit einem halbgeschlossenen Rebreather übernommen werden. Nur eine direkte Onlinemessung, die in die Tauchgangsberechnung einbezogen wird, gibt dem Rebreathertaucher die gewünschte Sicherheit. Auch der Sauerstoffsensor »Oxy2« (siehe Abbildung auf Seite 174) besitzt einen Sender, der die jeweils aktuellen Sauerstoffmesswerte an den Empfänger sendet. Der Empfänger am Handgelenk des Tauchers ist der »Aladin Air Z O_2«, der nicht nur die Fülldaten einer Tauchflasche, sondern auch die direkten Sauerstoffmesswerte in seinen Berechnungen verarbeiten kann. Ein Wechsel vom offenen System zum Rebreather ist von einem Tauchgang zum nächsten möglich. Es müssen dann nur Sender und Emp-

■ Aladin Air Z O_2 mit Sender an der ersten Stufe von uwatec

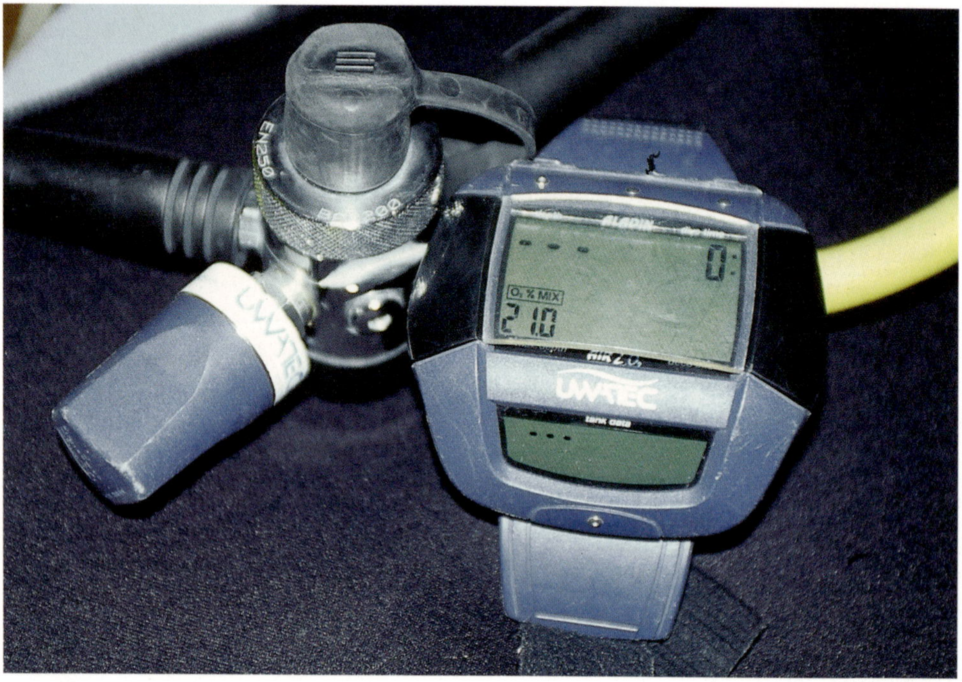

fänger über einen Paarungsvorgang aufeinander abgestimmt werden.

Der »Aladin Air Z O_2« enthält eine automatische Höhenanpassung mit Anzeige der Höhenstufen bis 4000 Meter und passt sein Rechenmodell an die geänderten Luftdruckbedingungen an. Zu diesem Zweck misst der Rechner im »Sleep modus« alle sechzig Sekunden den aktuellen Luftdruck. Wird Nitrox im offenen System getaucht, ist über die drei Nasskontakte die Einstellung des Sauerstoffgehaltes im Atemgas von 21% bis 99% möglich, wobei die Abstufung in Schritten von einem Prozent erfolgt.

Die Logbuchspeicherkapazität ist beim »Aladin Air Z O_2« recht eingeschränkt. Nur 37 Tauchgänge haben im internen Speicher Platz, wobei nur für die letzten 175 Tauchminuten das gesamte Tauchprofil erhalten bleibt, das auf den PC zur Analyse übertragen werden kann. Mit Zusatzspeicher »MemoMouse« stehen etwa 58 Stunden Speicherkapazität zur genauen Analyse zur Verfügung.

Wurde ein höherer Sauerstoffanteil als 21% eingegeben, so kann dieser nach der gewünschten Zeit, die über einen PC mittels der Software eingegeben wurde, wieder auf 21% zurückgesetzt werden.

■ Paarungsvorgang von Oxy2 mit Air ZO_2

■ Sauerstoffsensor Oxy2 für Air ZO_2

5.4.3 Höhenanpassung beim Tauchen in Bergseehöhe

Bei der Darstellung der Tauchcomputer ergaben sich Unterschiede beim Tauchen in Bergseehöhe. Einige Rechner passen ihr Programm automatisch den veränderten Druckluftbedingungen an, bei anderen Rechnern muss die Umstellung auf ein Bergseeniveau manuell erfolgen. Welche Philosophie dabei die einzelnen Firmen verfolgen, ist nicht immer nachvollziehbar. Sicher ist auf alle Fälle, dass eine Anpassung an den niedrigeren Druck unbedingt erforderlich ist. Grund dafür ist, dass der tolerierbare Gewebesättigungsdruck auf Grund des geringeren Druckes an der Wasseroberfläche abnimmt. Die grafische Darstellung auf der Seite 177 zeigt diese Abnahme in Abhängigkeit der Gewebehalbsättigungszeiten im Vergleich Meereshöhe und etwa 2000 m Bergseehöhe. Bei dieser Darstellung ist deutlich erkennbar, dass Gewebe mit kurzen Halbwertszeiten (z.B. 4 oder 8 min) eine höhere Überspannung tolerieren als Gewebe mit langen Halbsättigungszeiten (390 oder 635 min). Wurde die Höhenanpassung nicht vorgenommen, würde bei einem Gewebesättigungsgrad, der auf Meereshöhe noch tolerabel war, wenn der Taucher einen Nullzeittauchgang absolviert, in Bergseehöhe eine Übersättigung entstehen. Bei einem sofortigen Aufstieg ohne Dekompressionsstop könnten Symptome einer DCS auftreten. Beim Tauchen in Bergseen sinkt der tolerierbare Gewebesättigungsdruck. Ein Übersehen kann leicht problematisch enden. Dieses Versehen ist bei einer automatischen Höhenadaption des Rechners ausgeschlossen.

Gletschersee Schweiz

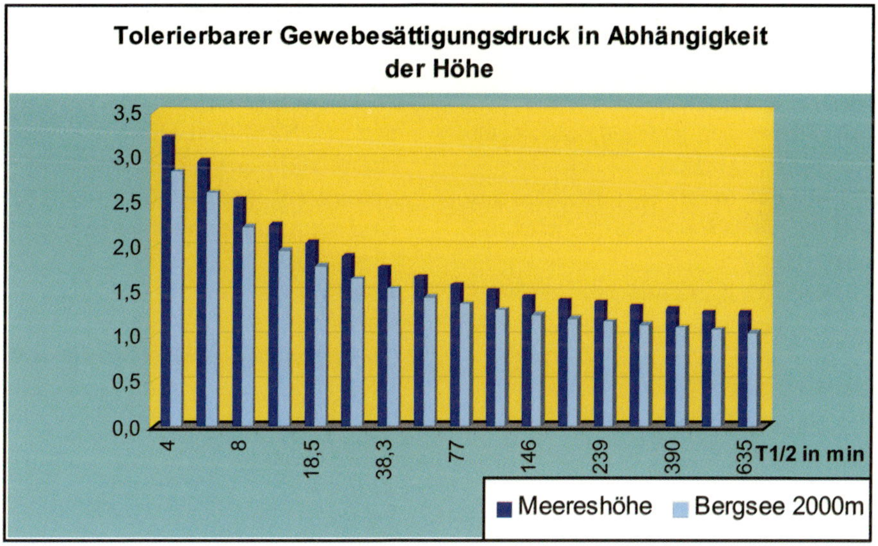

Empfehlungen beim Tauchen mit Tauchcomputern:

- Sauerstoffanteil des Premixes direkt nach der Gasanalyse auf den Rechner übertragen
- Ist der Sauerstoffanteil zu hoch – Gefahr einer DCS
- Ist der Sauerstoffgehalt zu niedrig – erhöhte Sicherheit gegenüber DCS, aber Gefahr einer Hypoxie, da keine Warnung bei Überschreitung der MOD erfolgt.
- Auch bei Nitrox höhere Sicherheit durch Tiefenstopps (Pyle-Stopps)
- Nitrox mit Luftcomputer tauchen – bietet die größte Sicherheit bei genauer Beachtung der MOD.
- Keine Jo - Jo Tauchgänge, selbst mit adaptiven Rechenmodellen sind sie risikoreich
- Keine Non-limit-Tauchgänge. Mehr als zwei Tauchgänge am Tag erhöhen das Risiko
- Nach drei Tagen Tauchen – einen tauchfreien Tag einlegen, spätestens nach einer Woche
- Zu schnelle Aufstiege vermeiden und auf die Warnsignale des Tauchcomputers achten
- Schwere Anstrengungen unter Wasser vermeiden
- Angezeigte Flugverbotszeit unbedingt einhalten – besser keinen Tauchgang 24 Stunden vor einem geplanten Flug
- Nach dem Dekomprimieren nicht wieder abtauchen
- Nach dem Tauchgang ruhen – mindestens bis zu 2 Stunden keine körperlichen Anstrengungen
- Keine Apnoe Tauchgänge bis mindestens zwei bis drei Stunden nach einem Gerätetauchgang
- Langsam auftauchen. Ab 15m Tiefe Auftauchgeschwindigkeit erheblich reduzieren <10m/min.
- Auch bei Nullzeittauchgängen immer Sicherheitsstopps durchführen
- Vorsicht bei Einnahme von Medikamenten
- Bei schlechter Kondition Sicherheitsstopps verlängern – keine Dekotauchgänge
- Auf den Flüssigkeitshaushalt achten – viel trinken vor und nach einem Tauchgang
- Wenn noch genügend Luft vorhanden ist – Sicherheitsstopp und Dekostopps verlängern, da alle Berechnungen auf Modellen basieren. Die Realität unterscheidet sich bei jedem Menschen
- Immer daran denken, dass auch der Computer ausfallen kann
- An Redundanz denken – zusätzliche Uhr, Tiefenmesser und Tabelle mitführen

■ Tauchcomputer verlängern die Tauchzeit und erhöhen die Sicherheit.

Kapitel 6

Tauchpraxis

Nitrox verlängert Tauch- und Nullzeit
– mehr Zeit zum Beobachten und Entdecken

Kapitel 6 Tauchpraxis

6.1 Nitrox – Tauchen und Fitness

Fitnesstraining mit Herzfrequenzmessgerät

Bevor die Praxis des Nitroxtauchens in den Fokus der Betrachtungen rückt, gilt es noch die körperlichen und geistigen Anforderungen an einen Nitroxtaucher zu beschreiben. Tauchen, und selbstverständlich auch das Tauchen mit sauerstoffangereicherten Gasgemischen, ist bekanntlich zum Breitensport zu rechnen und hat mit dem Leistungssport, für den ein ständiges körperliches Training unabdingbar ist, nichts gemein. Dennoch spielt die allgemeine Fitness auch bei der Sportart Tauchen, wo es im wesentlichen um das Erleben und Bestaunen der herrlichen Unterwasserwelt geht, eine erhebliche und nicht zu unterschätzende Rolle. Als bekannt gilt allgemein, dass eine körperliche Grundfitness vor allem in Notsituationen und bei Tauchgängen mit unkalkulierbaren Strömungsverhältnissen erhebliche Vorteile bringt. So gelingt es dem Taucher mit guter aerober Ausdauer schneller, vor allem nach körperlichen Anstrengungen, sei es beim Schnorcheln, in Strömungen oder bei der Bergung des Ankers, seine Atem- und Pulsfrequenz wieder zu normalisieren. Dem gut trainierten Taucher bringt darüber hinaus seine anaerobe Ausdauer eine hohe »Ermüdungswiderstandsfähigkeit«, die ihn zum Beispiel bei längerer Anstrengung eher vor dem gefährlichen »Essoufflement« schützt. Eine hohe Atemfrequenz in Folge einer überdurchschnittlichen Anstrengung unter Wasser, kann sich bei schlechter Ausdauerkondition, verbunden mit Angst, schnell zu einer Hyperventilation steigern und bei längerer Dauer durch Ermüdung der Atemmuskulatur sogar zum gefährlichen und lebensbedrohlichen Essoufflement führen[47]. Der Taucher ist in dieser Situation nicht mehr in der Lage, Luft zu holen. Er erstickt. Aus diesem Beispiel ist ersichtlich, dass neben einer guten körperlichen Kondition auch psychische Stabilität eine wesentliche Voraussetzung unter Wasser darstellt, um unverhoffte Situationen ohne Stress und Panik zu meistern. Auch eine hohe soziale Kompetenz wird vor allem von Gruppenführern und Tauchlehrern erwartet. Weitgehend unbekannt ist meist die Tatsache, dass gerade das Tauchen mit sauerstoffangereicherten Gemischen zusätzlicher Beachtung im Hinblick auf die Tauchtauglichkeit bedarf. So gilt allgemein Bluthochdruck (Hypertonie) als deutsche Volkskrankheit Nr. 1, vor der auch Taucher nicht verschont bleiben. Diese weit verbreitete und nicht zu unterschätzende Krankheit tritt meistens erst bei einer tauchsportärztlichen Untersuchung zu Tage. Der Betroffene ist dann sehr überrascht, da er den höheren Blutdruck selbst nicht bemerkt. Keine negativen Anzeigen wirken als Warnsignale oder lassen einen berechtigten Verdacht aufkommen. Bleibt der Bluthochdruck unerkannt, sind oft schwere Schäden am Herz, den Nieren, an den Augen und auch am Nervensystem zu befürchten. Unterschieden werden bei der Hypertonie zwei Ursachen. Als häufigste Ursachen eines zu hohen Blutdruckes gelten Vererbung, falsche Essgewohnheiten, Übergewicht, Rauchen und Bewegungsmangel. Diese Ursachen des zu hohen Blutdruckes sind vor allem nach dem dreißigsten Lebensjahr zu erwarten. Die zweite Ursache stellen echte Organschäden dar, die unbedingt einer ärztlichen Behandlung bedürfen. Liegen keine Organschädigungen vor, gelingt es vielfach, allein durch Umstellung der Lebensgewohnheiten, einem regelmäßigen Fitnesstraining, einer Reduzierung des Alkohol- und Nikotingenusses, den Blutdruck wieder auf einen normalen Wert zu senken. Bei der Messung des Blutdruckes sind stets zwei Werte zu beachten. Es ist ein hoher Wert, der entsteht, wenn sich der Herzmuskel zusammenzieht, um das Blut durch den Organismus zu pumpen. Die Mediziner bezeichnen ihn als »systolischen Druck«, der den Wert 100 plus Lebensalter in Millimeter Hg nicht überschreiten soll. (Anmerkung: Normobarer Druck von 100 kPa entspricht in diesem Zusammenhang 760 Millimeter Hg. Diese in früheren Zeiten gebräuchliche Einheit von Millimeter- Quecksilbersäule hat sich in der Medizin bis heute noch gehalten). Der niedrige Messwert bei der Bestimmung des Blutdruckes ergibt sich zwischen zwei Herzschlägen. Hier ist der Herzmuskel entspannt. Dieser als diastolischer Druck bezeichnete Wert sollte 90 Millimeter Hg nicht überschreiten. Wenn bei mehreren Messungen diese in Ruhe gemessenen Werte überschritten wurden, spricht der Mediziner von Hypertonie. Bei einer solchen Diagnose erhält der Patient keine Tauchtauglichkeit und es ist vom Arzt die Ursache des hohen Blutdruckes zu klären. Liegen als Ursache Organschäden zu Grunde, sind zuerst diese zu behandeln, bevor der Blutdruck, zum Beispiel durch geeignete Medikamente, normalisiert wird. Erst nach erfolgreicher Behandlung und Senkung der Blutdruckwerte, sei es durch zielgerichtete ärztliche Behandlung oder durch Umstellung der Lebensgewohnheiten, ist wieder an den Tauchsport zu denken. Dies gilt insbesondere beim Tauchen mit sauerstoffangereicherten Gemischen. Höhere Sauerstoffanteile im Atemgas führen automatisch zu einer Engstellung der Gefäße, mit der Folge höherer Blutdruckwerte[48]. Gerade Nitroxtaucher sollten bei ihrer taucharztlichen Untersuchung darauf achten, dass ihre Messwerte im grünen Bereich liegen. Sind nicht Organschäden für die Hypertonie ursächlich, kann körperliches Training oftmals die gewünschte Abhilfe schaffen. Aber auch vorbeugend schadet eine gute körperliche Fitness nie. Für ein effektives Training haben sich in letzter Zeit Herzfrequenzmessgeräte bewährt. Vor allem im Breitensport verhindern diese kleinen leichten Computer, dass sich der Sportler bei seinem Ausdauertraining übernimmt. Interessanterweise sind einige der heute im Handel erhältlichen Geräte sogar wasserdicht, so dass sie auch beim Schwimmen und Tauchen die gewünschten Messwerte liefern. Ein gutes Herzfrequenzmessgerät besteht aus zwei Teilen (siehe Abbildung unten). Einem Brustgurt mit Sensor und Sender, der die Herzsignale zum Empfänger am Handgelenk des Sportlers überträgt und während der Trainingseinheiten wichtige Werte wie Zeit, Trainingsdauer und vor allem die genaue aktuelle Herzfrequenz anzeigt. Bei Unterschreitung und Überschreitung eines vorher ermittelten Bereiches wird der Sportler zusätzlich durch ein akustisches Signal gewarnt. Nicht immer

■ Herzfrequenzmessgerät besteht aus einem Brustgurt mit Sender und einer Uhr mit Empfänger

- **Gesundheitszone zur Verbesserung des Wohlbefindens 50% - 60% MHF**
- **Fettverbrennungszone 60% - 70% MHF**
- **Aerobe Zone zur Verbesserung der Fitneß 70% - 80% MHF**
- **Anerobe Schwellenzone für den Leistungssportler 80% - 90% MHF**
- **Warnzone (nur bei extremer Fitneß für Leistungssportler) 90% - 100% MHF**

muss effektives Training Schmerzen bereiten. Da das Herz auf alle Reize und Belastungen sofort reagiert, liefert die EKG-genaue Herzfrequenz stets das optimale Feedback, so dass vor allem für einen Anfänger gefährliche Überbelastungen vermeidbar sind. Mit fünf herzfrequenzkontrollierten Trainingszonen ist es heute möglich unterschiedliche Ziele zu verfolgen[49].

MHF bezeichnet hier die maximale Herzfrequenz, die errechnet werden kann oder besser vom Arzt bei einer maximalen Belastung auf dem Ergometer bestimmt wird. Die einfachste Möglichkeit die maximale Herzfrequenz zu bestimmen ist die altersangepasste Herzfrequenzformel. Im Normalfall ist diese Bestimmung ausreichend, da die maximale Herzfrequenz nicht durch Training veränderbar ist, sondern nur durch das zunehmende Alter eine natürliche Begrenzung erfährt.

Für Frauen gilt:

226 - Alter = MHF

Für Männer gilt:

220 - Alter = MHF

Beispiel: MHF für einen fünfunddreißigjährigen Taucher: 220 - 35 = 185

Trainiert dieser Taucher, mit dem Ziel, seine aerobe Ausdauer zu verbessern, muss er in einem Herzfrequenzbereich von 80% bis 90% seiner maximalen Herzfrequenz trainieren.

Seine persönliche Trainingszone wird dann zwischen 130 - 148 Pulsschlägen in der Minute liegen. Bleibt er bei seiner Trainingseinheit in diesem Bereich, so wird er sich nicht überfordern. Oft ist vor einem Ausdauertraining eine gewisse Gewichtsreduzierung ratsam. In diesem Fall müsste das Training in einem Herzfrequenzbereich von nur 110 - 130 Pulsschlägen erfolgen. Genau in dieser Zone verbrennt der menschliche Organismus optimal die Fettreserven, so dass nach konsequent durchgeführten Trainingseinheiten, die mit einem Arzt oder Trainer geplant wurden, mit an Sicherheit grenzender Wahrscheinlichkeit die überschüssigen Pfunde auch ohne nervende Diät purzeln.

Neben dieser altersbezogenen Herzfrequenzformel gibt es noch einige andere Berechnungsschemata, um die individuellen Trainingsherzfrequenzzonen zu ermitteln. So berücksichtigt die MHF-Methode (MHF steht hier für maximale Herzfrequenz) nicht den berechneten, rein theoretischen und altersbezogenen Wert, vielmehr ist vor der Berechnung der Trainingszonen die tatsächliche maximale Herzfrequenz zu bestimmen. Dabei ist zu bedenken, dass dieser Maximalwert auch von der Sportart abhängt. Beim Laufen ist ein anderer Wert als zum Beispiel beim Radfahren oder Schwimmen zu erwarten. Da bei der Bestimmung der MHF der Organismus bis zu seinen Leistungsgrenzen belastet wird, sollte dies nur unter ärztlicher Aufsicht geschehen.

ZHF = MHF • % der Intensität
ZHF ist hierbei die Zielherzfrequenz, die es für die entsprechende Zone zu errechnen gilt.

Bei einer weiteren Berechnung ist neben der maximalen Herzfrequenz MHF zusätzlich die Ruhefrequenz RHF von Bedeutung. Mit dem Herzfrequenzmessgerät ist es möglich, früh morgens kurz nach dem Aufwachen diese Ruhefrequenz zu bestimmen. Der Ruhepuls ist ein Indiz für die Fitness und damit für den Trainingszustand. Allgemein gilt, dass der Ruhepuls bei hohem Fitnessgrad sinkt.

ZHF = RHF+[(MHF-RHF)•% der Intensität]
Beispiel: Bei einem gut trainierten Mann liegt die Ruheherzfrequenz RHF bei 52 Schlägen je Minute. Seine maximale Herzfrequenz wurde mit MHF = 185 ermittelt.

Für sein Ausdauertraining wählt er den Bereich zwischen 70% und 80%, so dass sich für seine persönliche Zielherzfrequenz ZHF ein Bereich von 145 bis 158 Pulsschlägen in der Minute ergibt.

An Hand dieser Beispiele wird deutlich, dass es verschiedene Methoden gibt, sein eigenes Ausdauertraining sinnvoll zu gestalten. Allerdings ist es unmöglich, ohne einen exakten Messwert festzustellen, in welcher Zone man sich gerade befindet. Subjektive Empfindungen sind für eine optimale, effektive und schonende Gestaltung des Ausdauertrainings unzureichend. Auch ein gezieltes Training in einem Bereich von 80% bis 90% ist sinnvoll und verbessert vor allem die Fähigkeit, Milchsäure schnell wieder abzubauen. Ein regelmäßiges Training in dieser Grenzzone zwischen aeroben und anaeroben Bereich ist hart, bringt aber den Vorteil einer Trainingsanpassung, mit dem Effekt, mehr Energie über längere Zeit bei niedrigeren Herzfrequenzwerten freizusetzen. Das Durchhaltevermögen steigt. Für Interessierte sei deshalb das Buch »Leitfaden zur Konditionskontrolle« von Sally Edwards empfohlen[49]. Wer die etwas höheren Kosten eines guten Herzfrequenzmessgerätes nicht scheut, dem sei die M-Serie von Polar empfohlen. Mit diesen Geräten ist es möglich, nach einem kurzen Test, bei dem der Pulsschlag in zweiminütigen Intervallen, jeweils um zehn Schläge gesteigert wird, die von der individuellen Tagesform abhängigen Trainingszonen zu bestimmen. In diesem Fall sind keine umständlichen Berechnungen mehr nötig. Wissenschaftliche Studien haben gezeigt, dass die so ermittelten Werte mit den hochkomplizierten Lacktatwertmessungen wie sie in regelmäßigen Abständen bei Leistungssportlern durchgeführt werden, weitgehend übereinstimmen.

■ EKG-genaue Kontrolle der Herzfrequenz verhindert zu hohe Belastungen

6.2 Die Tauchgangs-planung mit Nitrox

Zu Beginn habe ich von einem Tauchgang erzählt, bei dem ich das wohl kleinste Seepferdchen der Welt fotografiert habe. Dieses Beispiel möchte ich nun heranziehen, um zu zeigen, wie für die Praxis Nitroxtauchgänge zu planen und auch durchzuführen sind. Da auf Bali die Möglichkeit bestand, mit Nitrox zu tauchen, galt es für den bevorstehenden Tauchgang mit einer bekannten Tauchtiefe von 26 Metern das optimale Gemisch zu finden, um es dann mit dem Atemgas Luft zu vergleichen. Entweder man hat in einem solchen Fall einen Tauchcomputer mit Simulationsmodus zur Hand, oder die Theorie des Nitroxtauchens ist geläufig, so dass die Berechnungen keine Schwierigkeiten bereiten.

6.2.1 Planung mit dem Tauchcomputer

Nitroxeinstellungen, Tauchgangsplanung und Tauchgangssimulation sind mit dem ARCHIMEDE von Cressi mit wenigen Tastendrücken zu realisieren und sind in der Anleitung leicht und verständlich dargestellt. So zeigt der ARCHIMEDE sofort nach Einstellung des maximalen Sauerstoffpartialdrucks von 1,4 bar (140 kPa) für die Tiefe von 26 Meter ein optimales Gemisch mit 38% Sauerstoff auf dem Display an. Diesen Komfort ermöglichen nicht alle Rechner. Einige wenige Knopfdrücke genügen auch beim ARCHIMEDE und bei 1,6 bar (160 kPa) ist am Display ein Sauerstoffgehalt von 44% ablesbar. Mit den eingestellten Werten für das Gemisch kann sofort die Tauchgangssimulation erfolgen. Selbst im Simulationsmodus warnt ein Signalton drei Minuten vor Ende der Nullzeit, den Aufstieg einzuleiten. Das Warnsignal ist auch im Wasser gut zu hören und ist vor allem beim Fotografieren und Filmen hilfreich, da bei einer Konzentration auf das Motiv das Zeitgefühl weitgehend verloren gehen kann. Für EAN 38 ertönt der Warnton nach 44 Minuten, für EAN 44 erst nach 60 Minuten. An diesem Beispiel wird deutlich, dass durch fette Gemische die Tauchzeit erheblich länger wird und ein guter Simulationsmodus für das Verständnis beim Tauchen mit sauerstoffangereicherten Atemgasen gute Dienste leisten kann. Ohne große Überlegungen und Rechenoperationen mit dem Taschenrechner helfen uns die Tauchcomputer, den Nitroxtauchgang zu planen. Der Taucher hat mit den Simulationen viele Möglichkeiten. Selbst kritische Tauchgänge mit langen Dekompressionsphasen sind durch diese Möglichkeit, gefahrlos zu simulieren.

Steht kein geeigneter Tauchcomputer zur Verfügung, so haben wir bereits gelernt, dass Nitroxtauchgänge durch Best Mix, MOD, EAD und Gasverbrauch zu planen sind. Als echte Erleichterung dient hierbei das Tauchgangskontrollblatt. Jeder Verband hat hierbei verschiedene Eigenarten, auf die ich in meinen folgenden Ausführungen nicht näher eingehen werde. Im Prinzip ist es für jeden Taucher möglich, sich sein eigenes Formblatt für die Planung und Nachbereitung von Nitroxtauchgängen zu erstellen. Ziel ist dabei immer, die notwendigen Planungen und Berechnungen einfacher und sicherer zu gestalten. Dies sollte ohne großen Aufwand direkt am Tauchplatz und Urlaubsort durchführbar sein. Taschenrechner und Stift sollten dabei genügen. Aus diesem Grund sind alle notwendigen Berechnungsformeln auf dem Blatt eingetragen. Das vorliegende Kontrollblatt wurde anlässlich eines Tauchlehrerprüfungsseminars von mir entworfen und hat sich in der Praxis bewährt.

Das Tauchgangskontrollblatt

Datum:		**Zeit:**	
Ort:		**Tauchplatz:**	
Name / Vorname:		**Tauchpartner:**	

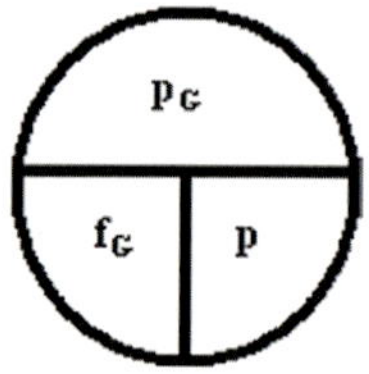

Daten vom vorausgegangenen Tauchgang		
Oberflächenpause (h:min)		
Wiederholungsgruppe		➠ **Zeitzuschlag** für EAD 2.Tauchgang
CNS O_{2alt} in% Nach dem Tauchgang		➠ **Multiplikator**
$CNSO_2 = CNSO_{2alt}$*Multiplikator		

Daten des aktuellen Tauchgangs				
Gasgemisch:	fO_2 =	$\%O_2$	fN_2=	$\%N_2$
Gasvorrat in barl M=p*V				
O_2 Partialdruck	1,4bar	1,5bar	1,6bar	
Maximale Tiefe: $MOP = \frac{pO_2}{fO_2} \Rightarrow MOD$				

Tauchgang	geplant		durchgeführt	
Tauchtiefe in m				
BEST MIX $fO_2 = \frac{pO_2}{p}$				
$EAP = \frac{fN_2}{0{,}79} \cdot p$	**EAP= bar** ➟ **EAD= m**		**EAP= bar** ➟ **EAD= m**	
Tauchzeit in min	min	CNS O_2	min	CNS O_2
Dekoplan in min Nullzeit:	9m 6m 3m			
Grundzeit + Zeitzuschlag				
Gasbedarf	Deko:			
TG:	Gesamt:		Gasbedarf:	
CNS O_2 für diesen Tauchgang				
CNS O_2 total				

Das Tauchgangskontrollblatt

Datum:	13.06.2001	**Zeit:**	12.06.2001
Ort:	Bali	**Tauchplatz:**	Tulambenriff
Name / Vorname:	Reimund Hübner	**Tauchpartner:**	Sabine & Micha

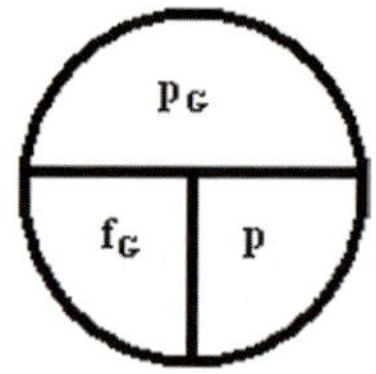

Kontrollblätter sind grundsätzlich in verschiedene Bereiche unterteilt.
Der erste Teil dient zum Fixieren allgemeiner Daten, die in dem speziellen Beispiel bereits ausgefüllt sind.
Um die notwendigen Berechnungen zu erleichtern, ist zur Erinnerung im Kopf des Kontrollblattes das T-im Kreis eingezeichnet. Der ständige Umgang mit den einfachen Berechnungen vertieft dabei die notwendigen Fertigkeiten, einen Nitroxtauchgang sicher zu planen und durchzuführen.
Der Teil zwei des Kontrollblattes ist dann von Bedeutung, wenn ein Wiederholtauchgang zu planen ist. Dieser Teil wird bei der Planung des ersten Tauchgangs übersprungen und sofort der dritte Teil betrachtet.

3.Teil: Bevor wir diesen Teil ausfüllen, ist etwas Vorarbeit zu leisten. Zuerst ist für den aktuellen Tauchgang das Nitroxgemisch zu bestimmen. Die maximale Tiefe für den geplanten Tauchgang ist bekannt, da der Lebensraum des Seepferdchens sich auf eine Gorgonie in 26 Meter Tiefe beschränkt. Zur Berechnung des Best Mixes sei an das T- im Kreis verwiesen. Zur Erinnerung und Wiederholung ist noch einmal der genaue Lösungsweg beschrieben. Gesucht ist der Sauerstoffanteil des angereicherten Atemgasgemisches für eine maximale Tiefe von 26 Metern.

$$fO_2 = \frac{PO_2}{P}$$

$$fO_2 = \frac{1{,}4bar}{3{,}6bar}$$

$$fO_2 = 0{,}38$$

$$fO_2 = 38\%$$

Das Best Mix für die gewünschte Tauchtiefe ist EAN 38, ein Gasgemisch mit 38% Sauerstoff und 62% Stickstoff. Die Messung mit dem Sauerstoffanalysator ergab aber einen Sauerstoffanteil des uns zur Verfügung stehenden Premixes von 33%.

Dieser Messwert ist ins Kontrollblatt einzutragen, nicht das Wunschgemisch.

6.2.2 Tauchgangsplanung mit Stift und Taschenrechner

Es gibt grundsätzlich zwei Möglichkeiten, einen Nitroxtauchgang zu planen.

- **Tiefe ist bekannt – BEST MIX ist zu berechnen. Kontrolle des BEST MIX ergibt die maximal mögliche Tauchtiefe.**
- **Füllung ist bekannt. Gemessener Sauerstoffanteil des Gasgemisches bestimmt die maximale Tauchtiefe MOD**

steht die Möglichkeit, Tiefen bis 32 Meter aufzusuchen. Der absolute Grenzwert von 1,6 bar (160 kPa) liegt erst bei 38 Meter. Der Bereich von 32 Meter bis 38 Meter gilt als Sicherheitspuffer, wenn aus Versehen die 32 Meter kurzzeitig überschritten werden. Diese Vorgehensweise wird auch von PADI im Manual »Enriched Air Diver« empfohlen[50]. Da für Tauchgänge jenseits der Gren-

Daten des aktuellen Tauchgangs				
Gasgemisch:	$fO_2 = 0,33$	$33\ \%O_2$	$fN_2 = 0,67$	$67\ \%N_2$
Gasvorrat in barl $M=p*V$	$M = (200\ bar - 30\ bar) \cdot 12\ l \Rightarrow M = 2040\ barl$			
O_2 Partialdruck	1,4bar	1,5bar	1,6bar	
Maximale Tiefe: $MOP = \frac{pO_2}{fO_2} \Rightarrow MOD$	4,24 bar ➠ 32 m	4,54 bar ➠ 35 m	4,85 bar ➠ 38 m	

In dem Kontrollblatt sind drei Sauerstoffpartialdrücke angegeben, die für eine Berechnung der maximalen Tauchtiefe in Frage kommen. Der formale Zusammenhang ist ebenfalls im Kontrollblatt vermerkt, so dass die Berechnung leicht nachvollziehbar ist. Wichtig ist, dass zur Sicherheit das Ergebnis aus der Berechnung des Druckes MOP (maximum operating pressure) immer abgerundet wird. Für die maximal tolerierbaren Sauerstoffpartialdrücke von 1,4 bis 1,6 bar (140 - 160 kPa) ergeben sich maximal mögliche Tiefengrenzen von 32 bis 38 Meter. Der Grenzwert ergibt die maximale Tauchtiefe MOD. Für EAN 33 wird er in einer Tiefe von 32 Metern erreicht. Bei einem Tauchgang mit Tauchcomputer, bei dem das Tauchziel nicht so eindeutig bekannt ist, bestehe ze von 1,6 bar (160 kPa) die Gefahr besteht, eine lebensgefährliche Sauerstoffvergiftung zu riskieren, wird bei allen Tauchgängen mit einem nitroxtauglichen Tauchcomputer empfohlen, den pO_2 nicht höher als 1,4 bar (140 kPa) einzustellen.

Für EAN 33 ergibt sich in der Tauchtiefe von 26 Meter ein Sauerstoffpartialdruck von 1,19 bar (119 kPa). Dieser Wert ist wichtig, um im Teil 4 des Kontrollblattes die Sauerstofftoxizität zu ermitteln.

Im **Teil 4** erfolgt die eigentliche Planung des Tauchgangs.

In der geplanten Tauchtiefe von 26 Metern ergibt sich nach DECO 2000 von Dr. Max Hahn eine Nullzeit von etwa 18 Minuten für Pressluft. Mit dem RDP (Recreational Dive Planer) von PADI eine Nullzeit von 20 Minuten. Durch den höheren Sauerstoffanteil im Atemgas sinkt gleichsam der Stickstoffanteil, so dass sich eine äquivalente Lufttiefe von EAD=20 Metern errechnet. Für diese Tiefe ist die Nullzeit in der Tabelle nicht aufgeführt. Für die nächst tiefere Stufe von 21 Metern ist eine Nullzeit von 31 Minuten in der Tabelle DECO 2000 abzulesen. Der RDP weist für diese EAD eine Nullzeit von 45 Minuten aus. Ziel ist ein Nullzeittauchgang. Zur Verfügung steht eine Luftmenge von vereinfacht 2040 Litern oder etwas mehr als zwei Kubikmetern. Aus dem zur Verfügung stehenden Luftvorrat ist es möglich, die voraussichtliche Tauchzeit abzuschätzen.

Legen wir einen Luftverbrauch von 20 Liter je Minute zu Grunde, so errechnet sich ein Gasbedarf von 2232 barl zuzüglich 96 barl für den obligatorischen Sicherheitsstop auf 6 Meter. Da uns mit der 12 Liter Nitroxflasche, gefüllt mit 200 bar (20 MPa) abzüglich der Reserve von 30 bar (3 MPa) nur 2040 barl zur Verfügung stehen, ist der Tauchgang so nicht durchführbar. Was tun? Da der Tauchgang innerhalb der Nullzeit bleiben soll, ist die maximale Zeit zu bestimmen, die mit diesem Tauchgerät in der gewünschten Tiefe möglich ist. Aus Gasbedarf M_G folgt:

$$M_G = t \cdot p_G \cdot ATM$$

$$\Rightarrow t = \frac{M_G}{p_G \cdot ATM}$$

$$t = \frac{(2040 - 96)barl}{3{,}6bar \cdot 20\ {}^{l}/_{\min}}$$

$$t = 27 \text{ min}$$

Tauchgang	geplant		
Tauchtiefe in m	26 m		
BEST MIX $fO_2 = \frac{pO_2}{p}$	38% <u>33%</u>		
$EAP = \frac{fN_2}{0{,}79} \cdot p$	**EAP=** 3,05 **bar** ➡ **EAD=** 20 **m**		
Tauchzeit in min		27 min	CNS O_2
Dekoplan in min Nullzeit: 21 m....31 min		6m 3 min 3m	0,47·30 =14,1 0,14·3=0,42
Grundzeit + Zeitzuschlag			
Gasbedarf		Deko:	3·1,6·20 = 96 barl
TG:	27·3,6·20 = 1944 barl	Gesamt:	2040 barl
CNS O_2 für diesen Tauchgang	(14,1 + 0,42) % = 14,52%		
CNS O_2 total			

Das Kontrollblatt ist jetzt mit diesem Wert auszufüllen. Das Best Mix für diese Tiefe ist EAN 38 - getaucht wird mit EAN 33. Dieser Wert ist unterstrichen.

Da der Sauerstoff in Abhängigkeit seines Partialdruckes und seiner Einwirkdauer eine giftige Wirkung auf das zentrale Nervensystem hat, muss der CNS O_2%- Wert für jeden Tauchgang mit Hilfe der Tabelle ermittelt werden. Das zugrundeliegende Prinzip wurde im Kapitel 3.7.4 »Die CNSO_2% Tabelle« ausführlich erklärt und ist für das aktuelle Beispiel nachvollziehbar.

Zum besseren Verständnis und zur Vertiefung gehen wir bei dieser Ermittlung des Wertes Schritt für Schritt vor.
In der Tiefe von 26 Metern herrscht ein Umgebungsdruck von 3,6 bar (360 kPa). Dieser Umgebungsdruck bewirkt, dass sich ein Sauerstoffpartialdruck von 0,33 • 3,6 bar = 1,19bar einstellt. Doch dieser Wert ist in der Tabelle nicht aufgeführt. Der nächst höhere Wert ist 1,2 bar. Der je Minute Tauchzeit zunehmende Toxizitätswert in % beträgt für diesen Partialdruck 0,47 Prozent je Minute.
Der Minutenwert multipliziert mit der voraussichtlichen Tauchzeit, bestehend aus Grundzeit und Aufstieg, ergibt die Sauerstofftoxizität für den Tauchgang. Sie beträgt 14,1%. Damit aber nicht genug, denn für den Sicherheitsstopp von drei Minuten auf einer Tiefe von sechs Metern ist zusätzlich die hierbei anfallende Dosis zu bestimmen. In sechs Meter Wassertiefe herrscht ein Umgebungsdruck von 1,6 bar (160 kPa). Der Sauerstoffpartialdruck für EAN 33 beträgt
0,33 • 1,6 bar = 0,53 bar und ist größer als 0,5 bar (50 kPa) bei dem eine Langzeitbelastung keinerlei Schäden hervorruft. Für 0,6 bar lässt sich ein Minutenwert von 0,14% aus der Tabelle ablesen. Multipliziert mit den drei Mi-

Tauchgang	**geplant**		**durchgeführt**	
Tauchtiefe in m	26 m		26,5 m	
BEST MIX $fO_2 = \frac{pO_2}{p}$	38% <u>33%</u>			
$EAP = \frac{fN_2}{0{,}79} \cdot p$	**EAP=** 3,05 **bar** ➠ **EAD=** 20 **m**		**EAP=** 3,1 **bar** ➠ **EAD=** 21 **m**	
Tauchzeit in min	27 min	CNS O_2	71 min	CNS O_2
Dekoplan in min Nullzeit: 21 m....31 min	6m 3 min 3m	0,47·30 =14,1 0,14·3=0,42		nach Tauchcomputer ergab sich ein Wert von 20%
Grundzeit + Zeitzuschlag				
Gasbedarf	Deko:	3·1,6·20 = 96 bar		
TG: 27·3,6·20 = 1944 bar	Gesamt:	2040 bar	Gasbedarf:	2064 bar
CNS O_2 für diesen Tauchgang	(14,1 + 0,42) % = 14,52%		20%	
CNS O_2 total				

nuten für den Stopp und zu dem CNS O_2% Wert von 14,1% addiert, ergibt den gesamten Toxizitätswert für den Tauchgang. Er beträgt 14,52% und ist somit noch weit unterhalb des kritischen Wertes von 80%. Der Tauchgang ist problemlos durchführbar. Luftvorrat, maximaler Sauerstoffpartialdruck, Sauerstofftoxizität und maximale Tauchtiefe liegen alle im grünen Bereich.

Der Tauchgang wurde mit dem ALADIN AIR ZO_2 kontrolliert und anschließend mit Hilfe des PC aufgezeichnet, um ihn grafisch auszuwerten. Da der Gasverbrauch durchschnittlich bei 11,5 Liter je Minute lag und der Tauchgang ohne Strömung völlig entspannt und ohne Anstrengung verlief, hat sich die tatsächliche Tauchzeit verlängert.

An dem Beispiel wird deutlich, dass erhebliche Unterschiede zwischen der theoretischen Planung und dem praktischen Tauchgang mit nitroxtauglichem Rechner auftreten können. Vor allem dann, wenn am gleichen Tag noch ein zweiter Tauchgang durchgeführt wird, stellt sich die berechtigte Frage, wie ist dann ein Wiederholtauchgang zu planen? Generell sollte der zweite Tauchgang mit den gleichen Hilfsmitteln geplant werden, die zur Durchführung des ersten Tauchgangs tatsächlich genutzt wurden. Im konkreten Beispiel müsste die Planung an Hand des Tauchcomputers erfolgen.

Doch bevor Wiederholungstauchgänge in den Mittelpunkt der Betrachtungen rücken, einige Hilfen zur Planung.

Das Flussbild zeigt das schrittweise Vorgehen bei der Planung eines Tauchgangs mit sauerstoffangereicherten Atemgasen, die mit dem Kontrollblatt wesentlich vereinfacht wird.

Am Anfang eines beabsichtigten Tauchgangs steht entweder das Ziel, eine bestimmte Tauchtiefe aufzusuchen oder der Messwert des fO_2 im Premix. Meist stehen auf Tauchbasen die Gemische Nitrox 1 mit 32% Sauerstoffgehalt und Nitrox 2 mit 36% Sauerstoff

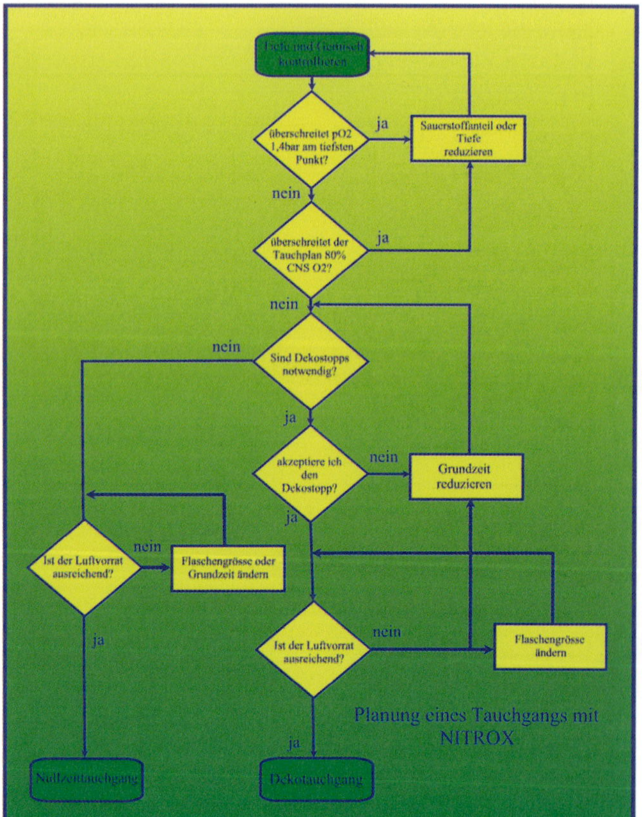

■ Flussdiagramm zur Planung von Nitroxtauchgängen

dem Taucher zur Verfügung. Das Best Mix ist eher die Ausnahme.

Nitrox 1 und Nitrox 2 sind die weltweit gebräuchlichsten Nitroxgemische. Da in der Regel am Vormittag meist ein etwas tieferer Tauchgang als am Nachmittag auf dem Plan steht, sind die beiden Gemische ideal für einen Tauchtag. Doch aufgepasst! Nicht immer ist in einer Atemgasflasche mit EAN 32 ein Gemisch mit 32% Sauerstoff enthalten. Eigene Erfahrungen haben gezeigt, dass die Schwankungen in der Realität zwischen 28% und 35% liegen können. Die eigene Kontrolle des Sauerstoffanteils und die daraus resultierenden Werte für MOD und EAD sind daher immer nötig.

Für 1,4 bar (140 kPa) maximaler Sauerstoffpartialdruck ergeben sich die maximalen Tauchtiefen für Nitrox 1 bei 33 Meter und einer Nullzeit von etwa 13 Minuten mit DECO 2000 und für Nitrox 2 liegt die MOD bei 28 Meter mit einer Nullzeit von 22 Minuten. Mit dem RDP ergeben sich für Nitrox 1 eine Nullzeit von 14 Minuten bei der maximalen Tauchtiefe und für Nitrox 2 eine Nullzeit von 29 Minuten. Zum Vergleich beträgt die Nullzeit für Pressluft in 33 Meter Tiefe 12 Minuten und in 28 Metern 17 Minuten nach Deco 2000.

Zur Übung gilt es nun, zwei realistische Tauchgänge mit Hilfe des Kontrollblattes zu planen.

1. Tauchgang mit Nitrox 1 Maximaltiefe 30 m
2. Tauchgang nach einer Oberflächenpause von zwei Stunden und fünfzehn Minuten mit Nitrox 2 in eine Tiefe bis 20 Meter.

Für beide Tauchgänge stehen Tauchgeräte zur Verfügung, die mit einem Druck von 220 bar (22 MPa) gefüllt sind und ein Flaschenvolumen von 12 Litern aufweisen.

■ Tauchzeit = Grundzeit plus Dekozeit

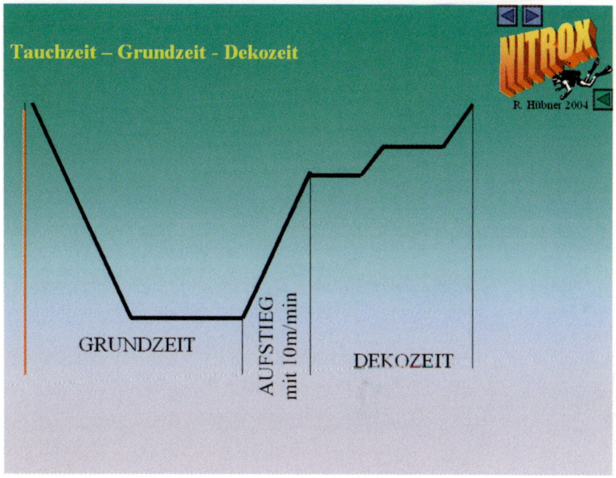

In dem Beispiel werden beide Tauchgänge mit DECO 2000 durchgerechnet. Selbstverständlich kann auch jede andere Tabelle für Luft verwendet und sollte zur Übung auch durchgeführt werden. In der Darstellung wird die allgemein gültige Regel visualisiert. Zur Vereinfachung der Berechnung der Sauerstofftoxizitätswerte hat sich bewährt, zur Grundzeit die Zeit für den Abstieg und die Zeit des Aufstieges bis zur ersten Dekompressionsstufe beziehungsweise bis zum Sicherheitsstopp zu addieren. Die Toxizitätswerte für die Stopps sind dann gesondert zu ermitteln und zu dem Wert für die Tauchzeit zu addieren.

Planung des 1. Tauchgangs:

Nachdem der Teil »Daten des aktuellen Tauchgangs ausgefüllt ist, ergibt sich für diesen Tauchgang ein Sicherheitspuffer von 33 bis 40 Meter. Das Tauchgebiet sei bekannt. Die maximale Tiefe beträgt 30 Meter.

Da für diesen Tauchgang EAN 32 zur Verfügung steht, ist es nicht nötig, das BEST

Daten des aktuellen Tauchgangs				
Gasgemisch:	$fO_2 = 0{,}32$	32 %O_2	$fN_2 = 0{,}68$	68 %N_2
Gasvorrat in barl M=p*V	M = (220 bar - 30 bar) · 12 l ➠ M = 2280 barl			
O_2 Partialdruck	1,4bar	1,5bar		1,6bar
Maximale Tiefe: $MOP = \frac{pO_2}{fO_2} \Rightarrow MOD$	4,375 bar ➠ 33 m	4,69 bar ➠ 36 m		5,00 bar ➠ 40 m

MIX zu berechnen. Zur Übung sei es an dieser Stelle aber empfohlen. EAN 35 wäre für 30 Meter optimal. Bei Nutzung der vollen Nullzeit errechnet sich ein Luftbedarf von 1776 barl, so dass der geplante Tauchgang mit dem zur Verfügung stehenden Luftvorrat durchführbar ist. Am Ende des Tauchgangs hätte die Premixflasche noch einen Druck von 72 bar (7,2 MPa). Der Tauchgang ist auch mit einem 10 l Tauchgerät realisierbar, da nach dem Tauchgang noch ein Restdruck von 42 bar (4,2 MPa) messbar ist. Zur Übung sei auch hier die Kontrolle empfohlen.

Tauchgang		geplant	
Tauchtiefe in m		30 m	
BEST MIX $fO_2 = \frac{pO_2}{p}$		35% <u>32%</u>	
$EAP = \frac{fN_2}{0{,}79} \cdot p$		**EAP=** 3,5 **bar** ➠ **EAD=** 25 **m**	
Tauchzeit in min		18 min	CNS O_2
Dekoplan in min Nullzeit: 18 min..........		6m 3 min 3m	0%
Grundzeit + Zeitzuschlag			
Gasbedarf		Deko:	3·1,6·20 = 96 barl
TG:	21·4,0·20 = 1680 barl	Gesamt:	1776 barl
CNS O_2 für diesen Tauchgang		21·0,54% = 11,34%	
CNS O_2 total		11,34	

Berechnung der CNS O_2% Werte:

- Sauerstoffpartialdruck in der Tauchtiefe: 1,28 bar
- Sauerstofftoxizität je Minute für 1,28 bar: 0,54%
- CNS O_2% Wert für die Grundzeit + Aufstieg: 11,34%
- CNS O_2% für den Sicherheitstop auf 6 m: 0%

Auf der Tiefe für den Sicherheitsstopp ist der Sauerstoffteildruck für das Premixgas niedriger als der zulässige Grenzwert von 0,5 bar für Sauerstofflangzeitbelastungen. Der Sicherheitsstopp hat daher keine Auswirkung auf den CNS O_2% Wert.

Planung des 2. Tauchgangs

Neu ist jetzt **Teil 2**. Dabei ist wichtig, wie lange die geplante Oberflächenpause ist. Sie beträgt im konkreten Beispiel zwei Stunden und fünfzehn Minuten.

Für die spätere Berechnung des nötigen Zeitzuschlages muss die Wiederholgruppe aus dem ersten Tauchgang notiert werden. Alle Berechnungen für die Dekompression ergeben sich bei Nitroxtauchgängen aus der berechneten äquivalenten Lufttiefe EAD, so auch die Wiederholgruppe. EAD für 30 Meter waren 25 Meter. Da aber 25 Meter nicht in der Dekompressionstabelle enthalten ist, sind alle relevanten Werte aus der nächsten Tiefenstufe zu entnehmen. Für 27 Meter ergibt sich die Nullzeit mit 18 Minuten und die

Daten des vorausgegangenen Tauchgangs		
Oberflächenpause (h:min)	2:15	
Wiederholungsgruppe	E	➠ **Zeitzuschlag** für EAD 2.Tauchgang
CNS O_{2alt} in% Nach dem Tauchgang		➠ **Multiplikator**
$CNSO_2 = CNSO_{2alt}$ *Multiplikator		

Wiederholgruppe E. Der aktuelle Tauchgang erfolgt nun mit EAN 36. Die bekannten Daten sind ins Kontrollblatt zu übertragen.

Der Sicherheitspuffer liegt bei diesem Tauchgang zwischen 28 und 34 Meter. Die MOD bei 28 Meter. Es sei nochmals darauf hinge-

Daten des aktuellen Tauchgangs				
Gasgemisch:	$fO_2 = 0,36$	36 %O_2	$fN_2 = 0,64$	64 %N_2
Gasvorrat in barl M=p*V	M = (220 bar - 30 bar) · 12 l ➠ M = 2280 barl			
O_2 Partialdruck	1,4bar	1,5bar	1,6bar	
Maximale Tiefe: $MOP = \frac{pO_2}{fO_2} \Rightarrow MOD$	3,88 bar ➠ 28 m	4,17 bar ➠ 31 m	4,44 bar ➠ 34 m	

wiesen, dass bei der Bestimmung der maximalen Tauchtiefe stets abzurunden ist. Für die im zweiten Tauchgang geplante Tauchtiefe von 20 Meter errechnet sich ein Best Mix mit 46% Sauerstoff. Der Tauchgang wird mit EAN 36 durchgeführt.

Bei der Berechnung der EAD ist zur Sicherheit stets aufzurunden. Selbst das Rechener-

Tauchgang	**geplant**		**durchgeführt**	
Tauchtiefe in m	*20 m*			
BEST MIX $fO_2 = \frac{pO_2}{p}$	*46%* *<u>36%</u>*			
$EAP = \frac{fN_2}{0,79} \cdot p$	**EAP=** *2,43* **bar** ➠ **EAD=** *15* **m**		**EAP=** **bar** ➠ **EAD=** **m**	
Tauchzeit in min		CNS O_2	*71* min	CNS O_2
Dekoplan in min Nullzeit: *72-27=45 min*	6m 3m			
Grundzeit + Zeitzuschlag				
Gasbedarf	Deko:			
TG:	Gesamt:		Gasbedarf:	
CNS O_2 für diesen Tauchgang			*20%*	
CNS O_2 total				

Daten des vorausgegangenen Tauchgangs		
Oberflächenpause (h:min)	*2:15*	
Wiederholungsgruppe	*E*	➠ **Zeitzuschlag** für EAD 2.Tauchgang 27min
CNS O_{2alt} in% Nach dem Tauchgang	*(11,34%)*	➠ **Multiplikator** 0,31
$CNSO_2 = CNSO_{2alt}$*Multiplikator	*11,34·0,31 = 3,52 %*	

gebnis von EAP=2,43 bar ergibt für die EAD keine 14 Meter sondern wird zur nächsten Tiefe von 15 Metern aufgerundet. In 15 Meter beträgt die Nullzeit 72 Minuten.
Mit der Berechnung der EAD ist es möglich den Bereich »Daten des vorausgegangenen Tauchgangs« vollständig auszufüllen. Die verbleibende Nullzeit beträgt unter Berücksichtigung des Zeitzuschlages von 27 Minuten immer noch 45 Minuten.
Reichen die 2280 Liter Luft, um den Tauchgang sicher durchzuführen?
Luftbedarf für den geplanten Tauchgang: 45min*20l/min*3,0bar = **2700barl**
Mit diesem Ergebnis sind zwei Lösungen möglich. Entweder eine größere Tauchflasche oder eine Minderung der Grundzeit. Da kein größeres Tauchgerät zur Verfügung steht, ist die mögliche Grundzeit zu errechnen. Bei der Berechnung ist zusätzlich der Sicherheitsstopp von drei Minuten in sechs Metern Tiefe zu berücksichtigen.

$$M_G = t \cdot p_G \cdot ATM \Rightarrow t = \frac{M_G}{p_G \cdot ATM}$$

$$t = \frac{(2280-96)barl}{3{,}0bar \cdot 20\ {}^{l}/_{\min}}$$

$$t = 36{,}4\min$$

Nun ist es möglich, den Tauchgang vollständig zu planen. Die Tauchzeit beträgt 36 Minuten.

Tauchgang	geplant		durchgeführt	
Tauchtiefe in m	20 m			
BEST MIX $fO_2 = \frac{pO_2}{p}$	46% <u>36%</u>			
$EAP = \frac{fN_2}{0{,}79} \cdot p$	**EAP=** 2,43 **bar** ➠ **EAD=** 15 **m**		**EAP=** **bar** ➠ **EAD=** **m**	
Tauchzeit in min	36 min	CNS O_2	min	CNS O_2
Dekoplan in min Nullzeit: 72-27=45 min	6m 3m	0,14%/min ·3min 0,42%		
Grundzeit + Zeitzuschlag	36min+23min=59min (F)			
Gasbedarf	Deko:	96 barl		
TG: 36min·3bar·20%	Gesamt:	2256 barl	Gasbedarf:	
CNS O_2 für diesen Tauchgang	(15,2+0,42)%=15,62%			
CNS O_2 total	(15,62+3,52)%=19,14%			

Berechnung der CNS O_2% Werte für den 2. Tauchgang:

- Sauerstoffpartialdruck in der Tauchtiefe 1,08 bar
- Sauerstofftoxizität je Minute für 1,28 bar 0,4%
- CNS O_2% Wert für die Grundzeit 15,2%
- CNS O_2% für den Sicherheitstopp auf 6m 0,42%

Bei der Planung eines noch folgenden Tauchgangs ist es wichtig, die Wiederholgruppe dieses Nullzeittauchgangs zu bestimmen. Zu diesem Zweck müsste zu der Grundzeit von 36 Minuten noch der Zeitzuschlag vom 1. Tauchgang addiert werden. Die daraus resultierende Wiederholgruppe wäre F. Die totale CNS O_2%-Belastung ergibt sich nach Addition der Belastung dieses Tauchgangs mit dem Restwert des ersten Tauchgangs. Sie beträgt 19,14% und ist bereits im Kontrollblatt eingetragen.

Bei der Berechnung der Tauchgänge wurden einige Ergebnisse abgerundet, andere wiederum aus Sicherheitsgründen aufgerundet. Hierzu die dargestellte Übersicht.

Welcher Langzeitbelastungswert würde sich für diese beiden realistischen Tauchgänge ergeben? In 3.7.1 wurde der theoretische Hintergrund für die Bestimmung der Sauerstofftoleranzeinheiten OTU erklärt

Aufrunden	Abrunden
EAP	MOD
EAD	BEST MIX
immer bei Stickstoff	immer bei Sauerstoff

pO_2 in bar	OTU / min
0,6	0,26
0,7	0,47
0,8	0,65
0,9	0,83
1	1,00
1,1	1,16
1,2	1,32
1,3	1,48
1,4	1,63
1,5	1,78
1,6	1,92

Für die Berechnung der OTU-Werte reicht ein Ausschnitt aus der Tabelle von 3.7.1

OTU für den ersten Tauchgang:

Tiefe 30m, Grundzeit 18min, $fO_2 = 0,32$

- Sauerstoffpartialdruck in 30 Meter — pO_2 = 1,28bar
- OTU je Minute Tauchzeit — OTU = 1,48
- OTU für die Grundzeit — OTU = 1,48*(18+3)

Gesamt: **OTU = 31,08**

OTU für den zweiten Tauchgang:

Tiefe 20m, Grundzeit 36min, $fO_2 = 0,36$

- Sauerstoffpartialdruck in 20 Meter — pO_2 = 1,08bar
- OTU je Minute Tauchzeit — OTU = 1,16
- OTU für die Grundzeit — OTU = 44,08
- OTU für den Sicherheitsstopp — OTU = 0,78

Gesamt: **OTU = 44,86**

Summe aus Tauchgang 1 und 2: **OTU = 75,94**

Wenn kein zusätzlicher Tauchgang durchgeführt wird, ergibt die Addition beider Tauchgangswerte die oxygen tolerance unit OTU für diesen Tauchtag. Aus der Tabelle unter 3.7.1 ist abzulesen, dass am siebten Tauchtag ein Wert von 380 OTU als oberer Grenzwert gilt. Mit den beiden Nullzeittauchgängen wurden nur 76 OTU erreicht.

Nach diesen Werten stellt sich die berechtigte Frage, bei welcher Art von Tauchgängen hohe OTU und CNS O_2% - Werte erreichbar sind. Zur Demonstration sei ein Tauchgang auf eine Tiefe von 50 Metern geplant. Dieser Tauchgang wurde wieder mit dem Schulungsprogramm DOPE berechnet. Es wird ausdrücklich darauf hingewiesen, dass der Tauchplan nicht zum Tauchen bestimmt ist, sondern nur der Demonstration dient. Ein Tauchgang, wie er hier dargestellt ist, kann lebensbedrohliche Folgen nach sich ziehen.

Die Abbildung zeigt den simulierten Tauchgang mit allen Deep- und Dekostopps

Für den Tauchgang wurde ein Premix mit 26% Sauerstoff zu Grunde gelegt. Die anschließende Dekompression erfolgt mit EAN 50 und ab einer Tiefe von 6 Metern mit reinem Sauerstoff. Maximaler pO_2 sei für diesen Tauchgang der absolute Grenzwert 1,6 bar. Es gilt nur die OTU und CNS O_2%-Werte zu bestimmen. Zur Übersicht sind diese Werte tabellarisch dargestellt.

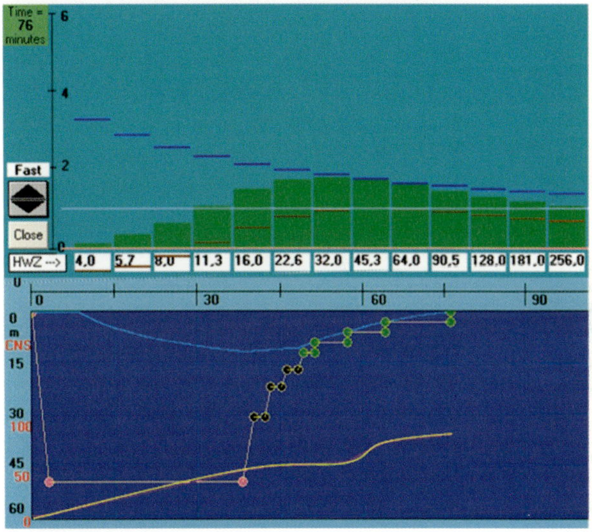

■ Tauchgang mit EAN 26. Dekompression mit EAN 50 und ab einer Tiefe von 6 Metern mit reinem Sauerstoff. Die orangefarbene Linie zeigt den Anstieg der CNSO2 Toxizitätswerte bei diesem Tauchgang

Zeit in min	Tiefe in m	fO_2 in %	PO_2 in bar	CNS O_2%/min	CNS O_2%	OTU / min	OTU
38 + 5	50	26	1,56	1,19	51,17	1,93	82,99
2 (Deep Stop)	31	26	1,06	0,38	0,76	1,17	2,34
2 (Deep Stop)	22	26	0,832	0,24	0,48	0,84	1,68
2 (Deep Stop)	17	26	0,702	0,19	0,38	0,66	1,32
2 (Deko)	12	50	1,1	0,42	0,84	1,17	2,34
6 (Deko)	9	50	0,95	0,31	1,86	1	6
7 (Deko)	6	100	1,6	2,22	15,54	1,93	11,58
12 (Deko)	3	100	1,3	0,56	6,72	1,48	17,76
Gesamt:					77,75		126,01

In der Zeitspalte ist erkennbar, dass zur Bestimmung der CNS O_2% Werte zur Grundzeit die gesamte Aufstiegszeit von 5 Minuten addiert wird. Die Addition der Werte für die einzelnen Haltestufen mit dem CNS O_2% Wert für die Grundzeit ergibt die Gesamtbelastung. An Hand der angegebenen Gesamtbelastung, errechnet über alle Stufen, ist erkennbar, dass bei sehr tiefen und langen Tauchgängen hohe Sauerstofftoxizitätswerte zu erwarten sind. Für technisches Tauchen mit TRIMIX ist es daher unerlässlich, neben den CNS O_2%-Werten auch stets die OTU-Belastung zu errechnen. Der Sporttaucher, der seine Tauchgänge bis zu einer Maximaltiefe von vierzig Metern plant, wird kaum an die Grenzwerte von 80% CNS O_2 oder gar OTU-Werte über 300 erreichen. Da sich in jüngster Zeit der VDST für eine zweistufige Nitroxausbildung entschieden hat und auch PADI das technische Tauchen als Spezialkurs anbietet, sollte diese Entwicklung kritisch beobachtet werden. Nitrox Bronze ist in diesem Konzept so ausgelegt, dass sauerstoffangereicherte Gemische vor allem dem Ziel dienen, die normalen Tauchgänge, die sich meist im Bereich der Nullzeit bewegen, noch sicherer zu gestalten. Gründe hierfür wurden in diesem Buch genügend genannt. Die bisher errechneten Sauerstofftoxizitätswerte zeigen darüber hinaus deutlich, dass Tauchen mit Nitrox in den vorgegebenen Grenzen nie problematisch werden kann. Nitrox Silber hingegen hat eine völlig andere Zielsetzung. Hier geht es primär darum, dekompressionspflichtige Tauchgänge sicherer zu planen und auch durchzuführen. Es ist ein Schritt in die Richtung technisches Tauchen, wobei man sich scheut, die Gefahren des Trimixtauchens einzugehen. Nitrox Silber beschränkt sich daher nur auf die Dekompression mit hochangereicherten Gemischen oder reinem Sauerstoff. Hierbei werden bei sehr langen Dekompressionen, wie sie nur bei tiefen und langen Grundzeiten erforderlich werden, durchaus hohe Toxizitätswerte erreicht. Jeder Taucher sollte selbst entscheiden, welche Risiken für ihn noch vertretbar sind. Der normale Sporttaucher ist gut beraten, wenn er sich bei seinen Unterwasserexkursen stets im Bereich der Nullzeiten bewegt. Risikofaktoren wie unzureichende Fitness, Übergewicht, Bluthochdruck oder ein dem Taucher nicht bekanntes offenes Foramen Ovale, werden bei Nullzeittauchgängen, speziell wenn mit sauerstoffangereicherten Atemgasen getaucht wird, nicht die Probleme hervorrufen, wie sie bei extremen Dekompressionstauchgängen zu erwarten sind. Hoher Aufwand an Material, Logistik und die notwendigen körperlichen Voraussetzungen, zusätzliche Gasflaschen für die Dekompression mitzuführen, erhöhen Stress und die Anfälligkeit für Verletzungen.

Auf dem Bild auf Seite 203 sind zwei übliche Konfigurationen für die zusätzlichen Dekoflaschen dargestellt. Der Taucher links im Bild trägt das zusätzliche Tauchgerät auf dem Rücken. Der Taucher rechts hat sich für eine seitliche Platzierung entschieden. Beide Möglichkeiten sind gebräuchlich.

Am Ende von Kapitel 3.6 wurde bereits begründet, weshalb ein Gaswechsel für den Sporttaucher kaum Vorteile bringen wird. Diese These möchte ich nun durch vier simulierte Tauchgänge erhärten. Die Simulation der Tauchgänge erfolgt wieder mit dem Ausbildungsprogramm DOPE von Bernd Aspacher, wobei das Tauchprofil und die Werte nicht für reale Tauchgänge bestimmt sind.

■ Auf dem Bild sind zwei übliche Konfigurationen für die zusätzlichen Dekoflaschen dargestellt. Der Taucher links im Bild trägt das zusätzliche Tauchgerät auf dem Rücken. Der Taucher rechts hat sich für eine seitliche Platzierung entschieden. Beide Möglichkeiten sind gebräuchlich.

Folgende Tauchgänge sind in eine Tiefe von 40 Metern geplant:

1. Tauchgang mit Luft
2. Tauchgang mit Luft und Dekompression mit reinem Sauerstoff
3. Tauchgang mit dem BEST MIX EAN28
4. Tauchgang mit Best Mix und Dekompression mit reinem Sauerstoff

Interessant wird es, wenn wir Presslufttauchgänge als Nitroxtauchgänge betrachten.

Daten des aktuellen Tauchgangs				
Gasgemisch:	$fO_2 = 0{,}21$	$21\ \%O_2$	$fN_2 = 0{,}79$	$79\ \%N_2$
Gasvorrat in barl M=p*V	M = (220 bar - 30 bar) · 16 l ➠ M = 3040 barl			
O_2 Partialdruck	1,4bar	1,5bar	1,6bar	
Maximale Tiefe: $MOP = \frac{pO_2}{fO_2} \Rightarrow MOD$	6,67 bar ➠ 56 m	7,14 bar ➠ 61 m	7,62 bar ➠ 66 m	

An dem Beispiel ist eindrucksvoll erkennbar, dass Tauchgänge mit Luft zwischen 56 Meter bis 66 Meter durch die Toxizität des Sauerstoffes begrenzt sind. Ein Indiz dafür, dass manch tödlicher Unfall bei unverantwortlich tiefen Tauchgängen nicht nur auf den Tiefenrausch, sondern auch auf eine mögliche Sauerstoffvergiftung mit tödlich endenden Krampfanfällen zurückzuführen ist.

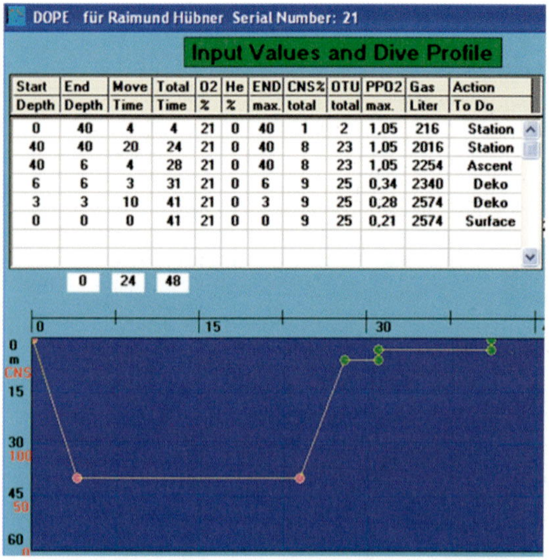

Start Depth	End Depth	Move Time	Total Time	O2 %	He %	END max.	CNS% total	OTU total	PPO2 max.	Gas Liter	Action To Do
0	40	4	4	21	0	40	1	2	1,05	216	Station
40	40	20	24	21	0	40	8	23	1,05	2016	Station
40	6	4	28	21	0	40	8	23	1,05	2254	Ascent
6	6	3	31	21	0	6	9	25	0,34	2340	Deko
3	3	10	41	21	0	3	9	25	0,28	2574	Deko
0	0	0	41	21	0	0	9	25	0,21	2574	Surface

■ Luft

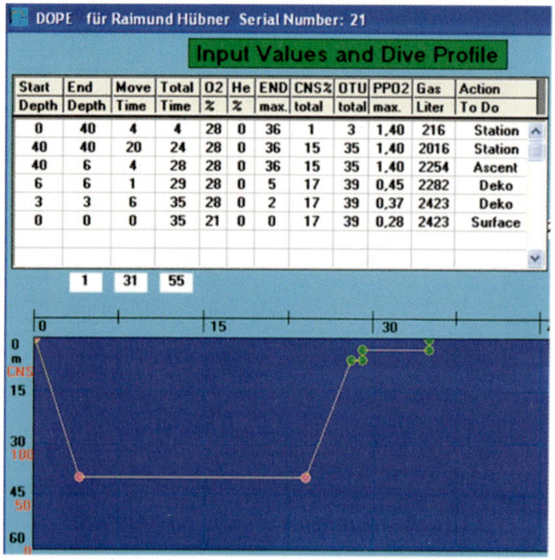

Start Depth	End Depth	Move Time	Total Time	O2 %	He %	END max.	CNS% total	OTU total	PPO2 max.	Gas Liter	Action To Do
0	40	4	4	28	0	36	1	3	1,40	216	Station
40	40	20	24	28	0	36	15	35	1,40	2016	Station
40	6	4	28	28	0	36	15	35	1,40	2254	Ascent
6	6	1	29	28	0	5	17	39	0,45	2282	Deko
3	3	6	35	28	0	2	17	39	0,37	2423	Deko
0	0	0	35	21	0	0	17	39	0,28	2423	Surface

■ Best Mix

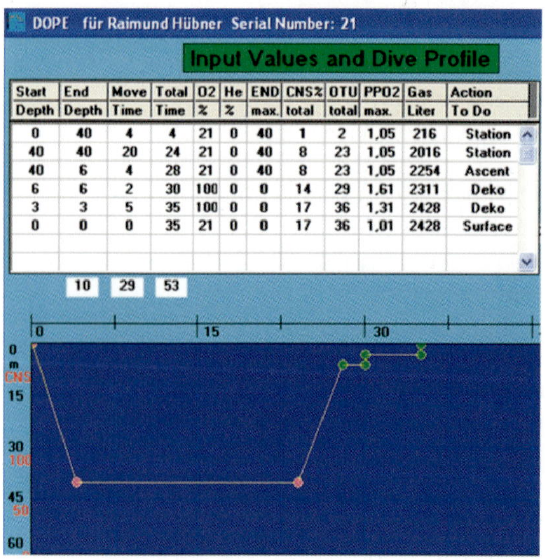

Start Depth	End Depth	Move Time	Total Time	O2 %	He %	END max.	CNS% total	OTU total	PPO2 max.	Gas Liter	Action To Do
0	40	4	4	21	0	40	1	2	1,05	216	Station
40	40	20	24	21	0	40	8	23	1,05	2016	Station
40	6	4	28	21	0	40	8	23	1,05	2254	Ascent
6	6	2	30	100	0	0	14	29	1,61	2311	Deko
3	3	5	35	100	0	0	17	36	1,31	2428	Deko
0	0	0	35	21	0	0	17	36	1,01	2428	Surface

■ Luft Deko O_2

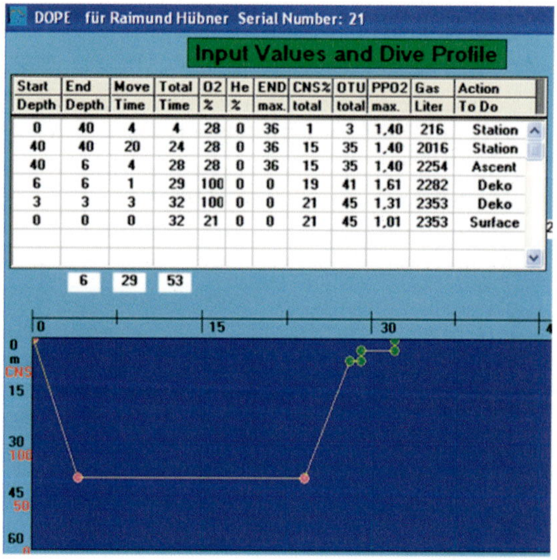

Start Depth	End Depth	Move Time	Total Time	O2 %	He %	END max.	CNS% total	OTU total	PPO2 max.	Gas Liter	Action To Do
0	40	4	4	28	0	36	1	3	1,40	216	Station
40	40	20	24	28	0	36	15	35	1,40	2016	Station
40	6	4	28	28	0	36	15	35	1,40	2254	Ascent
6	6	1	29	100	0	0	19	41	1,61	2282	Deko
3	3	3	32	100	0	0	21	45	1,31	2353	Deko
0	0	0	32	21	0	0	21	45	1,01	2353	Surface

■ Best Mix Deko O_2

Gemisch	$CNSO_2$ gesamt	OTU gesamt	Dekozeiten 6m	3m	Deko gesamt	Tauchzeit gesamt
Luft	9%	25	3 min	10 min	13 min	41 min
Luft O_2 Deko	17%	36	2 min	5 min	7 min	35 min
Best Mix	17%	39	1 min	6 min	7 min	35 min
Best Mix O_2 Deko	21%	45	1 min	3 min	4 min	32 min

Vergleicht man die Zeiten, so hätten wir mit Luft eine Dekompressionszeit von insgesamt 13 Minuten, mit dem Best Mix 7 Minuten und bei Pressluft und Dekompression mit reinem Sauerstoff eine Gesamtdekompressionszeit von ebenfalls 7 Minuten. Zwischen dem Nitroxtauchgang und dem Tauchgang mit Gaswechsel auf der Dekompressionsstufe ist objektiv betrachtet kein Unterschied festzustellen. Einzig der hohe Sauerstoffpartialdruck von 1,6 bar auf der sechs Meter tiefen Dekompressionsstufe erfordert, dass diese Tiefe genau eingehalten wird. Mit dem Best Mix und Dekompression mit reinem Sauerstoff reduziert sich die Tauch- und Dekompressionszeit erheblich. Selbst in diesem Fall sind die Sauerstofftoxizitätswerte noch sehr niedrig. Anders verhält es sich natürlich bei Tauchgängen, die über fünfzig Meter hinausgehen, da hier der Einsatz von Nitrox als Atemgas auf Grund des maximalen Sauerstoffpartialdrucks ausscheidet. In diesem Fall bietet die Dekompression mit reinem Sauerstoff deutliche Vorteile, die unbedingt zu nutzen sind. Doch hier verlassen wir den Bereich des Sporttauchens.

Fazit: Bei Tauchgängen in den üblichen Grenzen für Sporttaucher bietet Nitrox mehr Vorteile als Pressluft oder Tauchgänge mit aufwendigen Gaswechseln.

Zusammenfassung der wichtigsten Planungsschritte bei Nitroxtauchgängen:

- Messen des Flaschendruckes und des Sauerstoffgehaltes im Premix
- Berechnung von MOD und Notieren von MOD und Flaschendruck auf der Flasche
- Planen von Tauchzeit, Nullzeit, Dekompressions- und Sicherheitsstopps sowie der Sauerstofftoxizitätswerte
- Tauchgang durchführen
- Tauchgang nachbereiten, notieren des Restdruckes auf der Premixflasche (Bild nächste Seite)
- Berechnung der tatsächlichen Sauerstofftoxitätswerte, bzw. vom Computer ablesen und ins Kontrollblatt übertragen
- Wiederholgruppe Sauerstofftoxitätswerte ins Kontrollblatt eintragen
- Messen von Flaschendruck und Sauerstoffgehalt der Premixflasche für einen Wiederholtauchgang
- MOD berechnen und MOD und Fülldruck auf die Flasche schreiben
- Planung des zweiten Tauchgangs

- Sauerstoffanteil, MOD und Restdruck sind auf der Premixflasche zu notieren.

6.3 Planung eines Tauchgangs mit einem semi clothed Rebreather SCR

Damit die einzelnen Tauchgänge mit dem offenen System vergleichbar sind, sollen zur Planung von Rebreathertauchgängen die Tauchgänge herangezogen werden, die auch der Planung für Nitrox im offenen System dienten.

Zur Erinnerung:

1. Tauchgang mit Nitrox 1 Maximaltiefe 30 Meter und
2. Tauchgang nach einer Oberflächenpause von zwei Stunden und fünfzehn Minuten mit Nitrox 2 in eine Tiefe bis 20 Meter.

Für beide Tauchgänge standen Tauchgeräte zur Verfügung, die mit einem Druck von 220 bar (22 MPa) gefüllt waren und ein Flaschenvolumen von 12 Litern aufwiesen.

Nun zur Planung der beiden Tauchgänge mit SCR: Für diese Tauchgänge stehen normale vier Liter Nitroxflaschen zur Verfügung. Der Luftvorrat errechnet sich wie folgt und wird wie gewohnt ins Kontrollblatt eingetragen.

Von links nach rechts: Ray, Azimuth, Dolphin

Planung des 1. Tauchgangs:

Daten des aktuellen Tauchgangs			
Gasgemisch:	fO_2 = 0,32	32 %O_2		
Gasvorrat in barl M=p*V	M = (200 bar - 30 bar) · 4 l ➠ M = 680 barl		
O_2 Partialdruck	1,4bar	1,5bar	1,6bar
Maximale Tiefe: $MOP = \frac{pO_2}{fO_2} \Rightarrow MOD$	4,375 bar ➠ 33 m	4,69 bar ➠ 36 m	5,00 bar ➠ 40 m

Wie bei den Tauchgängen mit einem offenen System bestimmt der Sauerstoffanteil im Premix die MOD. Sie beträgt im aktuellen Beispiel für 1,4 bar (140 kPa) 33 Meter. Der Bereich bis 40 Meter gilt auch für Rebreathertauchgänge als Sicherheitspuffer, sollte aber nicht genutzt werden.
Völlig anders verhält es sich bei Bestimmung von EAD Luftvorrat und Tauchzeit. Im Kapitel Rebreathertauchen wurde ausführlich erklärt, dass der Sauerstoffanteil im Kreislauf eines SCR stets niedriger sein wird als der Anteil im Premix. Wie weit sich der Sauerstoffanteil absenkt, ist von der Belastung und der gewählten Dosierung abhängig. Bei EAN 32 muss eine relativ hohe Dosierung von 15,6 Liter je Minute gewählt werden. Mit diesem Wert ist es möglich, die maximale Tauchzeit abzuschätzen. Sie ist, wie bereits gezeigt, unabhängig von der Tauchtiefe und dem Luftverbrauch des Tauchers. Die Tauchzeit wird vor allem begrenzt durch die eingestellte Dosierung.
Tauchzeit t = Luftmenge M / Dosierung V_s.
Maximale Tauchzeit t=680/15,8; t=43,5 min
Mit der gegebenen Luftmenge und Dosierung ist ein Tauchgang von maximal 43,5 Minuten möglich.

Daten des aktuellen Tauchgangs				
Gasgemisch:	fO_2 = 0,32	32 %O_2	fN_2= 0,68	75 %N_2
Gasvorrat in barl M=p*V	M = (200 bar - 30 bar) · 4 l ➠ M = 680 barl Dosierung 15,6 L/min tmax = 43,5 min			
O_2 Partialdruck	1,4bar	1,5bar	1,6bar	
Maximale Tiefe: $MOP = \frac{pO_2}{fO_2} \Rightarrow MOD$	4,375 bar ➠ 33 m	4,69 bar ➠ 36 m	5,00 bar ➠ 40 m	

Bei normaler körperlicher Anstrengung wird der Sauerstoffanteil im System auf 80% des Premixanteils absinken. Im Atemkreislauf beträgt der Sauerstoffanteil demnach nur noch 25,6%. Der Stickstoffanteil steigt auf 74,4% (75%) und beeinflusst die EAD. Sie beträgt in der Tauchtiefe von 30 Meter keine 25 Meter, wie beim Tauchgang mit dem offenen Nitroxsystem, sondern 28 Meter. Es erfolgt der entsprechende Eintrag ins Kontrollblatt.

Bei Nutzung der vollen Nullzeit errechnet sich ein Luftbedarf von 327,6l. Hierbei ist es egal, ob sich der Taucher in dreißig Meter Tauchtiefe oder in der Tiefe für den obligatorischen Sicherheitsstopp befindet. Da die Konstantdosierung stets 15,6 Liter je Minute liefert, ist die Luftmenge leicht und schnell für diesen Tauchgang zu bestimmen. Grundzeit, addiert mit der Aufstiegszeit von drei Minuten und dem Sicherheitsstop von drei Minuten, ergibt nach Multiplikation mit der Dosierung von 15,6 Liter den Bedarf von 327,6 Litern. Nach dem Tauchgang bleibt in der vier Liter Primixflasche immer noch ein Restdruck von etwa 118 bar (11,8 MPa). Mit diesem Restdruck wäre noch ein zweiter Tauchgang machbar. Zur exakten Bestimmung des Sauerstoffanteils im System ist eine direkte Sauerstoffmessung erforderlich. Aus ihr ergeben sich dann die realen Dekompressionsdaten. Ohne Sauerstoffmessung ist nur ein relativ grobes Abschätzen möglich, so dass sich aus Sicherheitsgründen die Nullzeiten verkürzen.

Tauchgang		**geplant**	
Tauchtiefe in m		*30 m*	
BEST MIX $fO_2 = \frac{pO_2}{p}$		*33%*	
$EAP = \frac{fN_2}{0{,}79} \cdot p$		**EAP=** *3,79* **bar** ➠ **EAD=** *28* **m**	
Tauchzeit in min		*15* min	CNS O_2
Dekoplan in min Nullzeit: *15 min*.........		6m *3 min* 3m	*0%*
Grundzeit + Zeitzuschlag			
Gasbedarf		Deko:	*3·15,6 = 46,8 l*
TG:	*(15+3)·15,6 = 280,8 l*	Gesamt:	*327,6 l*
CNS O_2 für diesen Tauchgang		*18·0,54% = 9,72%*	
CNS O_2 total		*9,72%*	

Berechnung der CNS O_2% Werte:

- Sauerstoffpartialdruck in der Tauchtiefe
  1,28 bar
- Sauerstofftoxizität je Minute für 1,28 bar
  0,54%
- CNS O_2% Wert für die Grundzeit
  9,72%
- CNS O_2% für den Sicherheitsstopp auf 6m
  0%

Auf der Tiefe für den Sicherheitsstopp ist der Sauerstoffteildruck für das Premixgas niedriger als der zulässige Grenzwert von 0,5 bar für Sauerstofflangzeitbelastungen. Der Sicherheitsstopp hat daher keine Auswirkung auf den CNS O_2% Wert.

Es ist sicher aufgefallen, dass bei der Berechnung der Sauerstofftoxizität nicht der verminderte Sauerstoffanteil im System, sondern zur Sicherheit wieder der Anteil im Primix herangezogen wurde.

Planung des 2. Tauchgangs

Die geplante Oberflächenpause ist uns wieder bekannt und beträgt im konkreten Beispiel zwei Stunden und fünfzehn Minuten.

Für die spätere Berechnung des nötigen Zeitzuschlages ist die Wiederholgruppe aus dem ersten Tauchgang zu notieren. Alle Berechnungen für die Dekompression ergeben sich bei Nitroxtauchgängen aus der berechneten äquivalenten Lufttiefe EAD, so auch die Wiederholgruppe. Die aktuelle EAD für 30 Meter sind 28 Meter. Da aber 28 Meter nicht in der Dekompressionstabelle enthalten ist, sind die Werte aus der nächsten Tiefenstufe zu entnehmen. Es sind dies 30 Meter. Die Nullzeit beträgt 15 Minuten. Die Wiederholgruppe ist D. Deutlich ist an diesem Beispiel erkennbar, dass unter ungünstigen Umständen der Vorteil, mit Nitrox zu

Daten des vorausgegangenen Tauchgangs		
Oberflächenpause (h:min)	2:15	
Wiederholungsgruppe	D	➠ **Zeitzuschlag** für EAD 2.Tauchgang
CNS O_{2alt} in% Nach dem Tauchgang		➠ **Multiplikator**
$CNSO_2 = CNSO_{2alt}$*Multiplikator		

Daten des aktuellen Tauchgangs				
Gasgemisch:	$fO_2 = 0,36$	36 %O_2	$fN_2 = 0,64$	System 72%N_2
Gasvorrat in barl M=p*V	M = (200 bar - 30 bar) · 4 l ➠ M = 680 barl Dosierung 11,9 l/min Tmax = 57 min			
O_2 Partialdruck	1,4bar	1,5bar	1,6bar	
Maximale Tiefe: $MOP = \frac{pO_2}{fO_2} \Rightarrow MOD$	3,88 bar ➠ 28 m	4,17 bar ➠ 31 m	4,44 bar ➠ 34 m	

tauchen, bei der Verwendung von Tabellen vollständig verloren gehen kann.

Der zweite Tauchgang erfolgt mit EAN 36. Die bekannten Daten sind wieder ins Kontrollblatt zu übertragen.

Der Sicherheitspuffer liegt bei diesem Tauchgang zwischen 28 und 34 Meter. Die MOD bei 28 Meter. Es sei nochmals darauf hingewiesen, dass bei der Bestimmung der maximalen Tauchtiefe stets abzurunden ist. Die Dosierung beträgt für EAN 36 11,9l je Minute. Somit ergibt sich eine maximale Tauchzeit von 57 Minuten.

Bei der Berechnung der EAD ist zur Sicherheit stets aufzurunden. Selbst das Rechenergebnis von EAP=2,73 bar ergibt für die EAD keine 17 Meter sondern wird zur nächsten Tiefe von 18 Metern aufgerundet. In 18 Metern beträgt die Nullzeit 45 Minuten.

Mit der Berechnung der EAD ist es möglich, den Bereich »Daten des vorausgegangenen Tauchgangs« vollständig auszufüllen. Die verbleibende Nullzeit beträgt unter Berücksichtigung des Zeitzuschlages von 13 Minuten immer noch 32 Minuten.

Tauchgang	**geplant**		**durchgeführt**	
Tauchtiefe in m	*20 m*			
BEST MIX $fO_2=\frac{pO_2}{p}$	*36%*			
$EAP=\frac{fN_2}{0{,}79}\cdot p$	**EAP=** *2,73* **bar** ➠ **EAD=** *18* **m**		**EAP=** **bar** ➠ **EAD=** **m**	
Tauchzeit in min	min	CNS O_2	min	CNS O_2
Dekoplan in min Nullzeit: *72-27=45 min*	6m 3m			
Grundzeit + Zeitzuschlag				
Gasbedarf	Deko:			
TG:	Gesamt:		Gasbedarf:	
CNS O_2 für diesen Tauchgang				
CNS O_2 total				

Daten des vorausgegangenen Tauchgangs		
Oberflächenpause (h:min)	2:15	
Wiederholungsgruppe	D	➠ **Zeitzuschlag** für EAD 2.Tauchgang 13 min
CNS O_{2alt} in% Nach dem Tauchgang	(9,72%)	➠ **Multiplikator 0,31**
$CNSO_2 = CNSO_{2alt}$*Multiplikator	9,72 · 0,31 = 3,0%	

Luftbedarf für den geplanten Tauchgang: (32min+ 2min+3min)*11,9l/min= **440,3l**
Da der Tauchgang möglich ist, kann man ihn vervollständigen.

Tauchgang		**geplant**		**durchgeführt**	
Tauchtiefe in m		20 m			
BEST MIX $fO_2 = \frac{pO_2}{p}$		36%			
$EAP = \frac{fN_2}{0,79} \cdot p$		**EAP=** 2,43 **bar** ➠ **EAD=** 15 **m**		**EAP=** **bar** ➠ **EAD=** **m**	
Tauchzeit in min		32 min	CNS O_2	min	CNS O_2
Dekoplan in min Nullzeit: 45-13=32 min		6m 3m	0,14%/min ·3 min 0,42%		
Grundzeit + Zeitzuschlag					
Gasbedarf		Deko:			
TG:	37min·11,9l/min	Gesamt:	440,3l	Gasbedarf:	
CNS O_2 für diesen Tauchgang		(13,6 + 0,42) % = 14,02%			
CNS O_2 total		(14,02+3) % = 17,02%			

Berechnung der CNS O_2% Werte für den 2. Tauchgang:

- Sauerstoffpartialdruck in der Tauchtiefe 1,08 bar
- Sauerstofftoxizität je Minute für 1,28 bar 0,4%
- CNS O_2% Wert für die Grundzeit 13,6%
- CNS O_2% für den Sicherheitstop auf 6m 0,42%

Die totale CNS O_2%-Belastung ergibt sich nach Addition der Belastung dieses Tauchgangs mit dem Restwert des ersten Tauchgangs. Sie beträgt 17,02% und ist bereits im Kontrollblatt eingetragen.

Welcher Langzeitbelastungswert würde sich für diese beiden realistischen Tauchgänge ergeben? In 3.7.1 wurde der theoretische Hintergrund für die Bestimmung der Sauerstofftoleranzeinheiten OTU erklärt.

Wenn kein zusätzlicher Tauchgang durchgeführt wird, ergibt die Addition beider Tauchgangswerte die oxygen tolerance unit OTU für diesen Tauchtag (siehe unten).

Zur weiteren Übung ist ein Tauchgang mit SCR in eine Tiefe von 25 Metern zu Planen. Mix und Tauchzeit sind zu bestimmen. Zur Verfügung steht eine 4 Liter Nitroxflasche.

Best Mix für diese Tiefe:	EAN 40
Dosierung:	9,6/min
Maximal mögliche Tauchzeit:	70,8min
Sauerstoff im System:	32%
EAD	20m
Nullzeit:	31 min

An den Werten ist erkennbar, dass der Vorteil, mit Nitrox zu tauchen, mit einem SCR weitgehend verloren geht. Der geringere Sau-

pO_2 in bar	OTU / min
0,6	0,26
0,7	0,47
0,8	0,65
0,9	0,83
1	1,00
1,1	1,16
1,2	1,32
1,3	1,48
1,4	1,63
1,5	1,78
1,6	1,92

Für die Berechnung der OTU-Werte reicht wieder ein Ausschnitt aus der Tabelle von 3.7.1

OTU für den ersten Tauchgang:

Tiefe 30m, Grundzeit 15min, $fO_2 = 0,32$

- Sauerstoffpartialdruck in 30 Meter — pO_2 = 1,28bar
- OTU je Minute Tauchzeit — OTU = 1,48
- OTU für die Grundzeit — OTU = 1,48*18

Gesamt: OTU = 26,64

OTU für den zweiten Tauchgang:

Tiefe 20m, Grundzeit 36min, $fO_2 = 0,36$

- Sauerstoffpartialdruck in 20 Meter — pO_2 = 1,08bar
- OTU je Minute Tauchzeit — OTU = 1,16
- OTU für die Grundzeit — OTU = 39,44
- OTU für den Sicherheitsstopp — OTU = 0,78

Gesamt: OTU = 40,22

Summe aus Tauchgang 1 und 2: <u>OTU = 66,86</u>

erstoffanteil im System ist die Ursache, vor allem dann, wenn die Tauchgänge errechnet werden. Bei der direkten Onlinemessung sieht der Rebreathertaucher auf seinem Display den aktuellen Sauerstoffpartialdruck und den Sauerstoffanteil in seinem System. Aus diesem Grund verwenden Rebreathertaucher meist Gemische mit höherem Sauerstoffgehalt. Hieraus resultiert eine geringere Dosierung mit weniger Blasenbildung, verbunden mit einer deutlichen Verlängerung der möglichen Tauchzeit bei der Nutzung aller Vorzüge des sauerstoffangereicherten Atemgases. Rebreathertauchen ohne Sauerstoffsensor gleicht dem Autofahren mit angezogener Handbremse.

6.4 Tauchgangsplanung mit Nitrox und Pressluft

Immer häufiger nutzen Taucher die Vorteile der Nitroxgemische, so dass sich Tauchgruppen mit Nitrox und Pressluft bilden. Damit es in solchen Fällen nicht zu gefährlichen Missverständnissen kommt, sind einige Grundsätze zu beachten.

- **die Maximaltiefe wird durch den Sauerstoffgehalt der Nitroxmischung mit dem größten Sauerstoffgehalt vorgegeben**
- **die Tauchzeit wird durch die Nullzeit der Pressluft bestimmt**
- **bei Computertauchgängen sollten zwei Rechner mitgeführt werden (Luft und Nitrox)**
- **steht jedem Taucher nur ein Rechner zur Verfügung, sollte auch der Nitroxtaucher seinen Rechner auf Luft umstellen. Seine Sicherheit wird dadurch größer.**
- **Beim Briefing vor dem Tauchgang sind diese Punkte genau zu besprechen. Wichtig vor allem ist die Festlegung der Maximaltiefe mit MOD und Zeit.**

6.5 Tauchgangsplanung mit SCR und offenem System

Etwas problematischer dürfte die Kombination von Rebreathern und offenem System sein. Wichtige Sicherheitschecks vor und während eines Tauchgangs sind meist nur zwischen Rebreathertauchern möglich, da der Partner mit »normalem Tauchgerät« meist nicht die nötige Sachkenntnis besitzt. Selbst wenn bei einem Briefing die wichtigen Sichtkontrollen erklärt wurden, sollte sich der Rebreathertaucher nicht darauf verlassen, dass sein Partner unter Wasser auch entsprechend reagieren wird. Kann der Partner beurteilen, ob die Blasen, die in der Abtauchphase aus dem Rebreather austreten, noch normal sind, oder ob eine ernste Störung den Abbruch des Tauchgangs erfordert? Noch problematischer dürfte ein Notfall sein, bei dem der Atemregler versagt. Wechselatmung mit dem Rebreather ist nur sehr geübten Tauchern möglich. Der Rebreathertaucher hat in einer solchen Situation nur die Möglichkeit, den Partner an sein offenes

■ Tauchgänge mit offenem System und Rebreather erfordern ein spezielles Briefing

Bailout System zu nehmen. Da diese Systeme in der Regel relativ klein dimensioniert sind, muss ein sofortiges Austauchen eingeleitet werden. Im Normalfall hat der Taucher mit einem Rebreather stets genügend Atemgas zur Verfügung. Im Ernstfall, d.h. bei Ausfall seines Kreislaufes, sei es durch Wassereintritt oder Reißen eines Atembeutels, ist sein redundantes Sicherheitssystem nur für einen Aufstieg innerhalb der Nullzeit ausgelegt. Sollen längere Tauchgänge durchgeführt werden, muss unbedingt das offene Sicherheitssystem angepasst werden. Fahrlässigkeit wird in Notsituationen gnadenlos bestraft.

Beispielhaft sollen die Bedingungen für ein normales Bailout System mit 4 Liter Inhalt bei einem Druck von 200 bar durchgerechnet werden. In diesem Fall steht eine Luftmenge von 800 Litern für einen Aufstieg aus zum Beispiel 30 Meter zur Verfügung. In einer Notsituation kann realistisch von einem Atemminutenvolumen von 30 Liter je Minute und mehr ausgegangen werden. Bis der Partner die Situation erkannt hat, reagiert, der Wechsel vorgenommen und der Aufstieg eingeleitet wurde, kann eine Zeit von zwei bis fünf Minuten verstreichen. Wir setzen zwei Minuten an. Für diese zwei Minuten inklusive Aufstieg errechnet sich ein Gasbedarf von etwa (2+3)*30*4=600l. Für den Sicherheitsstopp stehen jetzt noch 200l Luft zur Verfügung. 3*1,6*30=144l. Wenn alles glatt geht und in der Tiefe keine Zeit verschwendet wird, ist ein solcher Aufstieg kontrolliert und sicher durchführbar. Ein Absinken während des Aufstieges oder ein Aufstieg bei Dekompressionspflicht hätte allerdings fatale Folgen. Grundsätzlich sollten alle Tauchgänge mit einem SCR im Bereich der Nullzeit durchgeführt werden und der Taucher sollte alle Tauchgänge vorher zumindest überschlagsweise planen. Unliebsame Zwischenfälle sind auf diese Weise vielfach vermeidbar.

Fazit

Nach statistischen Erhebungen gehört Sporttauchen zu den sichersten Freizeitvergnügen. Das Risiko, nach einem Tauchgang eine DCI (decompression illnes) zu erleiden, wird von DAN (Divers Alert Network) auf höchstens 0,004% beziffert. Auf 25000 Tauchgänge folgt demnach ein Dekompressionsunfall[51]. Statistisch wird sich aus diesem Grund die Verbesserung der Sicherheit durch Tauchen mit sauerstoffangereicherten Gemischen kaum auswirken. Dennoch ist Nitrox das für den Sporttaucher geeignetste Atemgas, da es ihm ermöglicht, seine Unterwasserexkurse auszudehnen und das Risiko der Mikroblasen erheblich reduziert. Tauchen war nicht immer so sicher. Im Laufe der letzten dreißig Jahre hat sich das Verhalten der Sporttaucher grundlegend verändert. Waren es anfangs vorwiegend männliche Zeitgenossen, die dieses Abenteuer suchten, sind es heute beide Geschlechter, die mit der Erlebnissportart Tauchen ihre Urlaubszeit bereichern. Da Tauchen ein Breitensport geworden ist, ist zwar die körperliche Fitness schlechter geworden, die Unfallzahlen sind dank ausgereifter Technik und neuer medizinischer Erkenntnisse, die ins Schulungsprogramm der Verbände eingeflossen sind, deutlich gesunken. Dieser Trend setzt sich hoffentlich fort und wird mit dem Atemgas Nitrox, das immer mehr Anhänger findet, wieder zu neuen Verhaltensänderungen führen. Geeignete Tauchcomputer unterstützen den Wunsch des Sporttauchers nach mehr Sicherheit. Welche wesentlichen Funktionen sollte ein Tauchcomputer aufweisen, um einen Tauchgang mit sauerstoffangereichertem Atemgas einfach durchzuführen und optimal gestalten zu können?

Wichtige Funktionen eines nitroxtauglichen Tauchcomputers:

- **Leichtes Umprogrammieren des Sauerstoffgehaltes im Atemgas**
- **PO2-Warnung bei Überschreitung von 1,4 bar**
- **Warnung des Tauchers, wenn vor einem Tauchgang der Sauerstoffanteil nicht neu programmiert wurde, da hier die Gefahr besteht, dass der Taucher bei Erreichen der MOD nicht gewarnt, bzw. die Stickstoffsättigung falsch berechnet wird.**
- **Großes, gut ablesbares Display**
- **Luftintegriert, da nur diese Rechner die Leistung des Tauchers in den Algorithmus einbeziehen können und zusätzlich wichtige Informationen über den Atemgasvorrat liefern.**
- **Automatische Höhenanpassung.**

Darüber hinaus wäre für einen Rechner der Zukunft wünschenswert, wenn er sich automatisch an Salz und Süßwasser anpassen würde, auch wenn der Messfehler nahezu vernachlässigbar ist, dennoch wird die Tiefe auf Grund der Dichteunterschiede nicht exakt ermittelt. Da sich das Verhalten der Taucher durch erworbene Kenntnisse im Tauchen mit tiefenabhängigen Gasgemischen ändern wird, steigt auch der Wunsch nach Tauchcomputern, die Gaswechsel ermöglichen und Tiefenstopps zur Reduzierung von Mikroblasen berechnen und anzeigen. Auch die direkte Messung des Sauerstoffgehaltes im Atemgas bei offenen Systemen wäre wünschenswert, setzt aber die Lösung einiger technischer Probleme mit den Sauerstoffsensoren voraus.

Neben Tieftauchen mit Trimix wird auch das Tauchen mit sauerstoffangereicherten Atemgasen die Tauchtechnik verändern. Ein großer Schritt in diese Richtung könnte von den Herstellern der Kompressoren erfolgen. Sauerstofftaugliche Kompressoren würden nicht nur das Füllen nach der Partialdruckmethode sicherer machen, sondern würden darüber hinaus dem Wunsch nach schadstofffreiem Atemgas gerecht. Wer schon einmal ölhaltige Pressluft geatmet hat, kennt die leidliche Problematik. Konstruktiv dürfte es nicht möglich sein, ölhaltiges Gas in die Tauchflaschen zu pumpen. Massive Kopfschmerzen und Übelkeit sind eindeutiges Indiz für die Schädlichkeit verunreinigter Atemgase. Bei einer Verbreitung von Nitrox gehören unsaubere Atemgase eindeutig der Vergangenheit an, da die hohe Explosionsgefahr beim Füllen ein sorgfältiges Handhaben von Kompressoren und Füllarmaturen erfordern.

Welche Vorteile bietet das Tauchen mit sauerstoffangereicherten Atemgasen?

- **Verlängerung der Nullzeit**
- **Verlängerung der Tauchzeit**
- **Deutlich weniger Mikroblasen**
- **Geringeres Risiko bei einem offenen foramen Ovale**
- **Bewusstes Einhalten von Tiefengrenzen**
- **Überlegtes Tauchen, da oft eine sinnvolle Planung nötig ist**
- **Hohe Sicherheit, wenn bezüglich der Nullzeiten und Dekompressionsvorschriften Nitrox wie Luft getaucht wird**
- **Reines Atemgas**

■ Reines Atemgas durch Verbreitung von Nitrox

Danke

Nicht versäumen möchte ich, an dieser Stelle einigen Firmen und Personen zu danken, die mich bei der Erarbeitung dieses Buches mit Ratschlägen, Material und auch bei meinen fotografischen Arbeiten unterstützten. Besonderer Dank geht hierbei an Firmen die mir Testgeräte und Bilder zur Verfügung gestellt haben. Im einzelnen sind dies die Firmenvertretungen folgender Hersteller: Mares, Cressi Sub, Aquatec, Scubapro, Oceanic, Seemann Sub, Komp Tec und die Deutsche Unterwasser AG. Weiteren Dank für Anregungen und die Bereitstellung von Bildern geht an die Redaktion des Tauchmagazins unterwasser und an Hubsis Tauchservice. Besonders bedanken möchte ich mich bei Peter Kurz und Ernst Stangel, Inhaber des Tauchsportzentrums H_2O in Großwallstadt. Ihre kritischen Anmerkungen und Ihre Sachkompetenz in der Tauchtechnik konnte ich gut in meinem Manuskript umsetzen. Vieles wurde in Tauchkursen getestet und verbessert. Dank geht auch an Peter und Sigi Kraft der Firma Dive Point. Hier hatte ich die kompetenten Ansprechpartner, wenn es um die Nitroxausbildung bei PADI ging. Für Korrekturen und viele hilfreiche Anregungen geht ein besonderer Dank an Maik Schmid in Meerbusch. Weitere Unterstützungen wurden mir zu Teil von Johannes Kern (grafische Arbeiten), Nikolai Baumann »Dive Connection« in El Gouna und Doro und Tom »Blue Brothers Diving« in El Gouna.

■ Besonderen Dank an meine Frau und Tauchpartnerin

Bildernachweis:
Alle Bilder und grafischen Darstellungen sind vom Autor außer:
Edgar Fahs Smith Collection University of Pennsylvania Library: S. 23, 24, 27, 32, 52
Komp Tec: S. 37o, 37m, 37u, 39, 40, 43r
Scubapro: S. 167
Seemann Sub: S. 163l, 163r, 164, 165l, 165ro, 166ru
Unterwasser: S. 103l, 103r
Johannes Kern Gestaltung: S. 61

Entgiftung:

Zeit: (h:min)	00:30	01:00	01:30	02:00	02:30	03:00	03:30	04:00	04:30	05:00	05:30	06:00	06:30	07:00	07:30	08:00	08:30	09:00
(min)	30	60	90	120	150	180	210	240	270	300	330	360	390	420	450	480	510	540
Multiplikator	0,79	0,63	0,50	0,40	0,32	0,25	0,20	0,16	0,13	0,10	0,08	0,06	0,05	0,04	0,031	0,025	0,020	0,016

$CNSO_2$ – Wert Toxizitätstabelle

Modifizierte NOAA-Tabelle R.Hübner

pO_2	CNS-O_2% je Minute	T max je Tauchgang in min
0,6	0,14	571
0,64	0,15	534
0,68	0,17	470
0,72	0,19	428
0,76	0,20	400
0,8	0,22	364
0,84	0,24	334
0,88	0,26	308
0,92	0,29	276
0,96	0,31	258
1	0,33	242
1,04	0,36	222
1,08	0,40	200
1,12	0,43	186
1,16	0,44	182
1,2	0,47	170
1,24	0,51	157
1,28	0,54	148
1,32	0,57	140
1,36	0,62	129
1,4	0,65	123
1,44	0,71	113
1,48	0,78	102
1,52	0,93	86
1,56	1,19	67
1,6	2,22	36

OTU – Tabelle

pO_2 in bar	OTU / min	1.Tag	2.Tag	3.Tag	4.Tag	5.Tag	6.Tag	7.Tag
		max. 850/d	max. 700/d	max. 620/d	max. 525/d	max. 460/d	max. 420/d	max. 380/d
0,6	**0,26**	24	24	24	24	24	24	24
0,7	**0,47**	24	24	22,1	18,7	16,4	15,0	13,5
0,8	**0,65**	21,6	17,8	15,8	13,4	11,7	10,7	9,7
0,9	**0,83**	17,0	14,0	12,4	10,5	9,2	8,4	7,6
1	**1,00**	14,2	11,7	10,3	8,8	7,7	7,0	6,3
1,1	**1,16**	12,2	10,0	8,9	7,5	6,6	6,0	5,4
1,2	**1,32**	10,7	8,8	7,8	6,6	5,8	5,3	4,8
1,3	**1,48**	9,6	7,9	7,0	5,9	5,2	4,7	4,3
1,4	**1,63**	8,7	7,2	6,3	5,4	4,7	4,3	3,9
1,5	**1,78**	8,0	6,6	5,8	4,9	4,3	3,9	3,6
1,6	**1,92**	7,4	6,1	5,4	4,5	4,0	3,6	3,3
		t/h	t/h	t/h	t/h	t/h	t/h	t/h

Fülltabelle I:

gewünschter Sauerstoffgehalt 30%

fO2 Rest	Restdruck 40	45	50	55	60	65	70	75	80	85	90	95	100	105	110	115	120	125	130	135	140	145	150
30%	60,5	64,9	69,4	73,8	78,2	82,7	87,1	91,5	96,0	100,4	104,8	109,2	113,7	118,1	122,5	127,0	131,4	135,8	140,3	144,7	149,1	153,5	158,0
31%	60,0	64,4	68,7	73,1	77,5	81,8	86,2	90,6	94,9	99,3	103,7	108,0	112,4	116,8	121,1	125,5	129,9	134,2	138,6	143,0	147,3	151,7	156,1
32%	59,5	63,8	68,1	72,4	76,7	81,0	85,3	89,6	93,9	98,2	102,5	106,8	111,1	115,4	119,7	124,1	128,4	132,7	137,0	141,3	145,6	149,9	154,2
33%	59,0	63,2	67,5	71,7	76,0	80,2	84,4	88,7	92,9	97,2	101,4	105,6	109,9	114,1	118,4	122,6	126,8	131,1	135,3	139,6	143,8	148,0	152,3
34%	58,5	62,7	66,8	71,0	75,2	79,4	83,5	87,7	91,9	96,1	100,3	104,4	108,6	112,8	117,0	121,1	125,3	129,5	133,7	137,8	142,0	146,2	150,4
35%	58,0	62,1	66,2	70,3	74,4	78,5	82,7	86,8	90,9	95,0	99,1	103,2	107,3	111,5	115,6	119,7	123,8	127,9	132,0	136,1	140,3	144,4	148,5
36%	57,5	61,5	65,6	69,6	73,7	77,7	81,8	85,8	89,9	93,9	98,0	102,0	106,1	110,1	114,2	118,2	122,3	126,3	130,4	134,4	138,5	142,5	146,6
37%	57,0	61,0	64,9	68,9	72,9	76,9	80,9	84,9	88,9	92,8	96,8	100,8	104,8	108,8	112,8	116,8	120,8	124,7	128,7	132,7	136,7	140,7	144,7
38%	56,5	60,4	64,3	68,2	72,2	76,1	80,0	83,9	87,8	91,8	95,7	99,6	103,5	107,5	111,4	115,3	119,2	123,2	127,1	131,0	134,9	138,9	142,8
39%	56,0	59,8	63,7	67,5	71,4	75,3	79,1	83,0	86,8	90,7	94,6	98,4	102,3	106,1	110,0	113,9	117,7	121,6	125,4	129,3	133,2	137,0	140,9
40%	55,4	59,2	63,0	66,8	70,6	74,4	78,2	82,0	85,8	89,6	93,4	97,2	101,0	104,8	108,6	112,4	116,2	120,0	123,8	127,6	131,4	135,2	139,0
41%	54,9	58,7	62,4	66,1	69,9	73,6	77,3	81,1	84,8	88,5	92,3	96,0	99,7	103,5	107,2	111,0	114,7	118,4	122,2	125,9	129,6	133,4	137,1
42%	54,4	58,1	61,8	65,4	69,1	72,8	76,5	80,1	83,8	87,5	91,1	94,8	98,5	102,2	105,8	109,5	113,2	116,8	120,5	124,2	127,8	131,5	135,2

gewünschter Sauerstoffgehalt 32%

fO2 Rest	Restdruck 40	45	50	55	60	65	70	75	80	85	90	95	100	105	110	115	120	125	130	135	140	145	150
30%	66,1	70,5	74,9	79,4	83,8	88,2	92,7	97,1	101,5	106,0	110,4	114,8	119,2	123,7	128,1	132,5	137,0	141,4	145,8	150,3	154,7	159,1	163,5
31%	65,6	69,9	74,3	78,7	83,0	87,4	91,8	96,1	100,5	104,9	109,2	113,6	118,0	122,3	126,7	131,1	135,4	139,8	144,2	148,5	152,9	157,3	161,6
32%	65,1	69,4	73,7	78,0	82,3	86,6	90,9	95,2	99,5	103,8	108,1	112,4	116,7	121,0	125,3	129,6	133,9	138,2	142,5	146,8	151,1	155,4	159,7
33%	64,6	68,8	73,0	77,3	81,5	85,8	90,0	94,2	98,5	102,7	107,0	111,2	115,4	119,7	123,9	128,2	132,4	136,6	140,9	145,1	149,4	153,6	157,8
34%	64,1	68,2	72,4	76,6	80,8	84,9	89,1	93,3	97,5	101,6	105,8	110,0	114,2	118,4	122,5	126,7	130,9	135,1	139,2	143,4	147,6	151,8	156,0
35%	63,5	67,7	71,8	75,9	80,0	84,1	88,2	92,3	96,5	100,6	104,7	108,8	112,9	117,0	121,1	125,3	129,4	133,5	137,6	141,7	145,8	149,9	154,1
36%	63,0	67,1	71,1	75,2	79,2	83,3	87,3	91,4	95,4	99,5	103,5	107,6	111,6	115,7	119,7	123,8	127,8	131,9	136,0	140,0	144,1	148,1	152,2
37%	62,5	66,5	70,5	74,5	78,5	82,5	86,5	90,4	94,4	98,4	102,4	106,4	110,4	114,4	118,4	122,3	126,3	130,3	134,3	138,3	142,3	146,3	150,3
38%	62,0	66,0	69,9	73,8	77,7	81,6	85,6	89,5	93,4	97,3	101,3	105,2	109,1	113,0	117,0	120,9	124,8	128,7	132,7	136,6	140,5	144,4	148,4
39%	61,5	65,4	69,2	73,1	77,0	80,8	84,7	88,5	92,4	96,3	100,1	104,0	107,8	111,7	115,6	119,4	123,3	127,2	131,0	134,9	138,7	142,6	146,5
40%	61,0	64,8	68,6	72,4	76,2	80,0	83,8	87,6	91,4	95,2	99,0	102,8	106,6	110,4	114,2	118,0	121,8	125,6	129,4	133,2	137,0	140,8	144,6
41%	60,5	64,2	68,0	71,7	75,4	79,2	82,9	86,6	90,4	94,1	97,8	101,6	105,3	109,1	112,8	116,5	120,3	124,0	127,7	131,5	135,2	138,9	142,7
42%	60,0	63,7	67,3	71,0	74,7	78,4	82,0	85,7	89,4	93,0	96,7	100,4	104,1	107,7	111,4	115,1	118,7	122,4	126,1	129,7	133,4	137,1	140,8

Alle Werte sind errechnet für einen Enddruck von 220 bar. Die errechneten Tabellenwerte sind die Drücke nach der Füllung mit Sauerstoff.

Fülltabelle II:

gewünschter Sauerstoffgehalt 36%

fO2 Rest	Restdruck 40	45	50	55	60	65	70	75	80	85	90	95	100	105	110	115	120	125	130	135	140	145	150
30%	77,2	81,6	86,1	90,5	94,9	99,4	103,8	108,2	112,7	117,1	121,5	126,0	130,4	134,8	139,2	143,7	148,1	152,5	157,0	161,4	165,8	170,3	174,7
31%	76,7	81,1	85,4	89,8	94,2	98,5	102,9	107,3	111,6	116,0	120,4	124,7	129,1	133,5	137,8	142,2	146,6	151,0	155,3	159,7	164,1	168,4	172,8
32%	76,2	80,5	84,8	89,1	93,4	97,7	102,0	106,3	110,6	114,9	119,2	123,5	127,8	132,2	136,5	140,8	145,1	149,4	153,7	158,0	162,3	166,6	170,9
33%	75,7	79,9	84,2	88,4	92,7	96,9	101,1	105,4	109,6	113,9	118,1	122,3	126,6	130,8	135,1	139,3	143,5	147,8	152,0	156,3	160,5	164,7	169,0
34%	75,2	79,4	83,5	87,7	91,9	96,1	100,3	104,4	108,6	112,8	117,0	121,1	125,3	129,5	133,7	137,8	142,0	146,2	150,4	154,6	158,7	162,9	167,1
35%	74,7	78,8	82,9	87,0	91,1	95,3	99,4	103,5	107,6	111,7	115,8	119,9	124,1	128,2	132,3	136,4	140,5	144,6	148,7	152,8	157,0	161,1	165,2
36%	74,2	78,2	82,3	86,3	90,4	94,4	98,5	102,5	106,6	110,6	114,7	118,7	122,8	126,8	130,9	134,9	139,0	143,0	147,1	151,1	155,2	159,2	163,3
37%	73,7	77,7	81,6	85,6	89,6	93,6	97,6	101,6	105,6	109,6	113,5	117,5	121,5	125,5	129,5	133,5	137,5	141,5	145,4	149,4	153,4	157,4	161,4
38%	73,2	77,1	81,0	84,9	88,9	92,8	96,7	100,6	104,6	108,5	112,4	116,3	120,3	124,2	128,1	132,0	136,0	139,9	143,8	147,7	151,6	155,6	159,5
39%	72,7	76,5	80,4	84,2	88,1	92,0	95,8	99,7	103,5	107,4	111,3	115,1	119,0	122,8	126,7	130,6	134,4	138,3	142,2	146,0	149,9	153,7	157,6
40%	72,2	76,0	79,7	83,5	87,3	91,1	94,9	98,7	102,5	106,3	110,1	113,9	117,7	121,5	125,3	129,1	132,9	136,7	140,5	144,3	148,1	151,9	155,7
41%	71,6	75,4	79,1	82,8	86,6	90,3	94,1	97,8	101,5	105,3	109,0	112,7	116,5	120,2	123,9	127,7	131,4	135,1	138,9	142,6	146,3	150,1	153,8
42%	71,1	74,8	78,5	82,2	85,8	89,5	93,2	96,8	100,5	104,2	107,8	111,5	115,2	118,9	122,5	126,2	129,9	133,5	137,2	140,9	144,6	148,2	151,9

gewünschter Sauerstoffgehalt 40%

fO2 Rest	Restdruck 40	45	50	55	60	65	70	75	80	85	90	95	100	105	110	115	120	125	130	135	140	145	150
30%	88,4	92,8	97,2	101,6	106,1	110,5	114,9	119,4	123,8	128,2	132,7	137,1	141,5	146,0	150,4	154,8	159,2	163,7	168,1	172,5	177,0	181,4	185,8
31%	87,8	92,2	96,6	101,0	105,3	109,7	114,1	118,4	122,8	127,2	131,5	135,9	140,3	144,6	149,0	153,4	157,7	162,1	166,5	170,8	175,2	179,6	183,9
32%	87,3	91,6	96,0	100,3	104,6	108,9	113,2	117,5	121,8	126,1	130,4	134,7	139,0	143,3	147,6	151,9	156,2	160,5	164,8	169,1	173,4	177,7	182,0
33%	86,8	91,1	95,3	99,6	103,8	108,0	112,3	116,5	120,8	125,0	129,2	133,5	137,7	142,0	146,2	150,4	154,7	158,9	163,2	167,4	171,6	175,9	180,1
34%	86,3	90,5	94,7	98,9	103,0	107,2	111,4	115,6	119,7	123,9	128,1	132,3	136,5	140,6	144,8	149,0	153,2	157,3	161,5	165,7	169,9	174,1	178,2
35%	85,8	89,9	94,1	98,2	102,3	106,4	110,5	114,6	118,7	122,8	127,0	131,1	135,2	139,3	143,4	147,5	151,6	155,8	159,9	164,0	168,1	172,2	176,3
36%	85,3	89,4	93,4	97,5	101,5	105,6	109,6	113,7	117,7	121,8	125,8	129,9	133,9	138,0	142,0	146,1	150,1	154,2	158,2	162,3	166,3	170,4	174,4
37%	84,8	88,8	92,8	96,8	100,8	104,7	108,7	112,7	116,7	120,7	124,7	128,7	132,7	136,6	140,6	144,6	148,6	152,6	156,6	160,6	164,6	168,5	172,5
38%	84,3	88,2	92,2	96,1	100,0	103,9	107,8	111,8	115,7	119,6	123,5	127,5	131,4	135,3	139,2	143,2	147,1	151,0	154,9	158,9	162,8	166,7	170,6
39%	83,8	87,7	91,5	95,4	99,2	103,1	107,0	110,8	114,7	118,5	122,4	126,3	130,1	134,0	137,8	141,7	145,6	149,4	153,3	157,2	161,0	164,9	168,7
40%	83,3	87,1	90,9	94,7	98,5	102,3	106,1	109,9	113,7	117,5	121,3	125,1	128,9	132,7	136,5	140,3	144,1	147,8	151,6	155,4	159,2	163,0	166,8
41%	82,8	86,5	90,3	94,0	97,7	101,5	105,2	108,9	112,7	116,4	120,1	123,9	127,6	131,3	135,1	138,8	142,5	146,3	150,0	153,7	157,5	161,2	164,9
42%	82,3	86,0	89,6	93,3	97,0	100,6	104,3	108,0	111,6	115,3	119,0	122,7	126,3	130,0	133,7	137,3	141,0	144,7	148,4	152,0	155,7	159,4	163,0

Alle Werte sind errechnet für einen Enddruck von 220 bar. Die errechneten Tabellenwerte sind die Drücke nach der Füllung mit Sauerstoff.

Flowtabelle:

Gemisch	Dosierung	MOD für 1,4bar	MOD für 1,6bar	Tauchzeit für 4l	Stickstoffanteil im Atembeutel bei 1l/min O_2-Bedarf	EAD
fO2	l/min	in Meter	in Meter	in min		in Meter
0,8	2,6	7,5	10,0	259	0,32	
0,78	2,7	7,9	10,5	251	0,35	
0,76	2,8	8,4	11,1	243	0,37	
0,74	2,9	8,9	11,6	235	0,40	
0,72	3,0	9,4	12,2	227	0,42	
0,7	3,1	10,0	12,9	219	0,44	
0,68	3,2	10,6	13,5	210	0,46	
0,66	3,4	11,2	14,2	202	0,48	
0,64	3,5	11,9	15,0	194	0,50	
0,62	3,7	12,6	15,8	186	0,52	5,0
0,6	3,8	13,3	16,7	178	0,54	6,0
0,58	4,0	14,1	17,6	170	0,56	7,1
0,56	4,2	15,0	18,6	162	0,58	8,3
0,54	4,4	15,9	19,6	154	0,59	9,5
0,52	4,7	16,9	20,8	146	0,61	10,8
0,5	4,9	18,0	22,0	138	0,63	12,2
0,48	5,3	19,2	23,3	130	0,64	13,7
0,46	5,6	20,4	24,8	121	0,66	15,3
0,44	6,0	21,8	26,4	113	0,67	17,1
0,42	6,5	23,3	28,1	105	0,69	19,0
0,4	7,0	25,0	30,0	97	0,70	21,0
0,38	7,6	26,8	32,1	89	0,71	23,3
0,36	8,4	28,9	34,4	81	0,73	25,8
0,34	9,3	31,2	37,1	73	0,74	28,5
0,32	10,5	33,8	40,0	65	0,75	31,6
© Reimund Hübner 2004						

In dieser Tabelle ist der Stickstoffanteil und damit auch die EAD auf der Grundlage eines durchschnittlichen Sauerstoffbedarfs von 1l/min berechnet. Dies entspricht einer mittleren Arbeitsleistung.

Fußnoten

1 DR. LÜCHTENBERG, *Rebreathertauchen* Meyer & Meyer Verlag, 2000

2 CHRISTEN, H.R., *Grundlagen der allgemeinen und anorganischen Chemie,* Sauerländer AG, Aarau, 1971, S. 321

3 *Gesetz über Einheiten im Messwesen,* i.d.F. v. 22.Feb., 1985, (BGB1.1 S. 408)

4 *Gesetzliche Einheiten in Deutschland* Physikalisch-Technische Bundesanstalt PTB, 2001

5 *Lexikon der Physik*, Spektrum Akademischer Verlag Heidelberg-Berlin, 1998, Band 1, Seite 239

6 LETTNIN, H., *Tauchen mit Mischgas,* Springer, Berlin / Heidelberg, 1998, S. 17

7 Einheitenverordnung vom 13.12.1985, (BGB 1.1 S. 2272), Artikel 1, Anlage 2 (zu §1)

8 KUCHLING, *Taschenbuch der Physik*, Verlag Harri Deutsch, Thun-Frankfurt/Main, 1978, S. 579-581

9 *Lexikon der Physik*, Spektrum Akademischer Verlag Heidelberg Berlin, 1999, Band 2, S.463

10 Ebd., 1998, Band 1, S.83

11 Ebd., S.343-344

12 Ebd., S.471

13 Ebd., Band 3, S.47

14 *TDI - Basic NITROX,* Student Manual, Schwetzingen, 1998, S. 50ff.

15 *Verordnung über Druckbehälter, Druckbehälter und Füllanlagen* Bundesgesetzblatt I, Bonn, 1980, S 173ff.

16 CHRISTEN, H.R., *Grundlagen der allgemeinen und anorganischen Chemie,* Sauerländer - Salle, Aarau, 1971, S. 350

17 SCHRÖTER/LAUTENSCHLÄGER/BIBRACH, *Chemie Fakten und Gesetze*, Fachbuchverlag GmbH Leibzig, 1992, S. 28

18 *Lexikon der Physik,* Spektrum Akademischer Verlag Heidelberg, 2000, Band 4, S. 500 & Band 5, S. 170
19 Michael Jung, *Das Handbuch zur Tauchgeschichte*, Verlag S. Nagelschmid, Stuttgart, 1999, S. 140
20 Ebd., S. 140 ff
21 Eckert, Roger, *Tierphysiologie,* Georg Thiem Verlag Stuttgart, New York, 1993, S. 532ff
22 Weber-Gehring, *Zoologie,* Thieme Verlag, Stuttgart, 1990, 22. Auflage, S. 291-295
23 Dietl, P., Haller, T., Schneider, S., *Wie die Lunge Luft holt,* Spektrum der Wissenschaft 11/2001, S. 46ff
24 Stibbe, Axel, *Sporttauchen,* Verband Deutscher Sporttaucher, 1990, S. 53
25 Bühlmann, A. A., *Tauchmedizin* Springer Verlag, 5. Auflage, S. 98
26 Lettnin, H., *Tauchen mit Mischgas* Springer, Berlin - Heidelberg, 1998, S. 160
27 Moon, Vann, Bennett, *Die Physiologie der Dekompressionskrankheit,* Spektrum der Wissenschaft, 10/1995, S. 72-80
28 Dr. Asbacher, Bernd, *Enzyklopädie des technischen Tauchens,* Esslingen, S. 104
29 Steffny/Pramann, *Perfektes Lauf training,* Econ Ullstein, 2001, S. 19
30 Moon, Vann, Bennett, *Die Physio logie der Dekompressionskrankheit* Spektrum der Wissenschaft, 10/1995, S. 75
31 Dr. Asbacher, Bernd, *Enzyklopädie des technischen Tauchens,* Esslingen, S. 103ff
32 Bühlmann, A. A., *Tauchmedizin* Springer Verlag, 5. Auflage, S. 175-176
33 *Mit Nitrox tauchen*, SUSV 1998, S. 11ff.
34 Lettnin, H.K.J., *Tauchen mit Mischgas,* Springer Verlag Berlin-Heidelberg-New York, 1998, S. 177-178
35 Bühlmann, A. A., *Tauchmedizin* Springer Verlag, 2002, S. 112 ff
36 Lettnin, H.K.J., *Tauchen mit Mischgas,* Springer Verlag Berlin-Heidelberg-New York, 1998, S. 20 ff.
37 Gilliam, Bret, *Tief Tauchen*, blue point Verlag München, 1998
38 *Enriched Air Nitrox*, SSI Germany, 1997, S. 26
39 Dr. Müller Wohlfahrt, H.W., *So schützen Sie Ihre Gesundheit,* Verlag Zabert Sandmann München, 2003, S. 197ff, ISBN 3-89883-0551-1
40 Roggenbach, H.J., *Tauchmedizinische Fortbildung 6*, Verlag Stephanie Nagel schmid, Stuttgart, 2001 (Beitrag von Dr. H. Weber S. 196ff)
41 *Mit Nitrox tauchen aber sicher* SUSV 1998 (NOAA Tabelle S. 31)
42 *Nitrox - Diver Manual,* TDI Germany, S. 23
43 Scholz, Steffen und Peschl, Neno RAB User Manual für das Dolphin SCR, Juni 1999, S. 27-31
44 Jung, Michael, *Das Handbuch zur Tauchgeschichte*, Verlag S. Nagelschmid, Stuttgart, 1999, S. 227 ff
45 *Gasflaschenventile*, E DIN EN 144-3:2001-01
46 Goetsch, Olaf, nach *TRIMIX – Manual*, Student Workbook
47 Lüchtenberg, *Rebreathertauchen*, Meyer & Meyer Verlag, Aachen, 2000, S. 61 ff
48 Göbel, Holger, unterwasser das tauchmagazin Februar 2002, S. 132-133
49 *Leitfaden zur Trainingskontrolle,* Meyer & Meyer Verlag, Aachen, 2001, S. 68 ff
50 Padi, *Enriched Air Diver Manual*, S. 38
51 Ebd., S. 4